U0138928

蒙特梭利教育理論與實踐

施淑娟　著

五南圖書出版公司 印行

作者序

　　1985 年臺北商專夜間部畢業的我，因對幼教的喜愛決定放手一搏，參與補習班為進入幼師專取得幼教老師證而努力。1990 年順利從花蓮師院畢業，抱著幼教憧憬重回幼稚園工作，但幼稚園還是跟進入師院就讀前的托兒所一樣是讀寫算的傳統教學，於是興起放棄幼教工作的念頭。但就在同一年，蒙特梭利啟蒙基金會在花蓮辦理第一屆 3-6 歲蒙特梭利師資訓練，剛畢業的我對於蒙特梭利教學法還是懵懵懂懂的，但不知何原由在短時間就決定了，另一個關鍵是基金會可以分期付款支付學費，才讓當年只有 12,000 元薪水的我，可以順利參與 30,000 元的師資培訓，當時可是相當大的一筆費用，就這樣讓我和蒙特梭利教學法結下 31 年的不解之緣。

　　在接受完師資培訓後，憑著一股熱忱，想要實踐蒙特梭利教學的理念與實務，於是回到臺北尋找合適的幼稚園，一間在土城的蒙特梭利實驗班成了我實施蒙特梭利教學的開端。剛從理論學到蒙特梭利教學不見得就熟悉實務，由於我是主教老師只能透過摸索和嘗試來進行蒙特梭利教學，但遇到瓶頸的我沒有資深的人來引領，只能選擇離開。1991-1995 年我嘗試在臺北市與新北市尋找蒙特梭利幼稚園，為的是更進一步瞭解其運作方式，最後來到蒙特梭利啟蒙基金會的青年幼稚園擔任園長，總算學習到更貼近蒙特梭利教學的模式，更在 1996 年取得美國 AMS 2-6 歲國際蒙特梭利合格教師證書，讓自己在蒙特梭利教學更往前一個階段。

　　同一年，土城蒙特梭利幼稚園的老闆，希望我能協助將整個幼稚園轉型成蒙特梭利教學，對於喜愛挑戰的我，相對於擔任園長工作，我認為教學轉型是我喜愛的，於是勇敢地接下此工作，1995-1997 年這段時間是我在蒙特梭利教學中最驕傲的傑作。2000 年開始進入慈濟技術學院工作，也開始了原住民與蒙特梭利教學的相遇，藉由輔導幼兒園的機會，讓花蓮蒙特梭利幼兒園有深入理解蒙特梭利教學的機會；也透過辦理蒙特梭利師訓與研習讓更多老師認識蒙特梭利教學法。2006 年藉由到美國進修博士的機會，取得美國 NAMC 0-3 歲蒙特梭利合格教師證。

　　花東地區實施蒙特梭利教育的幼兒園不多，從 2001 年開始陸續輔導幼兒園落實蒙特梭利教育哲學，直到 2015 年來到臺東大學任教，一方面沒有間斷花蓮的輔導，另一方面也投入臺東幼兒園輔導，將近 20 年在花東的實務經驗，發現老師在語文教育的實務執行相當弱，因此透過辦理蒙特梭利策略聯盟的教師社群，持續讓老師們有機會研討蒙特梭利的五大教育，也讓他們瞭解語文教育的內容與實施方法，但後來發現這樣的社群還是不足的，老師們缺乏扎實的師訓課程，因此透過教育部的計畫，在臺東開辦 3-6 歲蒙特梭利教育師資培訓課程，協助老師們更認識蒙特梭利教育。再者，因為臺東大學幼教系開設「蒙特梭利語文與文化教育」課程，讓我有機會與學生們深入探究語文與文化的內容，也藉機設計相關的課程活動與教具，期待收納在本書中，讓蒙特梭利或一般幼兒園教師，都能透過本書的範例，提供教室語文區教具製作的參考，讓幼兒學習注音符號與國字變得有趣與好玩，而不是簿本的重複書寫方式。

施淑娟 於東大知本校區
2022 年 8 月 4 日

目　錄

作者序 _____ i

第 1 章　與蒙特梭利教育的緣分（施淑娟）_____ 001

第 2 章　瑪麗亞・蒙特梭利的生平（施淑娟）_____ 005
　　一、學習階段（1870-1896）/ 005
　　二、工作階段（1896-1906）/ 007
　　三、創始階段（1907-1909）/ 008
　　四、發展階段（1909-1952）/ 009

第 3 章　蒙特梭利教育在臺灣的發展歷程（施淑娟）_____ 011
　　一、發展階段 / 011
　　二、高峰階段 / 012
　　三、穩定階段 / 013
　　四、一所幼兒園轉型蒙特梭利教育的歷程 / 014
　　五、臺灣蒙特梭利教育的相關研究 / 019

第 4 章　蒙特梭利教育哲學理論（施淑娟）_____ 029
　　一、教室三元素 / 031
　　二、五大教育內容 / 037
　　三、發現兒童 / 044

第5章 蒙特梭利語文教育內涵與重要性（曹湘玲、施淑娟）

053

一、語文教育的特色 / 056

二、語文教育的方法與內容 / 058

三、蒙特梭利語文教育的重要性 / 060

四、全語文概念與蒙特梭利語文教育之差異 / 060

五、蒙特梭利教育結合全語文概念之語文活動設計 / 065

第6章 蒙特梭利語文教育教學實務（施淑娟） 083

一、聽說活動 / 085

二、書寫活動 / 090

三、文字辨別 / 096

四、拼音練習 / 104

五、閱讀活動 / 113

第7章 蒙特梭利教育與課程大綱之關係（施淑娟） 123

一、蒙特梭利文化課程範例 / 124

二、蒙特梭利文化教育——以臺灣文化課程為例 / 153

三、蒙特梭利教育與課程大綱的關係 / 198

參考文獻 317

第1章

與蒙特梭利教育的緣分

千萬別把孩子當成呆滯的個體，
舉凡他會做的每一件事都歸功於我們大人，
或是把他當成一個空罐，
有待我們將它填滿。
事實上，是孩子造就大人，
每一個成人都是由自己的童年所塑造出來的。
……製造成人的，其實是嬰兒。
……孩子吸收周遭世界的訊息，
將之塑型融入未來的成人裡。

—— 瑪莉亞・蒙特梭利

　　撰寫此書，發現自己進入幼兒教育領域已經 39 年。1983 年在臺北商專夜間部就讀時便在托兒所擔任助理教師的工作，畢業後繼續在托兒所擔任教師，那時候一班 60 位幼兒傳統教學的景象，是現在難以想像的。1986 年來到實施角落教學的托兒所，讓我感受到學習區開放教育的美妙，但因為自身沒有幼兒教師的資格，不僅名不正、言不順，對幼教的專業理念也不清楚，因此萌生就讀幼專的想法，為的就是能有一張幼稚園教師證照。1990 年從花蓮師範學院幼稚教育科畢業，滿懷理想投入幼教現場，卻發現幼教現場的教學模式普遍還是存在傳統教學，並沒有因為我取得教師資格而有不同，而當初補習、考試、取得證照是為了什麼？不就是為了學習幼教專業的教學方式嗎？但事實卻不是如此，於是心灰意冷之下萌生起換工作的念頭。也就在這一年，聽聞當地開辦蒙特梭利師資證照班的課程，沒有多想便決定參與師資培訓，也要感謝當時蒙特梭利啟蒙基金會讓我分期付款來繳付學費，才能一圓學習的願望。而這一個轉捩點，讓我與蒙特梭利教育結下將近三十多年的緣分，當時的心灰意冷轉變成信心

十足，心中滿懷期待可以大顯身手一番，也重新燃起對幼教工作的熱忱。

　　蒙特梭利教育重視幼兒內在的需求，讓每個幼兒根據自己的能力與興趣選擇喜歡的工作（教具），身為蒙特梭利教師更需要在環境中為幼兒擔任示範的角色（Montessori, 1964），其理念與儒家學說中孔子強調身教重於言教相同，在日常生活中達到潛移默化的效果；且教師也須瞭解學生的個性，並根據每個幼兒的人格特質與個別差異進行不同的引導不謀而合。另一方面，幼兒教育自 1971 年實施 Broke（布克太太）所引進的發現教學法（盧素碧，1994），開啟了學習區的教學模式，也注入開放教育的觀念（施淑娟，2012），但有誰記得早在 1907 年瑪麗亞·蒙特梭利便在義大利的弗羅倫斯貧民窟的兒童之家，就開啟學習區模式的蒙特梭利教學，當時在世界各地蔚為流行（Standing, 1984）。接著，80 年代臺灣興起許多幼兒園轉型成蒙特梭利教育的風潮，也成為當時最流行的一種教學模式（施淑娟，2001；陳淑琬，1997）。承上所述，蒙特梭利教育不僅符合幼兒教育中開放教育的理念，也符應中華文化中儒家的思想，這便是自兒童之家開辦以來，蒙特梭利教育推行至今 115 年仍不衰退的原因。

　　蒙特梭利教育始於一群貧民窟 42 位一般的幼兒，但教育界常常誤傳蒙特梭利教育是始於教特殊幼兒，可見大家對一個教學模式在沒有深入瞭解之下便輕易下定論。事實是，瑪麗亞·蒙特梭利對幼兒的認識與對教育的興趣的確始於特殊幼兒，她擔任過國立啟智學校的校長，也幫助一群啟智學生提高其學習成績，但，當時並未實施蒙特梭利教學法，而是採用塞根與伊塔特殊教育的理論與教具來進行實驗。後來在一個機緣下，在弗羅倫斯貧民窟成立兒童之家，才開始發展出一系列的蒙特梭利教具與環境。目前蒙特梭利教育在全世界的幼兒園大部分變成貴族教育，在美國幼兒園一個月的學費動輒臺幣二至三萬元，而臺北的幼兒園平均一個月也要兩萬多元，這樣的學費豈是一般民眾可以支付的，因此，如何讓蒙特梭利教育回歸到普及一般幼兒的教育，這便是當前需努力的方向。

　　花蓮天主教教會長期在臺灣的幼兒園推行蒙特梭利教育，但隨著修女的異動有些幼兒園已經不實施蒙特梭利教育，因著輔導計畫的開啟，有機會與天主教教會辦理的原住民幼兒園接觸，協助他們更落實蒙特梭利教育的理念與精神。因著幼兒教師異動的頻繁，幼兒園只有少數幾位老師接受過蒙特梭利師資的培訓，所以一方面鼓勵老師們參與坊間辦理的蒙特梭利

師訓，另一方面透過輔導計畫的實施，不僅增進教師們對蒙特梭利理論與實務結合的專業能力，也透過研究發現蒙特梭利教育對偏鄉與原住民幼兒語文與數概念能力的成效（施淑娟，2014/2019/2020；施淑娟、曹湘玲，2013；曹湘玲、施淑娟，2018），更同時察覺原住民幼兒園實施蒙特梭利教育對幼兒的優勢。

　　因著對花蓮的情感與喜愛，2000 年開始在花蓮工作，長期身處東部的我，也期待能為東部的蒙特梭利教師及幼兒園做一些事。1996 年教育部開始推動專業輔導計畫，花蓮的明德、安德、爾雅之家及熊熊森林幼兒園不僅持續在蒙特梭利教育專業精進，也在 2013 年組成蒙特梭利教育策略聯盟深入瞭解課程大綱及蒙特梭利教育的關係。2004 年開始在花蓮為在職教師辦理 3-6 歲蒙特梭利教育師資培訓課程，臺東也在 2021 年開辦，並遇見想推廣蒙特梭利教育的公立小學校長，111 學年度開啟臺東第一間公立小學附設幼兒園實施蒙特梭利教育的新局面。目前不只這一間公立附幼想轉型，因為校長的影響帶動臺東海線的國小也有興趣，當幼兒園推動成功時便是往小學教育前進，也期待未來有更多的公立小學附設幼兒園及小學願意轉型成蒙特梭利教育，嘉惠更多偏鄉兒童，不僅培養他們成為自主學習、獨立思考、創新與解決問題能力的人，也提升學業的認知能力與成效。

第 2 章

瑪麗亞‧蒙特梭利的生平

　　要深入瞭解一個教學模式，首先要認識創始人的生平與經歷，如此才能掌握此教學法的發展精髓與內涵，而綜觀整體蒙特梭利的生平，一直支持與協助她的便是她的母親，若沒有母親一路的陪伴與協助，我想就沒有蒙特梭利教學法，從她想就讀工科到醫學院，雖然不贊同但還是接受她的想法，並協助蒙特梭利實踐她想做的事情。以下從幼兒階段開始，一窺蒙特梭利生平的歷程。

一、學習階段（1870-1896）

　　瑪麗亞‧蒙特梭利（Maria Montessori）生於 1870 年 8 月 31 日義大利安科納省（Ancona）的基亞拉瓦鎮（Chiaravalle）。她的父親亞歷山卓‧蒙特梭利（Alessandro Montessori）曾經是一位軍人後來轉職到財政部工作，因為考量蒙特梭利的學業便全家搬到羅馬居住，擔任首席會計。她的母親芮妮笛‧史多普尼（Renilde Stoppani）是地主的女兒，觀念前衛但信奉上帝，也是一位著名神父安東尼‧史托普尼的姪女，屬於中上階層的天主教家庭。在蒙特梭利的著作裡經常引用聖經上的話語，這也是為什麼蒙特梭利的理念這麼吸引我的原因，因為她把上帝教導我們的真理，跟教學方式結合在一起，非常具有說服力。

(一)幼兒與小學時期

　　雖然蒙特梭利生長在一個生活優越的家庭，但她的母親不希望她在安逸中成長，因此她的母親給她一個任務就是照顧貧困的鄰居小女孩，相信也是這樣的原因讓蒙特梭利在羅馬大學附設醫院留意且關心特殊幼兒的一言一行。雖然蒙特梭利是獨生女受到父母的鍾愛，但仍嚴守家中的紀律。有一天，就在他們旅行幾天後回到家中，在還沒有安頓好的情況下，蒙特梭利吵著吃東西，但她的母親沒有因為她一直吵鬧而放下手中的事物，找食物給蒙特梭利吃，而是告訴她「如果你很餓，就請你去拿在旅行前放在

櫃子裡的餅乾。」這一個動作顯示蒙特梭利母親的原則性，也看出家中的紀律。還有一次，父母因為一些事情而吵架，小小的蒙特梭利搬來一張椅子，放在父母的中間並牽起他們兩人的手，希望兩人握手言好，從這裡可看出蒙特梭利心中對和平的渴望，也看到從小她就有解決事情的能力。蒙特梭利就讀小學的這個時期，她的成績與學習並沒有特別的突出，老師問及長大想做的事情，蒙特梭利並沒有顯現出特別的願望，卻顯現出她關心未來的兒童。有一次上課，老師批評蒙特梭利的眼睛，從此以後，她再也不抬起頭用她的眼睛來看老師，由此可看出蒙特梭利具有強烈的自尊心，也是這樣的原因，蒙特梭利的教育理念認為兒童是需要被尊重的。

(二)中學時期

蒙特梭利在中學開始顯現出強烈的求知慾，也發現自己對數學有相當大的興趣，在那一個時代婦女能從事的工作就是老師，父母也希望她成為一個老師，因為當時小學畢業後繼續升學的女生是極少數的，但她卻選擇技術學校就讀，希望當一位工程師。中學就讀期間，蒙特梭利又發現她對醫學有很大的興趣，但在一百多年前，義大利還沒有女性唸醫學系的前例，因此可預知蒙特梭利在進行一件不可能的任務，最後歷經一番波折，先與父母溝通，父親是反對的態度甚至與教育部長面談，雖然遭受拒絕，但她很有信心的告訴教育部長，她相信自己可以順利進入就讀，的確，蒙特梭利如願以償進入羅馬大學醫學院了。

(三)大學時期

在那個時代，女子不被允許單獨行走在路上，因此蒙特梭利就必須在父親的陪同下去上課；且在男同學進入教室後，她才能進去；這是一個男尊女卑的時代，也考驗著蒙特梭利。另一方面在醫學院裡，蒙特梭利也一樣受到男同學的排擠和輕視，解剖實驗甚至沒有人願意和她同組，而且不被允許在白天進入解剖室，必須一個人獨自在晚上面對屍體，但蒙特梭利都忍下來了，且表現得更用功與努力在學習上。在一個暴風雪的日子，男同學都缺席而只有蒙特梭利一人來到教室上課，教授感受到她勤學的態度，還是對她一人進行授課。這樣不公平與排擠的事件層出不窮，但蒙特梭利憑著毅力堅持下來了，終於有一次，她實在受不了，在晚上跑出解剖

實驗室，就在幾乎要放棄時，她在路邊看到一個小男孩，聚精會神的玩一張彩紙，而且一再把玩，使她領悟到學習需要毅力與堅持，於是她重新回到實驗室，繼續她的學業，最後終於以第一名畢業，獲得畢業典禮演講的資格，此時，她的父親因為還沒有認同她，甚至以她為恥，所以並不知道她要演講的榮耀，還是她父親的朋友告訴他，蒙特梭利的父親才參加了她的畢業典禮，就在她演講後，她父親終於以蒙特梭利為榮，而蒙特梭利也成為義大利第一位女醫師，在羅馬大學的精神部門擔任助理醫師的工作。

二、工作階段（1896-1906）

蒙特梭利在擔任精神科助理醫師時，因為當時以為智障孩子是精神病患，所以關在精神病院中，因此她才有機會接觸到特殊的兒童。有一天，蒙特梭利跟著醫院裡的工作人員來到關他們的地方，他們提供午餐給這些兒童進食，蒙特梭利卻觀察到這些兒童吃完麵包後，卻玩起掉在地上的麵包屑，工作人員還很不屑地批評這一群兒童，但蒙特梭利卻觀察到這些兒童玩地上的麵包屑，是因為他們沒有任何東西可以玩，因此引起蒙特梭利對特殊兒童的興趣，進而閱讀法國伊塔（Itard）聾啞醫生，以及他弟子塞根（Seguin）的作品，瞭解兩人在特殊教育的理念與實務的做法，也利用閒暇時間致力於兒童神經與心理疾病的研究，最後總結出「發展智力必須透過雙手的操作」，更讓蒙特梭利明白「智能不足主要是教育上的問題而非醫學上的問題」，也提出低能兒童並非社會之外的人類的主張。

接著，蒙特梭利擔任國立啟智學校的校長，依據塞根的書籍與伊塔的實驗，為教師預備一套對低能兒童的特殊觀察及教育方法，也設計許多具體的教具，幫助智障孩子學習，發現兒童可以學習許多她認為不可能的事物。兩年以後，孩子們參加基本學力測試，竟然都通過了，有些甚至高分通過，因此在當時的社會造成了轟動。蒙特梭利本為醫生，為充實教育方面學識，蒙特梭利在 1901 年又進入羅馬大學進修人類學、心理學、教育哲學，研究正常人類的教育，更重新澈底研究塞根與伊塔的原文書籍。除學業外，仍繼續看診行醫，是一位對病患仁慈寬厚的女醫師，1904 年起，擔任羅馬大學人類學教授。蒙特梭利自稱「這兩年的實驗教學是她第一個真正的教育學位」，樹立她在心智遲鈍兒童教育上的地位，也奠定義

大利科學教育學之基石，這樣的成就使她確信也可使用在正常兒童身上，甚至可獲得更驚人的成果。

三、創始階段（1907-1909）

就在蒙特梭利到處演講之際，一位來自佛羅倫斯貧民窟的建商也在會場上，他相當認同蒙特梭利的理念，便邀請她來協助管理貧民窟的幼兒，而蒙特梭利也正在尋找將其理念實踐於正常小孩的機會，因此兒童之家便在 1907 年成立了。在貧民窟的 42 位幼兒，因為還沒入小學，且父母忙於生計而缺乏照料，所以白天就在社區裡到處玩耍亂塗鴉牆壁，有失政府想要改造貧民窟形象的計畫，這便是建商邀請蒙特梭利的原因。為了籌劃開幕典禮，蒙特梭利找了裁縫師的女兒擔任她的助手，雖然裁縫師的女兒沒有受過專業教師的訓練，但還是知道學校怎麼教小孩規矩的，因此她努力的訓練這些小孩排好隊，希望在開幕典禮上有好的表現。這群小孩在當天典禮上不是很有規矩是大家可以想像的，但蒙特梭利並沒有受到影響，還是在當天會場提到「我知道這一群小孩，未來會成為世人的眼光。」

蒙特梭利將這教室稱為「兒童之家」，表明這是一個像家一樣溫暖的地方，而非制式的學校，並把先前的教學理念用在這些正常幼兒身上，並且透過觀察與瞭解幼兒的需求，設計出適合他們的教具與教學方法。首先，建商只提供環境並沒有提供設備與教材，蒙特梭利在市面上找不到適合幼兒身材的桌椅，於是請木工協助製作適合幼兒的桌椅；又看到一群留著鼻涕的幼兒，便興起教他們擤鼻涕的方法；接著，陸續看到幼兒在日常生活的問題，便設計各種教具協助幼兒的學習。這樣透過觀察而發展出教具的實驗教學，便每天在兒童之家上演，而那些流著鼻涕、不會好好排隊且缺乏自信的孩子，是來自父母目不識丁的家庭，竟然變成活潑、有紀律、有自信、做事井然有序、待人彬彬有禮的人。這些孩子當時在開幕典禮的表現大家是知道的，而不到一年便看到這樣的成果驚動了全國，也受到世界許多國家關心教育人士的矚目，上至女皇、下至人民，紛紛前來參觀。因此「兒童之家」陸陸續續在各地成立，她的教育方法漸漸推廣開來，效果都同樣卓著。

　　蒙特梭利教室中目前使用的矮櫃也不是一開始就如此的。有一天，老師在放學前沒有鎖上放教具的櫥櫃，一大早幼兒來到教室，發現櫥櫃是開著的，便爬上桌子拿起櫃子裡的教具，自行在教室裡操作起來，而蒙特梭利看到此情景，便醒悟到，將教具鎖在櫃子裡是沒有意義的，因此便開啟了，適合幼兒高度的教具櫃，讓幼兒可以自由的取拿。再有一天，來自外地的參觀者，不知道當天是兒童之家的放假日，來到後發現沒有上課，有點失望，在社區玩耍的幼兒們看到有外來的人士，上前詢問他們的用意後，一群孩子便直接進入教室，展示他們平日工作的情形，就這一個動作讓參觀者相當訝異，不用老師在場，這些孩子展現獨立自主的表現，讓人更讚嘆此教學的成效。

　　蒙特梭利教室裡有許多的語文教具，也不是她一開始的想法。在當時，幼兒面臨即將入學但不識字的情形下，讓家長很擔心，於是請求蒙特梭利教幼兒認字，起初她是拒絕的，但後來看到幼兒對文字有興趣，才開始創造相關的教具與教學方法，也是如此發現幼兒對書寫與閱讀的敏感期，讓蒙特梭利教學的成效更令人耳目一新，因此蒙特梭利教學的方法更是聲名遠播了。

四、發展階段（1909-1952）

　　在陸續成立兒童之家後，相對的問題就是師資的需求了，於是在世界各地設立師資訓練機構，而蒙特梭利也將兒童之家所做的實驗出書，讓更多人知道蒙特梭利教學的做法，這些努力都是為了確保教育品質。第二次世界大戰期間，蒙特梭利避難至印度長達十多年，使得印度現今成為蒙特梭利教育的重鎮，也培育出許多蒙特梭利教育師資。戰後，蒙特梭利仍在世界各地宣揚她的教育理念，並曾三次獲得諾貝爾和平獎提名。1952年5月6日逝世於荷蘭，在她的墓碑上寫著：「我祈禱我心愛的孩子們，所有人都能進入我在人類和世界裡所建造的安寧和平！」蒙特梭利的貢獻，不只侷限於她所出生的義大利，她對人類全體有著革命性的影響，我們推崇她是兒童人權的捍衛者。

第 3 章

蒙特梭利教育在臺灣的發展歷程

　　根據《中國教育學刊》的報告指出，蒙特梭利首次介紹到臺灣是在 1913 年（許惠欣，1979；楊荊生，1994；Lu et al., 1999; Xiang, 1986），直到 1922 年教育學者還持續的出版相關的文章（許惠欣，1979）。更有研究指出，蒙特梭利教學第一次傳到中國是在 1910-1920 年之間，江蘇省也在 1914-1915 年成立蒙特梭利教學方法協會（翁麗芳，1998）。更在 1923 年北京女子師範學院附設幼稚園的兩個班級中進行蒙特梭利教學的實驗，而張雪門也在 1925 年花了一年的時間研究蒙特梭利教學法（翁麗芳，1998）。在經歷兩次世界大戰，再加上國共內戰，因此蒙特梭利教育在中國消失了一陣子，直到 1974 年許興仁校長開始研究蒙特梭利理論又成立幼兒園，才展開蒙特梭利教育在臺灣將近 50 年的歷程。以下分成三階段介紹蒙特梭利教育在臺灣的發展，並分析臺灣蒙特梭利教育相關的研究：

一、發展階段

　　當年臺灣的臺南光華女中許興仁校長開始研究蒙特梭利的理論與教學，甚至 1974 年在其附設的托兒所實驗蒙特梭利教學法，後來還翻譯許多蒙特梭利的英文著作（林意清，1997；Lu et al., 1999），讓臺灣開始接觸蒙特梭利教學法。直到 1984 年臺北成立了第一所蒙特梭利幼兒園（楊荊生，1994；Lu et al., 1999; Xiang, 1986），1985 年則成立臺灣第一個中華民國蒙特梭利啟蒙基金會（Chinese Montessori Foundation, CMF），而發起人單偉儒董事長也在隔年成立蒙特梭利兒童之家（Xiang, 1986）。根據楊荊生（1994）的調查研究指出，當時學前教育機構使用各種教學模式的情形為蒙特梭利教學有 483 所、福祿貝爾教學有 366 所、單元教學有 3,636 所，及音樂教學學校有 1,253 所，以當時單元教學為主

流教學來看，蒙特梭利教學法是有相當的潛力，其數量已超過福祿貝爾學校，並且該資料也指出當時臺灣幼兒教育教學模式的多元化現象，最後，蒙特梭利教學法在 80 年代成為臺灣幼兒教育最流行的一種教學模式。

二、高峰階段

以下將蒙特梭利教學法在臺灣的發展階段，分為幼兒園的發展及師資培訓機構的發展來介紹。

(一)幼兒園的發展

研究指出與其他教學模式相較之下，蒙特梭利教學有快速成長的趨勢，例如：實施單元教學或學習區教學模式的學校不僅為幼兒在教室中提供蒙特梭利教具，更有學校直接轉型為蒙特梭利教學的學校。這股蒙特梭利流行的趨勢遍及臺灣，尤以中南部的幼兒園最甚，此時一些蒙特梭利的教具教材公司與組織也相繼成立（The Edit Department of Journal of Hsinyi Early Childhood Education, 1990）。這些組織不僅提供長期的師資培訓，也有短期的蒙特梭利教學訓練課程，並且相繼邀請國外蒙特梭利專家辦理年度研討會，而在大學的幼兒教育學系、技職體系的幼兒保育系及高職的幼兒保育科也在學校提供蒙特梭利教學法的課程讓學生們學習（簡淑真，1998b）。因此，蒙特梭利教學法瞬間在臺灣成為最流行的教學法，但也同時是有爭議性的教學模式（Lu et al., 1999）。學者們一方面爭議的是蒙特梭利教學太著重在認知教育上（Wang & Chien, 1997），另一方面是教具的操作方式缺乏彈性，且幼兒缺乏社會化生活（施淑娟，1998）。但無論如何，此階段是蒙特梭利教學法發展的全盛時期。

(二)師資培訓機構的發展

早期蒙特梭利教師進行師資培訓有五種方法：第一種，1977 年天主教教會送一些修女到義大利或是其他國家學習蒙特梭利教學法（Wu as cited in Lu et al., 1999）；第二種，有些老師直接參與國際蒙特梭利協會（Association Montessori Internationale, AMI）在美國的師資訓練的課程；第三種，有些老師則參與美國蒙特梭利學會（American Montessori

Society, AMS）開設的師資訓練課程；第四種，有一些老師則到日本學習蒙特梭利的理論（簡淑真，1998b）；第五種，有些老師則參與中華民國蒙特梭利啟蒙研究基金會在臺灣辦理的師資培訓課程（楊荊生，1994；Lu et al., 1999）。根據單偉儒（1995）的敘述，當時將近有 4,000 多名教師參與中華民國蒙特梭利啟蒙研究基金會的師資培訓課程。

在美國兩個最大的蒙特梭利教學組織是 AMI 與 AMS（Edwards, 2002; Daoust, 2004），這兩個組織的網路資訊都提供師資培訓課程的訊息，但這些資料並不適合臺灣的教師，所以如果臺灣的教師想成為一位蒙特梭利教師必須要出國進修取得國際證照，或是在臺灣接受師資培訓但此證照只適用於臺灣。根據 Chang（1999）的研究指出，臺灣的師資培訓課程並不包含實習，也因此老師接受課程培訓後並不知道如何將蒙特梭利教具實際用於幼兒的教室中，有一些老師還是使用傳統的方式來進行蒙特梭利教學。幸運的是，在 2002 年中華民國蒙特梭利啟蒙研究基金會開始與美國 AMS 舊金山蒙特梭利教師教育中心的 Pamela Rigg 博士合作，Rigg 博士派了幾位蒙特梭利師資到臺灣在暑假進行師資培訓的課程（中華民國蒙特梭利啟蒙研究基金會，2006），這對無法出國進修取得國際證照的教師而言是相當好的消息，也增加國內蒙特梭利教師獲得國際蒙特梭利證照的機會。

三、穩定階段

美語學習在 2000 年左右，成為臺灣幼兒教育中最流行的一股潮流，幼兒園提供美語課程成為家長選擇的必要條件之一（孫嫚薇、王淑英，2004），甚至有些幼兒園完成轉型成全美語教學的學校（施淑娟，2001），而一些蒙特梭利學校也無可避免的跟著為幼兒提供美語的課程成為雙語學校（施淑娟，2001；Chi, 2002）。一般蒙特梭利學校則提供一星期 1 小時的美語課程，雖然這股美語流行的趨勢來勢洶洶，但許多蒙特梭利學校還是在教室中秉持著蒙特梭利教育的理念（施淑娟，2001）。雖然明顯的看出蒙特梭利學校數量在減少中，但這也代表蒙特梭利學校的穩定性，目前採用蒙特梭利教學的學校不是因為流行的趨勢而使用，而是真正的認識蒙特梭利教學。根據中華民國蒙特梭利教師協會（2018）的

資料顯示，目前登錄在該協會網路上的蒙特梭利學校共有 100 所，在臺北市有 30 所、新北市有 17 所、桃園市 3 所、新竹縣市 4 所、台中市 10 所、彰化縣市 4 所、南投縣市 2 所、雲林縣市 1 所、嘉義縣市 2 所、臺南市 14 所、高雄市 3 所。另外，花蓮有 8 所蒙特梭利學校，宜蘭則有 2 所。根據以上的資料尚不能代表臺灣蒙特梭利學校的總數量，因為還是有一些蒙特梭利學校未登錄在該協會網路上，但由資料顯示，蒙特梭利學校在臺灣幼兒教育中是除了主流教學模式外，算是另一股小型主流教育。

　　1999 年彰化鹿港鎮加拿大籍的梅老師在當地社區與家長的努力催生下，有了第一所非體制的苗圃蒙特梭利小學班，更努力的在 2002 年成立苗圃社區合作小學，2005 年正式成立蒙特梭利中學，而如今因應實驗學校法的通過，在臺灣多以非學校型態實驗教育的方式來成立蒙特梭利小學，或以公辦民營的方式在公立小學實施蒙特梭利教學，皆可窺見蒙特梭利教育向上發展的趨勢。

四、一所幼兒園轉型蒙特梭利教育的歷程

　　蒙特梭利教學法在臺灣 80 年代蔚為一股潮流，有的至今屹立不搖；有的抵不過家長的需求，變成蒙特梭利與其他課程的混合式教學；有的跟隨流行趨勢，轉換成雙語教學；有的則將蒙特梭利教學當作才藝班的方式來進行。不論蒙特梭利教學現在變成什麼樣子，它那系統性的教學方式，還是有存在的價值，並且透過許多研究證明，對一般及原住民幼兒皆有顯著的學習成效。

　　學習蒙特梭利教育到現在已有三十多年的我，從教師的教學、主任到園長行政職務都有實務經驗，更有機會幫助許多幼兒園從主題、大學習區教學轉型成蒙特梭利教學，這期間的許多實證，令我更欽佩蒙特梭利對兒童的發現與瞭解。當一所以主題或學習區為主的幼兒園，想轉型成蒙特梭利教學，需要花 2-3 年的時間完成。以下以一所新北市大學習區教學的幼兒園為例，其歷經 2 年的轉型時間，以四階段分述其歷程，提供想轉型的幼兒園參考。

(一)第一階段

1. 教學方面

(1) 找出願意實施此教學的老師，最好已接受過蒙特梭利教學師資的訓練。

(2) 若無，園長或主任應先擁有此專業知識，並有教學經驗。

(3) 園長或主任進入此教室，協助示範教具操作及個別指導的方式。

(4) 園長或主任，要實際帶領老師做班級經營及師生互動方式。

(5) 其他未實施蒙特梭利教學之班級，教室仍維持 1-2 個學習區，配合自由工作時間，老師亦進行各區的觀察記錄。

(6) 每週一次教學討論。

(7) 由園長或主任訂定一學期文化課程的內容。

2. 行政方面

(1) 每天利用早會時間，分享蒙特梭利書籍，專業指導者可藉機帶入蒙特梭利理論的部分。

(2) 安排全園老師到其他蒙特梭利幼兒園參觀，請老師寫下參觀記錄表，回園後並做心得分享。

(3) 利用每週一次午休時間，與老師進行蒙特梭利專業知能的研討，並公布整學期的內容計畫。

(4) 利用晚上兩天時間或週末，為老師進行蒙特梭利教具操作介紹。

(5) 購買蒙特梭利各領域的教具與製作語文及文化區的教具。

(6) 為實驗班級訂定不同於其他班級的作息表，以擁有較長的自由工作時間。

(7) 每個月出版園訊，提供蒙特梭利教學的資訊、學校的活動照片、幼兒的童言童語、每個月的活動預告、健康醫療及老師的文章。

3. 環境方面

(1) 在廁所及辦公室布置盆栽及富自然景觀或藝術的掛圖。

(2) 在洗手臺上張貼刷牙的步驟圖與放置觸壓式的洗手乳。

(3) 增加教室內的照明設備。

(4) 在學校的公布欄張貼有關蒙特梭利的文章。

(二)第二階段

1. 教學方面

(1) 園長或主任繼續輔導實驗的班級。

(2) 其他未實施蒙特梭利教學之班級,改變區域的內容,以較接近蒙特梭利教學的區域。

(3) 班級數若過多,可以設計所有的大班皆為蒙特梭利區域,例如:大一班為日常、美勞區;大二班為感官、數學區;大三班為語文、文化區。一星期中可輪流進入各區域。若班級數少,可以小、中、大班各設為日常、美勞區;感官、數學區;語文、文化區。

(4) 園長或主任為未實施蒙特梭利教學之班級,做分區課程之設計。

(5) 一學期教學計畫,文化課程從一星期延長成一個月。

(6) 每週一次教學討論。

2. 行政方面

(1) 早會時間,仍分享蒙特梭利書籍。

(2) 全園老師到其他蒙特梭利幼兒園參觀活動,仍繼續進行。

(3) 午休時間,每週一次與老師進行蒙特梭利專業知能的研討。

(4) 安排家長教學觀摩,並與每位家長面談。

(5) 在期初家長座談會,介紹蒙特梭利教學之理念與內容。

(6) 要求全園老師參加蒙特梭利的師資訓練。

(7) 增加蒙特梭利教具與製作文化區的教具。

(8) 親師溝通次數增加。

(9) 利用午休時間,安排教師成長的研習活動。

3. 環境方面

(1) 在教室的環境設計上,請老師著手簡單大方的圖案,並多張貼幼兒的作品或與文化課程相關的海報、圖片於布告欄上。

(2) 為每間教室的窗戶製作窗簾，最好有各班的特色。

(3) 協助老師設計教室中的動線規劃。

(4) 重新粉刷學校牆壁的色系。

(5) 在學校的公布欄，張貼有關蒙特梭利的文章。

(三)第三階段

1. 教學方面

(1) 每位幼兒皆有一個學習檔案資料夾，以蒐集每天的紙上作業或作品。

(2) 老師為每位幼兒準備一本資料冊，將這一個月的作品與紙上作業分類整理後放進資料冊中，每月每人照片四張，張貼於資料冊中，月底讓幼兒將資料冊帶回家中，隔日再攜回。

(3) 一間教室有兩位老師，一位為主教者，另一位為協助者。

(4) 老師以分區域方式進行觀察記錄的書寫，並學習留意學生是否有進入該區操作。

(5) 當老師觀察該區時，亦同時負責該區的教具製作與準備。

(6) 一間教室中，應設有蒙特梭利教學的五大區域。

(7) 主教老師，學習為每位兒童設計五大區域之學習進度，再交由園長或主任審查。

(8) 給予蒙特梭利教學觀察記錄本，每個月讓家長得知孩子工作的內容，並給予文字的敘述。

(9) 每週一次教學討論。

2. 行政方面

(1) 此時師生比例會呈現過多的現象。

(2) 若教室空間不夠，可將兩間教室打通成一間，這兩班是不同年齡，以方便自由工作時，幼兒是混齡的狀態。

(3) 早會時間，仍分享蒙特梭利書籍。

(4) 老師到其他蒙特梭利幼兒園參觀活動，仍繼續進行。

(5) 午休時間，每週一次與老師進行蒙特梭利或其他幼教的專業知能的研討。

(6) 利用午休時間，安排學校中教師成長的讀書會。

(7) 更換全園為相同的作息表。

(8) 安排家長教學觀摩，並與家長會談。

(9) 安排晚上時間進行家長工作日，讓家長與幼兒一起工作，感受幼兒從操作中的收獲與樂趣。

(10) 利用孩子工作時間，拍攝每位孩子工作的情形，再安排期中家長座談會，分享孩子的工作情形，事後拷貝影片送給家長。

(11) 期末安排一對一家長會談，告知家長本學期幼兒學習的情形。

(12) 為全校的班級訂定優雅而有特色的班級名稱，並發通知單告知家長其名字的由來。

(13) 持續購買蒙特梭利教具與製作文化區的教具。

3. 環境方面

(1) 在教室中增添各種植物的盆栽與飼養動物（金魚、烏龜或小鳥）的活動。

(2) 在學校的走廊與樓梯間，布置盆栽或掛圖讓幼兒欣賞。

(3) 在家長容易看到的地方，懸掛蒙特梭利內容的大掛圖，讓家長明瞭其教育的內涵與目的。

(4) 在學校的公布欄張貼有關蒙特梭利的文章。

(四)第四階段

1. 教學方面

(1) 延續第三階段第 (4) 至 (9) 項的工作內容。

(2) 仍繼續成長記錄本的資料蒐集。

(3) 每位老師學習為每位兒童設計五大區域之學習進度。

(4) 每月仍有觀察記錄本讓孩子帶回，期末增加總評量本，文字敘述部分亦增加篇幅。

(5) 老師們學習文化課程活動的設計。

(6) 每週一次教學討論。

2. 行政方面

(1) 延續第三階段的工作內容。

(2) 製作蒙特梭利教學介紹的家長手冊。

(3) 製作一本有完整蒙特梭利教具照片的資料冊，以方便為參觀的家長做介紹。

(4) 將觀察記錄本及期末總評量本製作成冊，以方便家長閱覽。

(5) 製作蒙特梭利教學的學校簡介。

(6) 每一個班級都編製成 3-6 歲的混齡班級，師生比例為 1：15。

(7) 給與每班相同的零用金，以方便老師購買各區的消耗品。

(8) 購買蒙特梭利教具與製作文化區的教具。

3. 環境方面

(1) 在學校的環境裡，懸掛書寫著蒙特梭利書籍中精美的字句。

(2) 此時老師已完成師資訓練，拷貝其證書，裱框後懸掛於教室外。

(3) 為班級名稱製作一個藝術的框，懸掛於教室外。

(4) 為學校的校名及娃娃車外，加上蒙特梭利的名稱。

(5) 在學校的公布欄張貼有關蒙特梭利的文章。

由上述四個階段可知，轉換不同的教學需要以循序漸進的方式，且從學校、老師、家長三方面同時進行，才能轉型成功。但轉型成功，並不代表以後不需要努力，日後的持續工作，才能讓這轉型真正成功。也需要全體教職員工的共識，願為蒙特梭利教學努力，不因一時的挫折而氣餒。在家園同心之下，讓幼兒是個最豐盛的收獲者。

五、臺灣蒙特梭利教育的相關研究

整理臺灣 1990-2020 年共 27 篇有關蒙特梭利教育的研究（王素偵，2011；王淑清，1992；石佳容，2009；何函儒，2006；沈妙玲，2004；洪秀華，2017；徐曉玲，2008；施玉芬，2004；施淑娟，2011；施淑娟，2014；施淑娟，2019；施淑娟，2020；施淑娟、曹湘玲，2013；夏書琴，2017；許惠欣，1989；許惠欣，1995；曹湘玲、施淑娟，2018；常婷雲，2005；陳玉娟，1997；陳玉枝，2008；陳淑芳，1991；陳昇飛，2010；楊瑞琴、許惠欣，2008；蔡淑惠，2007；鄭青青，1992；簡淑真，1998b；羅淑玲，2011），可從此時期的論文一窺蒙特梭利教育在當時受

歡迎的程度。根據文獻的內容，茲將臺灣有關蒙特梭利教育研究之期刊論文分析整理如下列各項：

(一)與其他教學法的比較

1.與單元教學的比較

陳淑芳（1991）將 3-6 歲蒙特梭利教學 27 名幼兒和單元教學 26 名幼兒進行比較，研究結果發現蒙特梭利教學的幼兒，在社會領域中幼兒、成人與同儕的解決問題能力、生活適應、生活自理與自我照顧，認知領域中的記憶力、推理能力與概念發展皆優於單元教學的幼兒，所以社會和認知與調適能力皆優於單元教學的幼兒。再者，蒙特梭利教學在教育的目的、課程與活動、教師的角色、環境的規劃與設計及家長教育，皆與單元教學有顯著的差異。最後簡淑真（1998b）也比較蒙特梭利教學 28 名及單元教學 29 名幼兒，發現兩種課程對於幼兒的社會與個人、生活適應、動作與認知領域各有其優缺點。

2.與主題教學的比較

陳昇飛（2010）比較蒙特梭利教育與主題課程，結果發現兩種教學在五大教學面向之差異，如學習環境營造、教學引導方式、教師的角色與功能、幼兒學習角色的定位及學習內容的結構與開放性等。

(二)幼兒的各種能力發展

1.創造力發展

鄭青青（1992）針對兩種不同教學法的幼兒進行實驗，研究發現此兩種教學法之幼兒在流暢力、獨創力並無顯著的差異，唯獨 5 歲幼兒之想像力發展是單元設計教學優於蒙特梭利教學之幼兒。羅淑玲（2011）的研究發現，蒙特梭利教育在「感官」和「藝術」教育方面，幼兒在「造形」和「命名」兩方面展現了創造力。在「造形」和「命名」兩方面，都有流暢力、變通力、獨創力、敏覺力和精進力五種創造力的表現；其中以流暢力、變通力和獨創力表現最為優異。最後，研究探討蒙特梭利教育能幫助幼兒展現創造力之兩大「環境」因素為「預備的環境」中的物理環境和人文環境兩項。

2. 情緒發展

王素偵（2011）的研究發現，蒙特梭利教育中不僅在環境預備的工作，因減輕幼兒學習的壓迫感，讓幼兒正向情緒可正常活動，有助於幼兒情緒發展。透過教師認識自己情緒的覺察與辨識，到情緒的表達，最後使用教具達到情緒的調節，如此尊重幼兒與瞭解幼兒之下，增進師生之間的信賴與關係，也有助於情緒的發展。最後，幼兒在工作中反覆操作的信心建造，交織著老師的基本提示，因此建立幼兒的安全感與專注，如此情緒獲得最大的滿足，更有助於情緒的發展。洪秀華（2017）的研究中，教師透過蒙特梭利五大領域的教具，因應幼兒的個別差異教師會改變其教學方式，對幼兒的情緒雖然有些影響，但經過教師不斷地調整引導策略後，幼兒則因成就感與鼓勵減少其負向情緒的產生，因此可證明蒙特梭利教育對幼兒情緒是有幫助的。

3. 動作發展

王淑清（1992）的研究，比較蒙特梭利教學與單元教學各 30 名幼兒的動作發展，研究發現兩種教學法的幼兒在粗大動作發展沒有差異，但在精細動作發展上，蒙特梭利教學的幼兒優於單元教學的幼兒，且發現 4 歲以下的幼兒在整體動作發展有顯著的差異。陳淑芳（1991）研究發現，蒙特梭利幼兒在動作發展中的全身與精細動作都是優於單元教學的幼兒。而簡淑真（1998b）發現，蒙特梭利與單元教學對幼兒的動作領域各有其優缺點。

4. 數學能力

許惠欣（1989）的文獻整理指出，蒙特梭利學校的幼兒比傳統學校的幼兒在 (1) 序列、(2) 分類、(3) 閱讀與數學成就等領域的表現較為優異，以上三個領域都與學習數學的邏輯思考能力有關。接著許惠欣（1995）的研究指出，幼兒擁有 1 數到 20 及 10 個一跳數的數學能力，再來比較蒙特梭利教學與傳統教學各 40 名幼兒，在正式與非正式數學能力的差異，研究發現蒙特梭利教學的幼兒在正式數學能力表現較優，也就是指四位數的數字讀寫與減法數字運算表的心算能力；而傳統教學的幼兒則在非正式數學能力，也就是唱數、跳數及倒數能力較佳。常婷雲（2005）探討 3 位大班的幼兒其數概念，研究發現透過蒙特梭利教具的操作幼兒獲得數概念的能力，不僅在認知和數的運算上皆優於同年齡的幼兒，研究也顯示有

系統性的教具操作能強化幼兒數概念的發展。

　　施淑娟（2020）探討蒙特梭利教育對原住民族幼兒數概念的影響，及瞭解蒙特梭利與單元教學的幼兒在數概念的差異，發現單元教學幼兒園在前測明顯優於就讀蒙特梭利的幼兒，且達顯著性，不過中測與後測時，單元教學的幼兒平均數雖仍高於蒙特梭利幼兒園，但差異已未達到顯著水準，即差距並不大，且顯示蒙特梭利幼兒園似乎能讓原本落後，較為稚齡幼兒數概念能力之落後情形有效提升。再者，蒙特梭利教育之幼兒的順數、跳數、序數、闕漏數字、相對大小、計數技巧、基數、聽數取物、數量比較、合併類應用問題及加法題的分數皆比單元教學之幼兒高。唱數、倒數、數字接龍、數字比較、改變類應用問題及比較類應用問題則是單元教學優於蒙特梭利大班幼兒。最後，研究瞭解蒙特梭利教師在進行數學教育所使用的方法與策略有蒙特梭利教育整體環境的設計與規劃、操作數學教具有更多自我檢視的機會，更增進數學計算能力、尊重每位幼兒的學習步調，進行一對一個別差異的教學、重複的操作與練習，讓弱勢幼兒的數學能力更好、人力的搭配與良好的教學策略精進幼兒數學能力。

　　5. 語文能力

　　施淑娟及曹湘玲（2014）的研究指出，全語文概念融入蒙特梭利教育後，對幼兒在文字知覺、口語理解與表達能力、仿寫動機與書寫能力及聽、讀詞彙理解能力皆有提升，也學會使用文字記錄為事情做規劃。另一方面，教師在全語文概念融入蒙特梭利教育後，善用經驗圖表以記錄師生間的對話，且重新深入認識蒙特梭利語文教育，不再只是單純關注幼兒在寫字準備度上的考量，而是能適時提供幼兒主動產生學習的動機，並在蒙特梭利文化教育中發展以幼兒興趣為主的語文活動。接著，施淑娟（2014）探究身處蒙特梭利教育環境的原住民幼兒，其閱讀能力的表現情形，結果顯示幼兒在聽覺詞彙能力有明顯的進步，4-6歲的幼兒在名詞有較好的表現；在閱讀理解方面，測驗成績顯示大多數的幼兒有明顯的進步，另外在字義理解方面，幼兒能理解相似、相反、相異、順序、對稱、全體與部分的概念，推論理解方面能合理的推理故事中的情節；透過教學的實施在口語表達方面發現四項結果，如幼兒能進行故事的回憶、能合理的推理故事中的情節、根據故事的內容能產生自我的觀點及能知道字的理解等，所以實施蒙特梭利教學的確提升了幼兒的語文能力。施淑娟

（2019）瞭解兩間幼兒園同時使用蒙特梭利語文教育後，幼兒語文能力的表現與差異，研究發現在聽覺詞彙與閱讀理解能力方面，部落幼兒在實施蒙特梭利教育後皆有明顯的進步且具顯著性；而非部落幼兒在聽覺詞彙及閱讀理解的能力也有明顯性的進步；實施蒙特梭利語文教育後，部落與非部落幼兒在語文能力的差異，則是非部落幼兒明顯優於部落幼兒。

6. 學校適應能力

何函儒（2006）的研究比較蒙特梭利教學與主題教學的幼兒共90名，研究發現蒙特梭利教學的幼兒在適應小一的團體生活、瞭解學校的生活作息及尊重其他同學的表現，皆優於主題教學的幼兒。

7. 學習能力

洪秀華（2017）研究發現教師根據幼兒的個別差異，在蒙特梭利五大領域中採取六種教學引導策略，對幼兒均衡學習上皆有相當顯著的效果。再者，教師透過觀察幼兒的工作及情緒反應，更加瞭解幼兒的需求，則有助於提升教師觀察幼兒的能力。最後，教師依照幼兒個別差異，適時調整引導策略，有助於提高幼兒擴展學習領域之成效。

(三)蒙特梭利教育內容的研究

1. 日常生活與感官教育

施玉芬（2005）認為蒙特梭利日常生活教育是幼兒學習的基礎，培養個人的自理能力、生活的規律性、良好的生活習慣及生活的禮儀，如同蓋房子需要地基一樣的重要，也是教育的根本。而感官教育則具有銜接其他教育的功能，首先藉由日常生活練習奠定良好的基礎，再施以感官教育的精確與秩序性，透過五種感官能力認識各種事物的特性與概念，則成為文化教育的入門課程；而感官教育中的邏輯思考能力，則成為數學教育的預先準備工作；最後感官教育中的概念名稱練習，則成為語文教育的先備知識準備。作者認同蒙特梭利教具設計參考幼兒的發展，使幼兒展現自我選擇的能力，且教具操作中的「錯誤控制」，讓幼兒具有自我反省與檢核的功能，與蒙特梭利自我教育理念不謀而合。

2. 語文教育

曹湘玲與施淑娟（2018）針對一般蒙特梭利教育教室融入全語文概念，發展出十五項以全語文概念為主的聽、說、寫、讀萌發的語文活動，

也以蒙特梭利教育理論設計了間接預備期的日常生活練習,以及正式書寫期的二十個語文活動。

3. 文化教育

楊瑞琴和許惠欣(2008)探討蒙特梭利教育的幼兒園實施主題活動的歷程與困境,研究發現在蒙特梭利教室中實施主題活動方式是另一種選擇,因兩種教育皆以幼兒為本位,且兩者在幼兒觀、教師的角色及環境規劃有相似的地方。因此,在蒙特梭利教室中實施的主題活動遵循著方案發展的三階段進行,包含主題的計畫與開始、探究與執行,以及總結與反省。最後研究發現蒙特梭利教室中實施主題活動有互補的連結,不僅蒙特梭利教育對主題活動有四項貢獻,如培養幼兒進行主題的基本能力、應用蒙特梭利教具解決主題活動的問題、作為主題活動的銜接橋梁,以及落實多元智能的精神。且主題活動對蒙特梭利教育也有三項助力,如主題活動可統整幼兒之舊經驗與各領域的學習、增進幼兒的多元創作、豐富蒙特梭利教室的環境規劃。但實施主題活動仍有人和時間上所造成的困境,如老師的引導技巧不足及蒙特梭利教具與主題連結策略仍須努力,在時間上,則是因為兩種活動都需要長時間的進行才能滿足幼兒的欲望,因此時間的分配就顯得相當重要,有時因為時間不足造成主題內容無法向下延伸的困境。

石佳容(2009)以參與式行動研究法探討以資訊科技融入蒙特梭利文化教育的歷程,研究發現當教師提供不同以往的教學引導方式後,幼兒也有不同於教具操作和體驗不同的學習方式。幼兒不僅將資訊科技成為教室中的習慣性,在資訊科技融入的過程中,符合蒙特梭利教育的原理原則與精神,遵循具體到抽象的原則、教具或資訊科技的內容也具有挑戰性和美感吸引幼兒的探索,成人也扮演相當重要的角色。在研究過程中,將教室裡的電腦區開放給幼兒使用,讓幼兒有操作的機會,且多元化的將各種資訊科技融入在教學中,除了硬體的設備也有各種軟體的支持,教師也使用各種不同資訊科技的功能,編輯或製作與課程相關的教具或紙上作業。最後研究發現,當資訊科技融入教學後,幼兒增強了使用資訊的能力,不僅可聊天也會用電腦打電話,更會使用資訊查資料與看圖片的功能,將電腦視為教室中的教具或工作之一,使用資訊科技來解決問題,對電腦操作有正確的觀念與操作方式。對於使用資訊科技融入教學的教師而言,產生

課程設計與安排及自我角色的反思，但設備的老舊與數量也會影響幼兒操作與課程的進行，因此教師擁有專業的資訊科技能力對於現代的教師而言是相當重要的議題（石佳容，2009）。

(四)蒙特梭利教師

1. 師資培訓

蔡淑惠（2007）探討 3-6 歲蒙特梭利教師之證照培訓的研究，透過 6 位學過 AMI 3-6 歲蒙特梭利教學的教師為研究對象，瞭解老師參加培訓的動機包含在求學階段與就業後對蒙特梭利教學的認同、幼兒園提供參加師資培訓的補助取得國際證照、因同事之間的鼓勵與主管的帶動等教育工作歷程引起老師參加師資培訓的動機、老師想充實專業知識，補充自己的不足而參加師資培訓的動機及參加國際蒙特梭利師資培訓有著經濟、家庭的因素與未來的考量等五項。

根據蔡淑惠的觀察，國內整體師資培訓機構在課程上沒有一定的標準，課程名稱也大同小異，但在課程時數則差異較大，如「蒙特梭利教育理論」、「文化教育」及「實習和觀察」等，且國內課程較強調操作與示範的內容，反觀國際的課程，不僅講師擁有豐富的教學經驗，也強調身教與言教，不僅受訓的教師能體會蒙特梭利教學的精髓，也對其精神與心靈的啟迪、教學的態度、文化的衝擊、理論與實務都有深刻的理解。因此 6 位教師都建議能取得國際證照，不僅增加國際觀，也開闊自己的視野與心靈添加色彩，發揮當教師的本質，認真的實現蒙特梭利教學的理念。教師在修完蒙特梭利國際證照後，對操作與示範更有信心、能精確的掌握介入與引導的時機、用觀察的柔軟心看見幼兒的情緒與需求、尊重幼兒的學習進度、有自信地向家長溝通蒙特梭利的理念、重拾對幼教工作的熱忱，這些都展現獲得國際證照後對教師的影響（蔡淑惠，2007）。

2. 教師的角色

徐曉玲（2008）針對蒙特梭利教師分成工作前、中與後三階段的角色，工作前教師主要為環境預備者及解釋者的角色，工作中教師的角色為輔導者角色：主要為「操作方式輔導」，最後，工作後教師則為解釋者及環境維護者的角色。夏書琴（2017）探討 3 位初任蒙特梭利教師欲瞭解實施教學時的專業成長與面臨的困境，研究結果發現 3 位教師面臨讚美行

為對幼兒的影響、教學進度的要求、蒙特梭利教師應有的行為舉止、不干預幼兒學習、缺少可仿效或經驗分享的對象、觀察記錄能力不足、自創教具經驗有限、蒙特梭利與方案教學融合應用技巧、幼兒出現干擾他人行為等困境；與協同教師的溝通合作則為 3 人共同的專業成長方式。

3. 教師的教育觀

陳玉娟（1997）的研究發現，不同背景的幼兒教師對於蒙特梭利教育的理念，還是有部分不清楚或未曾聽過的現象；對於「自由的觀念」呈現兩種不同的看法；因此教師的年資、學歷、實習情形、培訓機構與受訓情形，都會影響其蒙特梭利教育的觀念。陳玉枝（2008）的研究針對 2 位蒙特梭利教師為對象，探討他們詮釋蒙特梭利教師的角色及做好內在精神面的預備與外在實務面的精進，研究對象 M 老師擁有 AMS 3-6 歲蒙特梭利教師合格證照，L 老師則擁有 AMI 3-6 歲蒙特梭利教師合格證照。M 老師認為國內的蒙特梭利師資培育系統已相當完全成熟，老師們並不一定要拿到國際的蒙特梭利證照，但 2 位老師同時認為拿到蒙特梭利證照並不等於成熟的教師，在班級的運作都要先聽主教老師，且以師徒制的方式進行師資養成的工作，對於有志於在蒙特梭利教室工作的老師們建議都要去進行師資培訓的課程，如此才有助於教師的專業成長與生涯規劃。2 位教師在師資養成與環境規劃因著自己的信念而有不同的觀點，也因不同的師資培育系統，而有不同師生互動與專業成長的歷程，也因不同的兒童觀，發展出不同的幼兒教育理念、親師互動及蒙特梭利教育的使命，也因不同的辦學理念而形成各自的蒙特梭利學校風氣（陳玉枝，2008）。施淑娟（2011）的研究指出當時學習美語是一種潮流，因此想瞭解是否影響蒙特梭利教學之教師的發展合宜教學信念，研究顯示臺灣蒙特梭利教師的信念與教學大部分是一致性的；最後，面對美語的學習潮流，家長、同事、孩子的特性與個人的經驗則是影響蒙特梭利教師信念與教學的主要原因。

4. 教師的專業成長

楊瑞琴和許惠欣（2008）探討蒙特梭利教育的幼兒園實施主題活動的歷程與困境，這樣的結合對於教師的專業成長是有助益的，老師不僅要學習主題的引導策略，也要瞭解蒙特梭利教具與主題的連結，增進與同儕互動與討論的機會，也增進其專業知能的成長。教師們對於蒙特梭利教育的內涵與教具使用的刻板印象之釐清，也察覺幼兒的優勢能力；幼兒有機

會進行多元化的創作，且環境因為多了主題區而有多樣的規劃；家長也透過主題活動積極的參與課程；也透過主題活動善用社區的資源，讓幼兒的經驗擴展到教室以外的環境。

(五)0-3 歲教育

沈妙玲（2004）透過一所蒙特梭利幼兒園因應少子化的現象，籌劃向下延伸的蒙特梭利托嬰中心而規劃了 0-3 歲的課程，歷經 4 年教學本土化中經過了形成、實施及永續等三階段。在形成階段，發現使用原有幼兒園的硬體資源不僅使托嬰中心縮短籌設的時間；也發現向下發展學校內小班師資為優先的人選；在實施階段，教學顧問進入班級觀察能直接與老師討論加速班級經營的穩定；在永續階段，不僅工作銜接問題減少了，也提升家長的認同度。最後研究也發現，0-3 歲蒙特梭利教具排列非常明確且易切入現場，用儲存能量一詞來舒緩立即要求有學習成效的家長們。陳婷（2015）的碩士論文針對嬰幼兒托育環境品質研究出七大層面的品質指標，包含空間與設備、日常例行照顧工作、傾聽與交談、學習活動、互動、課程結構、家長與托育人員等。

根據上述文獻資料整理有關國內蒙特梭利教育的研究，與其他教學法的比較有 3 篇（陳淑芳，1991；陳昇飛，2010；簡淑真，1998b），幼兒各種能力發展的有 14 篇（王素偵，2011；何函儒，2006；洪秀華，2017；施淑娟，2014/2019/2020；施淑娟、曹湘玲，2013；施蘊珊、林佩蓉，2009；張筱瑩，2007；許惠欣，1989/1995；常婷雲，2005；鄭青青，1992；羅淑玲，2011），蒙特梭利教育內容的研究有 4 篇（石佳容，2009；施玉芬，2005；曹湘玲、施淑娟，2018；楊瑞琴、許惠欣，2008），與蒙特梭利教師有關的則有 6 篇（徐曉玲，2008；陳玉娟，1997；陳玉枝，2008；夏書琴，2017；楊瑞琴、許惠欣，2008；蔡淑惠，2007），最後，與 0-3 歲幼兒有關的則有 1 篇（沈妙玲，2004），因此可發現，有關臺灣蒙特梭利教育的相關研究，針對幼兒各種能力的研究還是占大多的比例，而 0-3 歲幼兒、蒙特梭利教師、蒙特梭利教育內容的研究及與其他教學法的研究還是有繼續研究的價值，期待有更多蒙特梭利教育的相關研究產出。

第4章　蒙特梭利教育哲學理論

　　美國幼兒教育在 1910-1920 年間對蒙特梭利教學法產生高度的興趣，但因學者克伯屈（William Heard Kilpatrick）的反對，在 1950 年間蒙特梭利教學失去了注目，也漸漸被遺忘了，但反觀歐洲及印度，則在 1930-1950 年蒙特梭利學校持續的增加（Roopnarine & Johnson, 2005）。並且在 1960 年代的後期，家長們開始在一些學區中提倡在公立學校系統為他們的孩子提供蒙特梭利教學，原因是這些家長都是從私立的蒙特梭利學校畢業的學生。從研究中顯示，目前在美國有 150 個學區中，超過 350 個公立學校使用蒙特梭利教學模式（Schapiro & Hellen, 2003），而這些公立學校則提供 3-18 歲的課程，也就是到高中階段的課程（Roopnarine & Johnson, 2005）。至目前為止，蒙特梭利教學法已經傳遍世界超過 50 個國家（Shih, 2005），並且在美國已經有 4000 多所公私立蒙特梭利學校（Schapiro & Hellen, 2003）。

　　蒙特梭利的教育思想淵源來自於盧梭（Jean Jacques Rousseau）、裴斯塔洛齊（Johann Heinrich Pestalozzi）、福祿貝爾（Friedrich Wilhelm August Frobel）、伊塔（Jean Mac Gaspard Itard）與塞根（Edouard Onesimus Seguin）等教育家的影響（Edwards, 2002），也受到法布爾（Jean-Henri Fabre）及德佛里（Hugo de Vries）等生物及植物學家的影響。蒙特梭利針對伊塔對費亞洪野男孩的實驗研究中，不僅得知 0-6 歲幼兒敏感期的重要性，生活技能、感覺教育及社交生活對幼兒也是很重要的影響。而塞根以實際生活情境為基礎且注重實物教學，也延續伊塔透過感覺教育來訓練理解能力，更發展出三階段教學法來進行語文教學，都深深影響蒙特梭利教育理念與方法；法布爾昆蟲家從自然的環境中觀察昆蟲自然的行為，讓蒙特梭利相信幼兒在自由的環境中才能看到幼兒的真性情與內在，也得出母愛的天性是人類也有的本能；德佛里觀察毛毛蟲因為對光的敏感性，讓牠可以朝著光的來源吃到餵養牠的嫩葉，等長成蝴蝶這樣的敏感性便消失了，讓蒙特梭利相信人類也有同樣的敏感性；盧梭重

視自然、兒童本質是善良的，且提倡每個人都有平等的權利與自由選擇的自由，更是促成蒙特梭利工作的重要理念；裴斯塔洛齊直觀的教學理念，提倡讓幼童充分運用感官與大自然接觸，注重學習由易到難、由簡入繁、由淺入深，以及重視學生的個別差異，更是影響蒙特梭利的教學方式；最後，福祿貝爾創建一所幼稚園，並製作木造的恩物給兒童，協助其心智發展與人格的完成，是讓蒙特梭利陸續觀察幼兒的需求完成日常生活、感官、數學、語文及文化教具的動力。

蒙特梭利相信教育要從出生就開始（Hainstock, 1997），她發現幼兒在 0-6 歲有一系列的敏感期，幫助其語言、秩序、動作、感官、細小微物、書寫、閱讀的成長（Edwards, 2002），每個孩子都有吸收性心智（absorbent mind），就如相機一樣的拍下這世界給予的知識與行為，也像海綿放在水裡能吸收所有的水一樣。所以家長和老師都要特別留意與小心，因為 0-3 歲的嬰幼兒是無意識的吸收環境中所有的人、事、物，3-6 歲幼兒雖然是有意識的吸收，但只學習自己感興趣的事物，對於不感興趣的事物則充耳不聞，也就是他會自動關閉耳朵，聽不到你說的任何事情，因此提供幼兒有興趣的學習，在此時期便顯得更重要。每個人心裡都有潛在的能力——精神胚體（spiritual embryo），不僅引導兒童自我學習，且不斷的督促自己朝向目標努力，再透過肉體化，讓外在的人與精神合一，加上超強的記憶力——牧內美（Mneme），記憶與學習生命中所經歷的事情，除了適應生活環境，也吸取文化中的特色成就其獨特的人格（Montessori, 1967a），最後透過內在的生命的驅動力——赫爾美（horme）來推動前進的力量，不斷為生命尋找意義的動力，而形成一位完美的正常化兒童，這便是蒙特梭利教育最終目標。

蒙特梭利主張教育是一個生命的歷程，這個歷程不是由老師或家長來決定，而是由兒童的內在能力來決定的，因此蒙特梭利的教育原則有下列幾項特點（Lillard, 2005）：

(一) 動作能力：動作能力和認知學習是相關的，良好的動作能力可以提升思考與學習。

(二) 自我控制：當人們在生活中有自我控制的能力，會促進其學習和身心健康的成長。

(三) 興趣：人們對於有興趣的事物，學習成效都會比其他來得好。

(四) 安排合作的機會：幼兒如有與他人合作的機會，對其學習更有優勢。

(五) 有意義的內容：有意義的學習內容可以幫助幼兒更深入瞭解議題，且獲得豐富的知識。

(六) 成人的互動：適當的成人互動對幼兒而言，是最理想的方法。

(七) 秩序：有秩序的環境對幼兒是有效益的。

　　以下針對蒙特梭利教育中重要的理論內容，教室三元素、五大教育內容與發現兒童三大方向進行介紹：

一、教室三元素

　　蒙特梭利博士強調幼兒才是學習的主體，而指導員存在教室的目的僅為了幫助幼兒成長、為幼兒準備環境及為幼兒示範教具（Montessori, 1967b）。對蒙特梭利教育而言，預備環境、教具與課程及教師是一間教室的重要元素。蒙特梭利更用「頭」、「胸」與「腹」來比喻教學的三要素——預備的環境、指導員與幼兒（許惠欣，1979）如圖 4-1。一般傳統教學中，教學僅有兩要素：一為教師、另一為幼兒，所以易形成教師權威；而蒙特梭利教學中因為有環境與教具，減弱了教師在教室中的權威性，故蒙特梭利教師較不易成為權威者（Standing, 1984）。

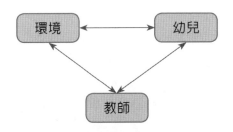

◇ 圖 4-1　蒙特梭利教育中的教學三要素

　　蒙特梭利認為教師、幼兒、環境三者間有著互動的關係，教師是幼兒與環境（包含教具）的橋梁。在蒙特梭利教室的環境中，教導孩子的是環境本身，而教師的工作不在「教」，而是著重幼兒生命的「啟發」與「引導」（Standing, 1984）。因此，蒙特梭利教師是開啟「幼兒和環境」及「幼兒和教具」的鑰匙（蔡淑惠，2007）。而石井昭子、岩田陽子則認

為蒙特梭利教師與幼兒之間如圖 4-2 的師生關係（吳旭昌、吳如玉主編，
1996）。

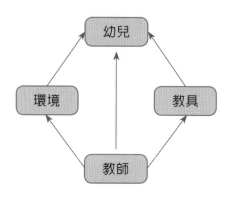

☙ 圖 4-2　蒙特梭利教育師生互動關係圖

　　蒙特梭利教師透過環境或工作材料與幼兒接觸，在必要的時候也可
直接引導或啟發幼兒。在蒙特梭利教室中，師生間互動關係如圖 4-2 的內
容，但吳春滿（2009）研究觀察認為，蒙特梭利教室中不管是環境與教
師，還是幼兒與教師之間應該是雙向，蒙特梭利教師要隨時視幼兒的狀況
與需求，決定自己與幼兒互動的型態，如圖 4-3。

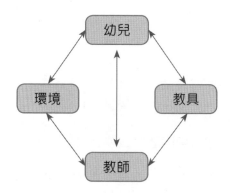

☙ 圖 4-3　實際蒙特梭利教育師生互動關係圖

　　在預備環境中，一間蒙特梭利教室需包含六大基本元素：自由、結構和秩序、真實和自然、美感和氣氛、蒙特梭利材料與社會生活等。蒙特梭利的教材與課程，則包含四大類：日常生活練習、感覺教育、學校知識（如數學、閱讀、書寫、地理、歷史、動物學與科學）、文化和藝術等內容（Lillard, 1972）。目前蒙特梭利學校則將教室分為五大學習區：日常生活、感覺、數學、語文與文化教育（動物、植物、天文、地質、地理、歷史和藝術）等五大區域。

　　蒙特梭利教師的責任是為幼兒準備環境與教材，所以蒙特梭利稱教師為指導員（Lillard, 1972; Standing, 1984），她認為教師是環境的設計者、資源的提供者、示範者、實地教學者、環境的保管者、引導者、解釋者、家庭與學校的溝通者、紀錄者與嚴謹的觀察幼兒行為與成長者（許惠欣，1979；楊荊生，1994；Lillard, 1972）。蒙特梭利教師內在精神的準備重於其外在的專業知識，所以蒙特梭利（1966）指出，教師必須準備他們的內在，透過有系統的瞭解他們自己內在的想法，除去根深已久的缺點，及瞭解阻礙他們與幼兒關係的原因。在兒童之家，觀察是蒙特梭利教師必備的能力，不只觀察幼兒生活上的一般需要，也觀察幼兒的成長與幼兒對新環境的回應（Standing, 1984）。以下針對預備環境及教師的角色等兩項教室的元素進行介紹：

(一)預備環境

　　蒙特梭利認為環境對幼兒而言是相當重要的，並且她強調滋養幼兒主要的要素就是環境（Lillard, 1972）。Hainstock（1997）指出，蒙特梭利學校應該是一個預備好的環境，那個環境中的任何器材與物品都必須符合幼兒使用的大小，並且滿足幼兒內在的需求，以及環境中的教具是豐富的、有價值的且具有美感的，因為蒙特梭利教室的目的就是要去擴展幼兒對這世界的興趣（Lillard, 1997）。此外，蒙特梭利教室對幼兒來說像家一樣的溫暖，幼兒從開放的櫃子中自由選擇他們想做的工作，在桌上或地毯上操作那些能自我錯誤控制的教具（Montessori, 1964）。

　　根據 Lillard（1972）指出，構成蒙特梭利教室的環境有六個主要的成分：(1) 自由；(2) 結構與秩序；(3) 真實與自然；(4) 美感與氣氛；(5) 蒙特梭利教具；(6) 發展社會化的生活，而自由是蒙特梭利教學中最重要

的要素。蒙特梭利的學習環境是奠基在幼兒發展的需求上，在有限制的自由中，小心的為幼兒預備可以開展幼兒經驗的教具（Chattin-McNichols, 1992）。蒙特梭利（1967a）也指出，除非幼兒擁有自由否則老師沒辦法教導他們紀律，也因此幼兒只有在自由的環境中，才能伸展他們的自發性和自律感，那才是真正的自我紀律（施淑娟，2004）。

　　幼兒從他們的生活環境中吸收知識，這些知識不僅進入他們的心中，並且成為永久的記憶，更影響幼兒的行為，這便是環境影響幼兒的重要因素（Standing, 1984）。幼兒利用他們在世界上探索到的事物，來增進自我內在心靈的發展，蒙特梭利（1967a）把這類的心理狀態稱為吸收性心智。因此，蒙特梭利為幼兒準備一個特別的環境，並且給他們自由，那是因為她認為幼兒擁有特別的、自然的吸收心智，可以吸收他們在生活環境中所探索的事物（Standing, 1984）。

　　蒙特梭利教育哲學理論是奠基在人與環境的互動中（Kuo, 1993），因為她相信教育是為了發展幼兒內在的生命，在教育中首要的事情是，提供幼兒自然發展他們能力的環境（Montessori, 1967b）。因此，預備環境主要的目的是盡可能使幼兒成為一個獨立的成人（Standing, 1984）。

(二) 教師的角色

　　蒙特梭利教師最重要的責任就是為幼兒預備環境及教具，於是蒙特梭利給老師一個特別的名字 —— 指導員（directress）（Lillard, 1972; Standing, 1984），名稱的緣由是根基於他們的責任。蒙特梭利（1964）認為一位指導員必須是謹慎、細密且多變化的，他的話不必多、不必費力，也不需要很嚴格。但他必須有慧眼才能明察秋毫；不僅要幫助孩子、接近孩子、離開孩子，更應該說話時要說、應該安靜時要安靜；還有，老師必須擁有其他教育制度所不需要的道德情操，且具有鎮定、有耐心、有愛心、有人性及美德等特質。

　　蒙特梭利更認為，指導員是要以「精神預備」為其首要條件的新教師，專業知識才是指導員次要的條件，他不只是教學的工作而已，更是一個環境的設計者、資源提供者、示範者、環境的保護者、家庭和社區的溝通者及解釋者、學校的溝通者及紀錄者，以及幼兒行為和成長的觀察者（許惠欣，1979；楊荊生，1994；Lillard, 1972）。以下根據一位蒙特梭

利教師所需具備的能力敘述如下：

1. 精神預備的新教師

蒙特梭利認為要成為蒙特梭利教師者，第一步便是要預備自己。教師必須具有豐富的想像力，接著他必須相信，幼兒將透過工作展現他自己的能力，且隨著心智的成長幼兒在不同階段會變換不同的活動（許惠欣，1979）。蒙特梭利將精神預備分為內在預備與外在預備兩項，一位蒙特梭利教師要先檢討自我，再來澈底改變從前根深蒂固的錯誤觀念，這便是「心靈預備工作」（許惠欣，1979）。因為這些錯誤觀念將會阻礙教師和幼兒之間的關係，所以教師必須接受啟蒙，先找出自己的弱點，認識自己的邪惡傾向，如此才不會因為這些弱點，而無法深入瞭解幼兒，就如聖經所言「必須先除去自己眼中的梁木，才能清楚看見眼中的小汙點」（Lillard, 1997）。因此，教師必須有受教的心靈，並願意接受指導，才有可能成為一名好教師。

2. 孩子的觀察者

教師將自己預備成為一位觀察者，才能有耐心地等待，不干涉且尊重幼兒的各種活動，讓幼兒主動向教師提出需求，如此才能真正瞭解幼兒的想法。因此，要能適時的介入、離開、打岔、忽略或沉默的與幼兒做適切的接觸（高義展，2004，許惠欣，1979）。

3. 孩子的解釋者

教師的工作在於協助幼兒生命的發展，因此他必須確實地瞭解幼兒內在的需求，並設法適應其需求，如此幼兒才會主動尋求教師的協助。蒙特梭利認為如果教師能成為幼兒的解釋者（interpreter），幼兒便會主動來找你，幼兒知道有人能協助他，也瞭解成人對他的關懷與撫慰，因此幼兒的希望存在於一位解釋者，因為解釋者能為他開啟被世界所關閉的「發現的花園」（The Garden of Discovery），因為解釋者給幼兒的援助是比安慰更寶貴的禮物，因此幼兒會充滿信心地尋求解釋者給予的援助（許惠欣，1994；Lillard, 1997）。

4. 環境的預備與保護者

教師是幼兒與環境間的橋梁，環境對幼兒身心正常的發展有很大的影響，在一個準備好的蒙特梭利環境中，幼兒才能順利發展他的吸收性心智；所以為幼兒預備符合身心發展的環境是教師的責任，甚至還要保

護此環境，讓幼兒順利工作不受干擾或傷害（高義展，2004；許惠欣，1979）。

5. 是孩子的示範者

教師是孩子的榜樣、模範，應注意自己的一言一行。在儀容上要整齊、清潔、有高貴的氣質；在風度上要表現自然、大方和文雅。因為孩子吸收和模仿能力強，任何教師的言談舉止，都可能在無意識中影響孩子的人格發展（高義展 2004，許惠欣，1979；Lillard, 1997）。

6. 是學校與家庭、社區的聯絡者和溝通者

教育的基本問題是社會的問題，唯有讓父母與社會的教育觀念相結合，才能幫助孩子身心的成長。然而家庭和社區，都是孩子的社會環境，占據孩子生活的大部分，因此教師需要時常和孩子的家長、社區聯絡溝通（高義展，2004；Lillard, 1997）。蒙特梭利教師第一件事情就是需要妥善的安排他們自己的工作（Montessori, 1966）。Standing（1984）建議一個蒙特梭利教師的角色，應該做好內在心理的準備和精神的準備。而蒙特梭利（1966）更指出，教師必須透過有系統地認識自己，準備好他們自己的內在，使他們能夠擺脫那些阻礙他們與孩子關係且根深蒂固的缺陷，這就是蒙特梭利所說的精神準備好的教師。

當孩子們在教室中進行自我控制的活動的個人或小團體活動，蒙特梭利教師必須扮演不顯眼的角色來當任引導者（Edwards, 2002），再者，教師必須投入精力，以促進自我內在精神，以下將分成三階段介紹：第一階段是教師將成為環境的守門員和管理者；第二階段是當教師面對幼兒時，應該考慮環境的因素才決定進行的方式；第三階段是當幼兒對環境開始有興趣時，教師是不能干涉的（Montessori, 1967b）。

蒙特梭利（1966）指出教師必須是被啟發的，他們必須不斷的學習認識自己的缺點和邪惡的傾向，而不是過度忙於孩子的問題或糾正孩子的錯誤，而且教師必須常常是透過自己的潛能不斷的奮鬥與成長的人（Lillard,1972）。在教室裡，蒙特梭利教師不需要多說話，但必須能做出審慎的觀察，不僅能提升幼兒的能力，更能幫助幼兒透過說話或安靜的方式來捨棄不適宜的行為（Montessori, 1967b）。所以，蒙特梭利教師必須發展自我的願望，並且有能力去觀察，瞭解和跟隨著幼兒（Lillard,

1972）。因此，蒙特梭利教師應根據孩子的困境來學習反省，並有一顆溫柔的心來解決問題，教師必須學習管控。教師必須學會謙卑的方法，並從他們的心中擺脫驕傲和憤怒的想法。這些內在的準備工作，將帶給教師他們在課堂上所需要的平衡和自信（Montessori, 1966），最後，教師將是少話的人，而美德將成為最主要的主體（Montessori, 1967b）。

除此之外，蒙特梭利教師的角色還包括負責教室的氣氛和秩序、材料的尋求與示範、活動的加強，及滿足每個孩子的個別化需求（Lillard, 1972）。同時，當幼兒自由選擇工作時，教師必須觀察干擾的範圍，並審查什麼是干擾孩子工作的原因，透過以上的做法，老師將在教室中展現他們的尊重、忠誠和信心（Standing, 1984）。蒙特梭利經常引用施洗約翰的話：「他必興旺，我必衰微。」（International Bible Society, John 3:30, 1999, p.165）所以指導員的作用是，當孩子成功地提高他們活躍的角色時，教師將在教室中變得更加被動（Standing, 1984）。

二、五大教育內容

一般而言，人們常常對蒙特梭利教育有錯誤的觀念（Lillard, 1972），大部分的人都認為在蒙特梭利教室中教具比教育哲學還重要，教師透過正確的使用蒙特梭利教具來教導幼兒知識與技巧，但人們不清楚蒙特梭利的哲學思想，並有著認為蒙特梭利著重在認知教育的錯誤觀念。但事實是，蒙特梭利教具的目的是為了協助幼兒自我建構與心智發展，這是一種屬於內在的作用，教師透過教具能引起注意力集中的過程，來刺激和吸引幼兒的注意，帶領幼兒進入專心的歷程，因此就幫助了幼兒的成長（Lillard, 1972）。

從蒙特梭利介紹兒童之家的課程中，其教具分為四大部分：(1) 日常生活教育：包含照顧自己與環境，透過教具的操作，幼兒發展他們的能力就是為了學習獨立；(2) 感覺教育：包含視覺、觸覺、嗅覺、味覺和聽覺；(3) 學校的知識：包含數學、閱讀、寫作、地理、歷史、動物學和科學；(4) 文化和藝術：包含自我表達和溝通的方法（Lillard, 1972），最重要的是，這些教具必須是高品質的，並且是屬於這個世界的真實物品（Montessori, 1966）。

目前蒙特梭利教育內容，包含日常生活教育、感覺教育、數學教

育、語文教育及文化教育等五大教育。以下介紹五大教育內容：

(一)日常生活教育

從文化人類學的立場來看日常生活是文化和人格形成的方式；若從生物學立場來看，日常生活是運動、精神活動、智能發展的方式，因此日常生活練習的意義是根據該國地理環境與文化背景，來進行的日常生活活動。因此，日常生活是一切教育的起點，幼兒必須先經驗一段長時間的日常生活工作，並且也是適應環境的必要工作，從工作中可獲得自我統合，並對未來的學習與工作有深遠的影響（邱淑雅，2006）。史坦丁（Standing, 1984）說：「對 3-5 歲的幼兒而言，沒有任何事情比日常生活工作更重要了，這些活動可以幫助幼兒在身體、心智或道德獲得最完全的發展」，因此日常生活教育是五大教育的基礎，其內容包含動作協調、肢體控制、照顧自己、照顧環境、生活禮儀與食物準備等六項，其最終目的是為了增進幼兒的動作協調（coordination）、專心（concentration）、獨立（independence）與秩序（order）等四項直接目的。

(二)感覺教育

盧梭在《愛彌兒》一書中敘述著一段話：「真正的知識是腳踏實地透過自己的感覺而獲得，而不是從他人的知識中得來。」福祿貝爾在幼兒的感覺發展中提到：「外界事物大體上分為固體、液體、氣體三種狀態，人透過五官對這些狀態的刺激產生知覺。」蒙特梭利曾提及來自智力的東西沒有一件不是來自感官；而皮亞傑也認為智慧的根源，是來自於幼兒期的感覺和運動發展，以上各學者皆認為感覺教育對幼兒階段是重要的。

人類是具有群居性的，所以一般人是難以離開社會的群居生活而獨自生存。那麼，在孩子的幼兒期適當的予以感官刺激，他便能成為一位敏銳的環境觀察者，並且能適應現在和未來的實際生活。因此，孩子的學習是需要透過各種感官的「感覺」，方能綜合產生「認知」，進而形成「概念」，由概念產生「語言」，最後成為真正的「知識」。若孩子的學習無法透過感覺來產生認知，那麼將很難對事物形成概念，而語言的發展亦會受到影響，所得到的知識暨零落又不完整，這就有如「瞎子摸象」般的學習，對孩童而言這種情形是極需被改善的（Montessori, 1967a）。

感覺系統是大腦與外界環境聯絡的唯一橋梁，感官教育就在敏銳幼兒的感覺系統（陳雯琪，2006b），因此蒙特梭利說：「感官練習使人成為一位觀察者，不僅使人發揮適應當代文明模式的功能，也具備生活應變能力。」（Montessori, 1967a），感官教育的內容分為視覺、觸覺、聽覺、嗅覺與味覺五項。感官教育是幼兒學習數學的預備教育，幼兒透過感官教具中同一性（相同性）的認識，也就是配對，學習辨別物體的相同性；透過對比性（相異性）的認識，也就是分類，學習辨別物體在質的相異；最後，透過類似性的認識，也就是序列，學習辨別物體在量的等級性（魏麗卿，2006），這些都是感覺教育重要的教育重點，再加上三階段教學方式讓幼兒學習感覺教育中的各種名稱，如大小、長短、粗細等。

(三) 數學教育

蒙特梭利提到在兒童之家剛開始的數學活動，便是以數錢的方式，吸引幼兒對計算方式的興趣，幼兒都相當全神貫注玩找零錢的遊戲，接下來才進行有系統的練習（Montessori, 1964）。透過具體的方式讓幼兒學習計數，再透過比較、分類與歸納等邏輯性的思考，找出其中的相關性，並藉由計算方法得出理想的答案（陳雯琪，2006b）。日常生活教育是培養幼兒生活自理能力的開始，除了養成幼兒自己動手做之外，小肌肉更能充分的發展，接下來便能發展出關心別人與環境的能力，以上這些都是外在能力的學習，最重要的是激發幼兒內在的秩序感、專注、手眼協調與獨立的內在本能，而這些內在本能也是正式學習數學的必備條件（熊桂芬，2002）。蒙特梭利（1914）認為讀、寫、算是文化學習的基礎，缺少這些就無法進行文化課程的學習。市丸成人與松本靜子認為，數至少有三種不同的含意：(1) 作為語言的數「數詞」，如一、二、三等數的名稱；(2) 作為文字的「數字」，如 1、2、3 或一、二、三等文字；(3) 數的本義「數目」，代表量的數（趙悌行譯，1993）。

蒙特梭利認為數學與感官知能是相連的，感官教育是數學教育的基礎，萬物中共同的屬性不外是大小、高低、長短等，幼兒透過感覺及注意力的集中，才能掌握抽象的要素與關係，因此透過感官教育中的大小、形狀、顏色、味道、重量及聲音等比較與觀察的工作，反覆刺激幼兒的感官功能，培養幼兒數概念中的邏輯思考能力。而幼兒透過工作中

的分類、配對、集合、序列、一對一對應與空間認知等邏輯運思能力，將抽象事物具體化，這才是進入數概念的先決準備（熊桂芬，2002；Montessori,1964）。

根據各文獻整理，蒙特梭利數學教育的特色如下：(1) 以感官為基礎：感官教育中的大小、形狀、顏色、味覺、嗅覺、觸覺與聽覺的認識，且透過序列、分類與配對的方法建構數學思考的模式；(2) 由具體導入：每一項工作都可使用實物來操作；重視數量、數名與數字三者結合的關係：不僅重視數量的具體認識，也很重視符號和語文的建構；(3) 採用三階段教學：分為命名、辨別、發音三階段；(4) 採用阿拉伯數字，並統一字體：世界通用的數字符號，固定的字形幫助幼兒的學習。(5) 重視「0」的概念；(6) 以不同顏色代表不同位數的名稱；(7) 利用訂正板代替教具中錯誤控制的設計，讓幼兒自己發現錯誤並做修正，無須教師在旁指示或提示，能建立其自信心與獨立性。(8) 課程自成系統：整體架構完整從具體到抽象、簡單到複雜，由預備到綜合、熟練的操作。最後，蒙特梭利數學教育的內容分為數學前準備、認識基數、十進位認識、記憶性四則運算和認識分數等五大內容（陳雯琪，2006；Montessori, 1964）。

蒙特梭利數學教具開啟幼兒學習數學具體化的開端（Montessori, 1964），也驗證皮亞傑的理論，幼兒階段的學習型態都是依賴感官，而知識的獲得則需要透過實物操作來建立內在的數學邏輯知識（張慧芝，2004；魏美惠，1994）。幼兒多花一點時間在數概念的準備活動上，就愈能在以後的學習上學會理解，而知識的成長亦透過同化、調適及反省性抽象等歷程逐漸發展而成（邱文彬，2001；Kamii, 1982）。

(四)語文教育

蒙特梭利語文教育依據寫先於讀、音的解析，豐富的環境，順序概念，三階段教學等特色，除了掌握幼兒的敏感期，並給予聽、說、寫、讀的刺激，協助幼兒語文教育的發展，其語文教育分四階段進行，聽和說階段、寫和讀階段、讀字階段、讀句階段等（陳文齡，2006）。

(五)文化教育

兒童的心智能夠在遠比一般所認為的年齡更早的時候學習文化，而

他吸取知識的方式是經由某些帶有動作的活動引起的，提供他一些地理、動植物、科學等活動，孩子知道得愈多，就看得愈深入，也因而走得更遠，要探險就必須充滿智能方面的興趣，而這些就是我們要帶給兒童的學習內容。蒙特梭利的地理教育是從整個宇宙的觀念開始，認識整個地球開始，再逐漸認識各大洲、所屬的洲，最後才認識自己的國家，建構孩子對整體世界觀的概念基礎，瞭解到各族群的差異，進而能欣賞與接納不同文化，成為世界村的公民。兒童對於生物極表關懷，滿足這項本能使他充滿快樂，他們比其他人自動自發去觀察自然，我們提供孩子有趣的資訊及行為動機，除在環境布署之外，並給予科學性的名稱，使他的心智與外界連結，真正對生命產生珍惜與尊重。

在蒙特梭利教室中從地理學、植物學、動物學等，孩子瞭解到自己生活的周遭環境，體驗世界是由於不同的構成要素互依互存而形成，如此幫助幼兒發展自己，適應他當下生活的環境。他們從自己和世界互動的經驗中，逐漸瞭解社會如何運作，並從中學習去感激周遭生活的人、事、物。因此，蒙特梭利將文化教育分為藝術、地理、歷史、天文、地質、動物與植物等領域，透過環境中各領域擺設的教具，引發幼兒的興趣後，再深入學習文化教育的內涵。

(一)地理教育

探討人的居住地，內容有：(1) 構成地球之整體概念：由構成地球四態：水、空氣、土、火談起，並藉地球儀去統合四態的重要性及觀察我們居住的地方。(2) 位置概念之建立：讓孩子由認識自己到關懷家人，並擴展到社區、地方、國家、鄰國，即採用點、線、面的原則，讓孩子瞭解自己和洲際大陸間的關係。在學齡前學習歷史、地理教育之目的，是期待引導帶入孩子對人、地、事、物的敏感及興趣，而去欣賞、觀察，進而培養孩子對宇宙大自然有一份的關懷與責任。

(二)歷史教育

瞭解時間的概念建立，由日出、日落生活作息，當孩子會看時，將進而瞭解四季、年、月、日的關係，並從民俗、節慶文化作連結性的探討。

也認識文化與演變：由童話故事、偉人事蹟中容易引發孩子對過去的文化環境作探討，如服飾、交通、居住、飲食、錢幣……，進而瞭解前人對生活進化之貢獻。

(三)天文教育

由宇宙三態——固態、液態、氣態之實驗開始，領導孩子走進天文學之領域，透過星座故事、星空模擬室及三部分卡之遊戲，孩子已對浩瀚的天空產生無限的神祕想像。從北極星系、八大行星、天氣型態，到瞭解白天、黑夜、陽光、雨及人類的宇宙任務，都是天文探討的領域。

(四)地質教育

從去公園山間小道，拾取石頭的樂趣，到教室中對石頭之分類、配對、想像、觀察、啟示，是給予孩子瞭解地質學前之感官經驗。在地質的探討中，孩子也學會地球上的硬體——地層的結構及構成地層基本之成分——各種岩石的探究，這將影響幼兒對地球保護的意識提升。

(五)植物教育

蒙特梭利提及教室中若沒有動植物的呈現就等於沒有生命教育，因此孩子親自照顧動植物是重要的起點。由整體生態到各結構的認識：經由親手照顧、親眼觀察，再由老師引導，孩子將理解到他們和大自然互動的角色及其生態特質，進而探討其部位之功能與命名。幼兒經由照顧學得了觀察、分析探討的能力，也從中習得付出愛與責任，更重要是將領悟出生命的價值，學會惜福。

(六)動物教育

從認識人類開始到五種脊椎動物（魚類、兩棲類、爬蟲類、鳥類、哺乳類）的瞭解，最後是無脊椎動物的介紹。文化區會隨著教具、教材的日漸增加，而愈來愈豐富，孩子也能依照個人能力與速度漸進式的學習。

(七)藝術教育

美術、音樂、戲劇、烹飪、陶藝、木工、彩繪創作、體能，亦是文化教育為幼兒提供的活動，而這些皆可融入地理、歷史、動植物……之不同主題，更是蒙特梭利教育學習經驗的統整。

蒙特梭利課程雖然有著高度個人化的特色，並且有明顯的順序性與清楚分明的步驟，但也允許教室中幼兒與其他幼兒間的合作學習，而個人化的學習則是指某些幼兒在將近 6 歲前遵循蒙特梭利書寫到閱讀的方法，進行他們個人的閱讀和書寫的工作，除此之外，教具必須符合幼兒內在的需求，也是為了提供其心理建構的目的，並且為了達到幼兒內在需求的緣故，教具本身要能有各式各樣激勵的強度。因此，刺激的品質是要適合幼兒的需求（Lillard, 1972）。

Lillard（1972）指出蒙特梭利教具設計的原則有五大要素：第一，孤立性：為了讓幼兒簡單的瞭解教具的特性，老師必須將教具的特性獨立出來；第二，簡單到困難：設計教具必須遵循簡單到困難的過程；第三，預備未來的能力：教具設計的間接目的必須是為了預備幼兒未來的學習；第四，具體到抽象：教具的設計必須是從具體開始逐漸到抽象的方式；第五，自主教育：蒙特梭利教具的設計是為了自主教育的目的，這個意思是指在教具要有自我錯誤控制的設計，讓幼兒不是透過老師的教導而是從操作中知道修正錯誤的方法。而 Miezitis 則透過蒙特梭利手冊與文獻探討的分析將教具設計分成兩大原則：整體性（間接的預備）和進展性（progression；順序性），進展性的原則則包含三個方向：整體到部分、簡單到困難、具體到抽象，每一個教具的目的都是透過自我控制的過程來提升幼兒的獨立性，並且要考量教具的自然屬性（Wang, 1992）。總而言之，蒙特梭利教具設計的原則是孤立性、簡單到困難、具體到抽象、自我錯誤控制與整體到部分。

一般而言，一個全日制 3-6 歲的蒙特梭利教室，白天通常是幼兒操作蒙特梭利教具的工作時間，而下午則是一般的活動；6-12 歲的兒童則被期待去探索這世界，並且發展出解決問題的能力、合作性的社會互動、想像與創造，以及複雜的文化知識能力；12-18 歲兒童的特性是重建他們

自己像一個社會人、真實世界的問題解決者及正義的追隨者（Edwards, 2002）。

三、發現兒童

　　第一所兒童之家的環境因為最初幾年令人驚奇的結果，所以是極為受歡迎的，也是永遠追不到的目標（Montessori, 1967b）。每一位嬰兒都有一個創造的本能，靠著活動力強的潛能，在他所接觸的環境中，他可以建立自己的精神世界。蒙特梭利發現所有的幼兒都有一個敏感期去學習生活上的一切事物，但對每一個幼兒而言，那些敏感期是不同時間的，敏感期是指在一個孩子的心智成長中對特殊興趣成長的現象，而敏感期的特點是指在一個特定的時間，幼兒對某種事物產生興趣的短暫現象，當這個興趣得到滿足時，這個特別的敏感期將消失，取而代之是另一個敏感期的產生（Montessori, 1966）。

　　荷蘭科學家德佛里（Hugo de Vries）從動物身上發現了敏感期，蒙特梭利則將此原理運用在人類的身上，她認為每一個生物在剛生下來，還在成長的時候，都能獲得一種特別的感覺力（sensibility），就是敏感期（Montessori, 1966）。敏感期包含生物學、人類發展、語言、秩序感、感官及學習良好的行為（Standing, 1984），及數學（施淑娟，1998），孩子們不同的內在敏感度會幫助他們選擇，什麼是對在這複雜的環境中成長所必要且適合的。當敏感期產生，會讓幼兒聚焦在某一個亮點上產生特別的興趣，這一個亮點對幼兒而言是一個特別的主題，幼兒在這個時間學習這一個特別的主題是相當容易且深入的（Montessori, 1966），而教師的角色則是幫助幼兒掌握每一個敏感期，並讓他們在教室中可以更輕易的達成目標（施淑娟，1998）。因此，蒙特梭利相信指導員和環境的功能都是協助幼兒，透過自我的努力讓每一個敏感期都能趨向完美（Standing, 1984）。所以，指導員便要瞭解敏感期的內涵與年齡的關係，綜合史坦丁、馬洛克及海因斯托對蒙特梭利經由觀察與研究後，整理出八項幼兒學習的敏感期，內容說明如下及見表 4-1（趙悌行譯，1993；Standing, 1984）：

(一)語言的敏感期（4 個月到 3 歲）

　　幼兒對於語言的敏感期早在學會說話與走路之前就開始了，如果你觀察 4 個月大的嬰兒，就可發現他們會很仔細的看著說話者的嘴唇，不只發出咿咿呀呀的聲音，還可以分辨出聲音的不同。當 6 個月大時，所發出的聲音更清楚了，1 歲後學習語言又快又好，特別是母語。因此，這時如果讓孩子接觸各國語言，聽各國民謠的音樂，將來就比較容易講出正確的發音和聲調。記得在 1 歲時，我與兒子溝通的語言中，都是中文與英文混合使用，在睡覺前的故事也是閱讀英文繪本，因此孩子便很容易學習外國語言且發音正確。法國在叢林發現一位十幾歲的野男孩，找到他時這男孩並不會說話，伊塔嘗試著教育他一些生活禮儀與說話，但最後語言方面沒有成功，雖然他沒有言語發展的缺陷但仍無法說話。以上兩個例子，一個是掌握語言的敏感期，孩子學會兩種語言，而另一個例子是錯過語言敏感期，教育家如何努力也無法挽回失去的敏感期，因此在這階段要把握的是語言敏感期，錯過了就很難補救回來。

(二)感覺的敏感期（1 歲 3 個月到 6 歲）

　　感覺是指人類的感覺器官，包括口、舌、眼、耳、鼻、皮膚、手等，它們能接受各樣的刺激而產生視覺、聽覺、嗅覺、味覺及觸覺。兒童早期對感官的刺激特別有興趣，如色彩、聲音、形狀與組織，因此蒙特梭利經由觀察幼兒而創造出許多感官教具，來幫助嬰幼兒的感覺器官。蒙特梭利指出，具有細微與能分辨差異的感官能力，在成人生活中是非常重要的，她認識的一位醫生就是靠著嗅覺，一進病房就可診斷出病人的疾病，因為他說：「許多疾病都有一種特殊的異味。」因此，在兒童早期奠定好感覺器官的敏覺性是相當重要的。

(三)對細微事物感興趣的敏感期（1 歲 3 個月到 4 歲）

　　孩子在學會爬行或走路時，對地上的小東西會非常注意，常常看到大人看不見的小東西，不僅撿起來把玩，有時更是放進嘴裡。孩子就是藉由此敏感度來探索環境，並增加對其所生存的世界的瞭解，因此，大人要有絕對的耐心，等待孩子的探索，讓其發揮如科學家追根究柢與觀察的精神。

(四)秩序的敏感期（2歲到3歲）

這階段的孩子，東西一定要放在他熟悉的地方，在生活中是井然有序的，出去散步一定走相同的路線；捉迷藏一定躲在同一個地方，同時他也希望你同樣躲在那裡，假如你換個地方躲，他們在原來的地方找不到你就會很失望，以為你不跟他們玩了；喝水喜愛使用同一個杯子；吃飯用同一個碗；每天作息要有規律，他們的快樂就是來自「東西都在原來的地方」，秩序感由此而建立。因此，這階段是非常適合培養物歸原處的習慣。在孩子出現秩序敏感期前，家長就必須設計好家中的環境，所有東西都有固定的位置，如衣服、鞋子、玩具等，確實示範正確位置的擺放，孩子將能謹記在心，成為個人終身的習慣。

(五)肌肉運動的敏感期（1歲半到4歲）

蒙特梭利觀察到1歲半的幼兒可以走好幾里路而不會疲倦，只是他們走得很慢，也沒有和諧的步伐，更沒有目的地，但粗心的大人，卻常常剝奪孩子走路的樂趣，要求他們跟著大人的節奏，並催趕他們走路快一點。不知你是否觀察到此時期的孩子，走路總是跌跌撞撞，但是跌倒了又爬起來，這樣不斷重複的練習，就是在鍛鍊他們的肌肉，協助走路的動作更加的完美。如果這一時期能熟練某個動作，不僅對身體及精神的正常發展亦有幫助，也影響著人格的形成。

(六)社會禮儀的敏感期（2歲半到4歲）

這個時期孩子會很重視自己的行為，是培養日常生活基本習慣的最佳時間，如學習如何開關窗戶、優雅的用餐、寒暄的方法、步行、坐姿與舉止動作等，再來，此時期有些孩子會想要跟別的孩子有所互動，這就是社交敏感期，因此，要趁這時期讓孩子學習社交的方法，並預備社交的機會，讓孩子經常處於有互動的環境中，便能學會如何去適應及作適當的應對。如果剛開始孩子不願意與人接觸或打招呼，千萬不要勉強他，等到彼此相處的時間久了，孩子便會自然的與他人接觸。

(七)對書寫的敏感期（3歲半到4歲半）

蒙特梭利在兒童之家發現此時期的孩子，有強烈的書寫字形的欲望，會使用身邊的東西像石頭、樹枝、沙子等表達或畫出來，但他對字形較有興趣，而字的本身對他而言尚無意義。當孩子要求大人給予紙筆時，千萬別興沖沖的教他寫字的筆順，而是讓他自由的書寫字的形體。當他感受到書寫在生活上的重要性時，他將能沉浸在寫字的樂趣，反之，照著筆順來寫字只會抹煞他對寫字的興趣。

(八)對閱讀的敏感期（4歲半到5歲半）

此時孩子對字的意義產生興趣，常常會問這是什麼字？因此，蒙特梭利設計語文的教具，如砂紙注音板、神祕字條、指令卡與活動字母等，幫助孩子學習認識字的功能、拼音到句子的結構。當孩子學會拼音與認識句子的結構，便能享受故事裡的情節並悠遊於閱讀的樂趣中。

✍ 表4-1 敏感期的內容

敏感期的內容	年齡	敏感期的內容	年齡
語言	4個月到3歲	肌肉運動	1歲半到4歲
感覺	1歲3個月到6歲	社會禮儀	2歲半到4歲
對細微事物感興趣	1歲3個月到4歲	書寫	3歲半到4歲半
秩序	2歲到3歲	閱讀	4歲半到5歲半

一間蒙特梭利教室中，「觀察」是幫助與瞭解幼兒最重要的方法，早期蒙特梭利在羅馬大學附設醫院工作時，也是透過「觀察」瞭解到精神病院中特殊幼兒的需要，在兒童之家也是透過「觀察」瞭解到48位幼兒的需求，進而創造了蒙特梭利教具，因此「觀察」在蒙特梭利教室是相當重要，也是老師必備的能力之一。蒙特梭利提供一個從大人的觀點去看待幼兒的新方法，以下是她在兒童之家的發現（許惠欣，1979；Montessori, 1966; Montessori, 1967b; Standing, 1984）。

(一)自發性的專注力

蒙特梭利觀察到一位 3 歲的女孩，她注意到這女孩不斷的重複玩著帶插座圓柱體拿出放進的動作，於是她決定看看這女孩能有多專注，她請其他小朋友在那女孩旁邊一起唱歌，又帶他們四處走動，但這女孩一點都沒有受到干擾；於是蒙特梭利又移動這女孩的椅子到書桌上，等椅子放好了，她又繼續同樣的動作，最後她終於停下她的動作，臉上露出滿足的笑容，這樣專注的能力幫助幼兒在進行每一項工作時都能容易的趨向成功。

(二)重複練習

蒙特梭利觀察那位操作帶插座圓柱體的 3 歲女孩，雖然蒙特梭利嘗試要阻止她操作，但最後這女孩操作了四十二次，她甚至沒有注意到有人干擾她，當這女孩停止她的操作後，她的眼睛是明亮的且表情是愉悅的。蒙特梭利也同樣發現，就算幼兒的手是乾淨的，他還是重複不斷的洗著他的手，重複練習不只幫助幼兒獲得內在的滿足，也讓他的能力趨向成熟。

(三)自由選擇

有一天兒童之家的老師忘了鎖住放教具的櫃子，然後隔天又比較晚到學校，孩子們便自己打開櫃子拿出教具來操作，於是蒙特梭利從幼兒的行為領悟到他們對教具的位置已經很熟悉了，這就是自己選擇。從此之後，蒙特梭利便讓兒童之家的幼兒自己按照個人的喜好來選擇工作，因此，對幼兒而言自由選擇是有趣的新活動。最後，蒙特梭利利用矮櫃子讓幼兒隨自己內在的需求選擇喜歡的教具，自由選擇的原則就是允許幼兒有重複練習的機會，每一個幼兒都有不同的學習速度，自由選擇便能滿足幼兒的內在需求。

(四)喜歡工作甚於遊戲

在第一間兒童之家裡提供比較高級的玩具；但幼兒都不在乎也不去玩，蒙特梭利覺得很好奇並決定教他們玩這些教具的方法，但這些幼兒並沒有太大的興趣，他們還是回去玩他們選擇的工作，因此蒙特梭利領悟到，在幼兒的生命中，「玩」對他們而言只是一點點重要，還有其他更重

要的事情要去做。對幼兒而言，凡是對他們有幫助的每一件事情，都會吸引他，因此其他的事情便顯得不重要，也不感興趣了。

(五)獎勵和處罰無用論

有一次蒙特梭利看到一位幼兒坐在教室中的一張椅子上無事可做，他的脖子上戴了一個代表獎勵好行為的小飾物，但老師跟她說這幼兒正在接受處罰。原來是另一位得到老師獎勵的幼兒將這小飾物送給這位被處罰的小孩，於是蒙特梭利認為這現象說明了獎勵與處罰是無用的。她做了更進一步的詳細觀察，她發現無論是獎勵還是處罰，幼兒都覺得無所謂，有時孩子還會拒絕獎勵，於是在兒童之家便放棄使用獎懲的方法。獎勵和懲罰對幼兒長期內在的控制是沒有幫助的，想要矯正幼兒的偏差行為，唯有透過讓幼兒主動選擇工作的方式，他的個性才能重新塑造，成為正常化的幼兒。

(六)喜歡安靜，拒絕糖果

蒙特梭利透過嬰兒來到教室的機會，讓幼兒體會安靜的意義，並學習嬰兒沒有發出一點聲音的能力，這便是蒙特梭利「安靜遊戲」發展的原由。安靜遊戲代表集體的成就，也是幼兒克服肉體的一種勝利，於是蒙特梭利用糖果獎勵他們，但幼兒卻將糖果拿來認識形狀。因此她更發現到，對幼兒來說，工作本身便是一種獎賞，透過安靜遊戲，引導幼兒讓其外在的行為趨向完美。

(七)自尊

有一天，蒙特梭利決定教兒童之家的幼兒如何擤鼻涕，當蒙特梭利示範完以後，這些孩子給她衷心的讚美與掌聲，蒙特梭利覺得很意外，於是她領悟到這件事情可能觸動到幼兒的心靈，才會造成這麼大的迴響。大人常常為了擤鼻涕的事情來斥責孩子，也造成這件事情變得特別困難，如何在不傷害幼兒的自尊之下，又教會幼兒方法，常常是被忽略的。於是蒙特梭利發現，當幼兒得到尊重時，也相對得到更多的自信。

(八)紀律

當初這一群孩子就是因為沒有紀律，才會邀請蒙特梭利成立兒童之家，但這一群幼兒卻因為蒙特梭利的引導開始表現出紀律，出奇的平靜並尊重他人的權利。當有外賓想來參觀兒童之家卻碰到星期假日，住在樓上的這一群兒童之家幼兒就主動的說：「讓我們工作給你們看吧！」於是幼兒按照平時在兒童之家工作的情形，安靜且專注地操作給參觀者看，這樣的紀律展現，絕不是教師訓練出來的，更何況那一天還沒有教師在現場。良好的紀律決定在自由，當幼兒擁有自由時，才比較容易去建立紀律。且當自由和紀律結合為自律（self-discipline）時，幼兒便能順從意志去行事，並且準備好也渴望去遵守紀律。因此，一個能遵守紀律的人乃是自己的主人，他能在必須遵守規律時自我控制。當外在的紀律協助幼兒引導出內在的紀律時，幼兒自然就會產生自發性。

(九)寫字

在那個時代，有 2-3 位母親希望蒙特梭利教導幼兒如何寫字與閱讀，蒙特梭利不是很同意，她認為 6 歲以前的幼兒不適合寫字，但拗不過家長就只好同意了。她先使用砂紙板的方式進行字母的學習，但卻在一位 5 歲男孩身上看到幼兒自然爆發的寫字能力，這位男孩自言自語的說出字母的名稱，並用移動的砂紙字母組合不同的字，並發現以組成字母的音來分解口頭上說出的字。接下來更發現到出乎意料之外的事，蒙特梭利請一位 5 歲的男孩畫煙囪，他很聽話的畫出圖案來，並自己寫出義大利文的「手、屋頂和煙囪」，其他的幼兒也因為這位男孩的舉動，紛紛跟著拿粉筆寫字。因此，在教師進行教學前，幼兒們就自己發展出寫字的能力了。

(十)閱讀

蒙特梭利發現寫字和閱讀並不是同時發生的，在幼兒無休止的練習寫字後的六個月，蒙特梭利注意到幼兒開始想去瞭解他們寫的字如何閱讀。蒙特梭利每天都會在黑板寫字，並告訴幼兒如果你看的懂就到我這裡來，但是好幾天了，都沒有事情發生，到了第四天，一位小女孩來到蒙特梭利面前給了她一個吻，接著就有另一位幼兒上前來。這時幼兒才發現文字的

用途。也根據兒童之家的發現，蒙特梭利認為寫字能力的發展比閱讀早，當幼兒能夠認出與瞭解文字的意義時，才是真正的閱讀。

(十一)喜愛秩序

蒙特梭利在偶然的機會觀察到幼兒是喜歡秩序的，這和當時人們對幼兒的認知並不符合。一般幼兒使用的教具都放在上鎖的櫥櫃中，鑰匙由教師保管，教師常常請幼兒坐在座位上，但他們還是會跟到櫥櫃旁，認真地看著教師將教具放回櫥櫃裡，他們這樣的行為真是不服從。就在有一天，教師忘了鎖櫥櫃，孩子想玩教具但教師卻還沒有到學校，於是他們就自己站在椅子上拿著櫥櫃中的教具出來操作，蒙特梭利觀察到他們真正想要的只是自己動手將教具擺回去。於是蒙特梭利不再將教具鎖在櫥櫃中，讓幼兒自己拿出與放回教具。蒙特梭利更發現這樣的秩序敏感期，大約從 12 個月持續到 3 歲半，大的孩子並不具有這種特質。

最後，當幼兒開始進行反覆工作、注意力集中與滿足的循環時，逐漸發展為自律與自信，並對有目的的行為產生喜愛時，這樣的發展過程便是「正常化」。蒙特梭利也提到，幼兒經由專心工作的歷程，使他們的需要獲得滿足，也正好達到心智上的平衡與和諧，這便是幼兒正常狀態（Lillard, 1972）。幼兒是個活動的學習者，他們按照自我內在速度的快慢來發展自己，更受到學習過程中的動機、自然及自我權利的影響，朝向自我成長與學習之路（Edwards, 2002）。因此，我們可以發現蒙特梭利教學法的最終目標，便是幫助幼兒渴望去學習，透過他們的強項發展出個人的能力來（Chattin-McNichols, 1992）。

第 5 章

蒙特梭利語文教育內涵與重要性

　　十九世紀末學者就發現大腦的神經中樞和語言的產生有很大的關係，神經細胞中一個是聽覺的接受中樞負責「聽」，為感覺中心，也就是輸入；另一個則是運動中樞，負責「說」所需要的動作，是運動中心，也就是輸出的工作。換言之，耳朵是聽，也就是接收的器官，嘴巴是說，也就是表達的器官，但是聽和說豈是如此簡單的工作而已。當幼兒聽到人的語言，首先需要透過內在的記憶、思考與瞭解等層次，才能使用自己的語言表達出來（陳文齡，2006；Montessori, 1967a）。這一個複雜的運作歷程，就如蒙特梭利（1967a）在《吸收性心智》一書中提到因幼兒內在牧內美（Mneme）的運行，就是這一股超強的記憶力，讓幼兒能輕易地掌握環境中不同的語言，再加上赫爾美（horme）的內在驅動力與生命能量，驅使幼兒反覆不斷的學習與克服困難，邁向獨立成長的目標。同樣的，幼兒也是以此方式來吸收環境中一切，形成自己的性格與習得社會習俗。

　　從生物學家德佛里（Hugo de Vries）發現毛毛蟲對光有敏感性，當牠朝著光亮處爬行後，便可找到牠需要的食物 —— 嫩葉，但當毛毛蟲羽化成蝴蝶後，對光的敏感性就消失了。因此蒙特梭利認為這種特別的感覺力是短暫的，一旦消失了便不會重來，於是蒙特梭利藉由觀察聖羅倫斯兒童之家發現幼兒有十一個敏感期（趙悌行譯，1993；Standing, 1984）。市九成人與松本靜子整理史坦丁、海因斯托和馬洛克三人對敏感期的時間點發現，語言敏感期有 4 個月到 3 歲及 1 歲半到 3 歲兩種說法，因此語言敏感期為 4 個月到 3 歲；3 人皆認為書寫敏感期在 3 歲半到 4 歲半；閱讀敏感期則有 4 歲與 4 歲半到 5 歲之差異，因此閱讀敏感期，可定義在 4.5-5.5 歲（施淑娟，2014；趙悌行譯，1993）。語言是各發展中最困難也最複雜的工作，而語言敏感期也是所有敏感期裡持續時間最久的（Standing,

1984），因此蒙特梭利認為，讓幼兒沉浸在傾聽的環境中是很重要的，也是語言教育的第一步，因此透過五種感官讓孩子多說話、對身邊的事物多看、多聽與觸摸，鼓勵幼兒用感官能力去探索，更有利於語言的學習（施淑娟，2014；趙悌行譯，1993）。

從蒙特梭利吸收性心智理論中，論及有關幼兒語言開展模式，及語言敏感期表徵得知，心智的形塑在嬰幼兒時期發展得十分快速，空間中各種連結的質與量，都會透過幼兒感官的心智來得到印象，並藉由反覆的活動中來加以概念化（陳文齡，2006；Lawrence, 1998）。再者，蒙特梭利在特殊教育學家 Seguin 與 Itard、教育學家 Rousseau、Pestalozzi、Froebel 及動植物學家 Fabre、De Vries 的啟發下，結合自己的幼教實踐，透過不斷的實驗和改進，最終形成蒙特梭利語文教育的基本觀點（施淑娟、薛慧平，2006；許惠欣，1979；Lillard, 1972; Standing, 1984）。因此，蒙特梭利教學法是一種間接預備的教學，不似傳統教育所採用的直接教學（許惠欣，1979；陳文齡，2006；張筱瑩，2007；Lawrence, 1998; Montessori, 1912/1964; Standing, 1984）。蒙特梭利提及要尊重兒童神祕的力量，因為那是從懷孕的剎那就已開啟的，所以任何的干擾都足以破壞幼兒發展的潛能（Lillard, 1972）。故蒙特梭利透過幼兒在真實世界中所獲得的具體經驗，來設計幼兒語文教育學習的模式，分別為間接預備期及正式書寫期兩大階段，而正式書寫期則需透過書寫與閱讀階段依序來實踐。

(一) 間接預備期

幼兒在蒙特梭利教室中關於探索的準備始於日常生活的訓練，之後再擴展到感官的練習。通過視覺、聽覺、觸覺、嗅覺及比較、分類等的感官活動，幫助肌肉控制更為精準，並透過肌肉感覺記憶形狀的輪廓，為下一階段握筆書寫作預備，幫助日後幼兒正式進入書寫時奠定良好的基礎（岩田陽子，1987；洪淑敏，2010；許惠欣，1979；陳貞旬，2008；Montessori, 1967b）。

當幼兒經過日常生活教育、感官教育、語言能力發展、動作發展等準備階段後，便可正式進入與書寫相關的活動。教師此時利用強調具體（實物）、半具體（圖片）、抽象（文字或符號）等漸進式學習原則，

佐以 Seguin 所創名稱練習教學法：命名（結合物體及名稱）、辨別（名稱和物體的再次確認）、發音（名稱和物體的記憶重現）三階段教學（the three periods）來幫助幼兒學習語文（岩田陽子，1987；徐瑞仙譯，1996；陳文齡，2006；Lawrence, 1998; Montessori, 1964）。

(二)正式書寫期

1. 書寫教育

書寫練習分三階段進行，分述如下：

(1) **第一階段**：透過圖繪訓練作為寫前預備，掌握運用書寫工具，以達到肌肉運動之機制。此時期要提供幼兒有關發展抓握和使用書寫工具所必需的肌肉訓練技巧，在蒙特梭利眾多語文材料中，幼兒藉由「金屬嵌圖板」的練習，使手部肌肉控制愈發成熟，進而從中獲得書寫的技能（Montessori, 1912/1964）。

(2) **第二階段**：將練習重心側重於建立國字與符號在視覺上的連結，以及書寫肌肉運動記憶上的練習。教具中，「砂紙注音符號」讓幼兒利用觸覺感知，用手指描摹符號的輪廓，讓幼兒透過視覺、觸覺和肌肉覺來記憶符號的圖像（Montessori, 1914; Lillard, 1972）。

(3) **第三階段**：藉由「活動注音符號拼音盒」練習組合詞句。當幼兒透過以上兩階段練習對全組三十七個注音符號熟悉了，確認聲音與符號已在腦海中建立起關聯後，便可進入組合詞句的練習。當幼兒使用活動注音符號拼音盒表達他自發建構的語句時，代表幼兒由移動符號自然轉化到書寫的過程，也間接為日後的閱讀做好預備（何佳玲，2010；Lillard, 1972）

2. 閱讀教育

蒙特梭利視閱讀為一種把圖形符號概念詮釋出來的心智活動，而閱讀歷程包含以下三個層次（何佳玲，2010；陳文齡，2006；Lillard, 1972）：

(1) **第一層次**：認識符號與相對應的聲音。在蒙特梭利教室裡，利用實物盒、環境與文字配對卡、分類卡、定義卡等，幫助幼兒將聲音和相對應的文字做配對。

(2) 第二層次：瞭解圖形符號所代表的概念。利用「農場模型」教導幼兒文法，做進一步語詞的分析，或用「指示卡」讓孩子依其文字內容做出相對應的動作。

(3) 第三層次：欣賞並明白文字所傳達的訊息。當幼兒經過一系列早期的預備，使所有困難都以孤立的方式獲得解決，當孩子開始閱讀時就能透過句子理解別人的思想，蒙特梭利稱此現象為總體的閱讀。

因此，蒙特梭利對書寫與閱讀兩者之間的解釋為：書寫是用來引導幼兒口語語言結構更完整，閱讀則是用來幫助幼兒思想和語言的發展；書寫是幫助幼兒的生理語言，而閱讀則幫助他們社會的語言（Montessori, 1967b）。以下根據蒙特梭利語文教育的特色、方法與內容進行介紹：

一、語文教育的特色

蒙特梭利教育透過環境的規劃、教具的設計、工作的方式，以循序漸進的方式，讓幼兒在聽、說、寫、讀的練習與刺激下，開展語文的能力，其特色包含以下內容（中華福祿貝爾蒙特梭利教育法研究發展學會，2000；岩田陽子，1987；洪淑敏，2010；施淑娟，2001；施淑娟，2014；許興仁，1978；陳文齡，2006；陳貞旬，2008；陳雯琪，2006a；單偉儒，1988；趙琲，2005；Montessori, 1914; Montessori, 1967b; Standing, 1984）：

(一)日常生活與感官教育奠定基礎

蒙特梭利日常生活教具的目的，首先為的是幫助幼兒手的動作協調，當幼兒從五指掌握到三指或兩指的能力時，便是擁有握筆的能力。再來，當他學會刷洗桌子能掌握從上而下、由左而右的方向，便是學會書寫與閱讀文字的習慣。因此蒙特梭利女士首重日常生活教育，是一切教育的基礎與根本。

(二)自由環境中滿足說話的欲望

蒙特梭利教室提供自由操作的方式，讓幼兒依據自己的興趣與喜好來

選擇教具，幼兒不用一直坐在位置上，可自由走動與交談，這樣提供一個充分的環境讓幼兒隨時說話的機會，更是促進幼兒語言發展的最佳方法。

(三)以感官方式學習

手是頭腦的工具，因此透過動手操作幼兒可得到經驗及理解事物的本質，更幫助語言的理解，如砂紙注音板，透過手指頭書寫瞭解筆順後，便可使用鉛筆進行書寫工作，因此蒙特梭利重視以感官的方式體驗與操作語文教具，且透過自由選擇的過程更進一步達到專注，而形成獨立的人格。

(四)環境的規劃與擺設

蒙特梭利教室環境裡的教具擺設，遵循由左而右與由上到下的排列方式，奠定幼兒書寫與閱讀由上到下及由左而右的習慣。

(五)先寫後讀的概念

蒙特梭利認為「寫」的發展先於「讀」，寫是經由手的動作，寫或畫下符號的過程。當幼兒透過日常生活教育的動作協調工作，反覆的練習便能習得；而「讀」則是透過眼睛看到字（注音），並瞭解字（注音）的意義後，才能讀出字（注音）來，因此是較複雜且困難的過程。

(六)感官和數學教育為書寫前預備工作

感官教具中的帶插座圓柱體、粉紅塔及棕色梯，透過設計讓幼兒以三指抓的方式進行操作；幾何拼圖櫥和數學教育中的砂紙數字板以兩指畫出各種形狀與數字的方式，精進手眼的協調，讓書寫前的預備工作更完善。

(七)音的解析

每一個字都包含起始音或結尾音，蒙特梭利透過分類字的詞性，如名詞、形容詞、動詞或副詞，協助幼兒認識字的意義。

(八)豐富的環境

一個蒙特梭利的教室裡，透過日常生活、感覺、數學、語文和文化等

區域，提供幼兒豐富的語文情境與教具，讓孩子能自由的選擇，奠定其書寫與閱讀之基礎。

(九)三階段教學

蒙特梭利為了增加幼兒的詞彙，採取塞根三階段教學法，其方法如下：

1. 命名：感官知覺與名稱的連結
   例如：教學者帶領大小名稱的認識，並說：「這是大的」、「這是小的」。
2. 辨識名稱：認識某個名稱所對應的實物
   例如：教學者說：「請你指大的給我看」、「請你指小的給我看」，或「請你拿大的給我」、「請你拿小的給我」，或「哪一個是大的？」、「哪一個是小的？」
3. 說出名稱：回憶名稱與物品之間的對應關係
   例如：教學者說：「請你告訴我，這是什麼？」

二、語文教育的方法與內容

蒙特梭利博士提倡語文教育要先從聽開始，當幼兒從環境中不斷地聆聽不同語言時，到了一定的程度便會以口語來表達，在幼兒具備「聽」和「說」的能力時，他的一雙手也預備好去「寫」了，寫是表達自我的方法，當幼兒瞭解字的結構及讀音的方法，在學會寫字時也學會了「讀」（Playful Chaos Mom, 2017）。蒙特梭利在兒童之家設計了讓幼兒聽指令做動作的活動，發現幼兒對於口語溝通相當有興趣；接著又觀察到幼兒有書寫的欲望再加上家長的要求，因此設計了在砂盤上寫字的工作，幼兒透過實際觸摸砂的活動展開書寫文字的能力，而演變成砂紙字母板（施淑娟，2014；Montessori, 1964; Montessori, 1967b）。

蒙特梭利受到塞根（Seguin）學說的影響，使用其發展的三階段教學法來增加幼兒的詞彙，準備二至三樣物品，首先帶領幼兒認識物品的名稱便是 (1) 命名階段；接著，教學者再次說出物品的名稱，可要求幼兒拿給教學者為 (2) 辨認階段；最後，教學者請幼兒說出物品的名稱即為 (3) 記

憶階段，以上三階段教學可運用在日常生活、感官及語文教具的教學中（岩田陽子，1987；施淑娟、薛慧平，2006；徐瑞仙譯，1996；陳文齡，2006；趙悌行譯，1993；Lawrence, 1998; Montessori, 1967b; Standing, 1984）。在兒童之家不斷的實驗與觀察之下，蒙特梭利發展出一系列語文教具，以下內容以兩種分類方式進行介紹。

第一種分類方式依七項內容進行介紹（中華福祿貝爾蒙特梭利教育法研究發展學會，2000；施淑娟，1994；施淑娟，2001；施淑娟，2014；許惠欣，1979；陳雯琪，2006a；Lillard, 1972; Montessori, 1964; Montessori, 1967b）：

(一) 口說語言：對話、聽（說）故事、命名、分類命名。

(二) 書寫語言：聲音遊戲、金屬嵌圖板、注音砂字板、活動注音盒、粉筆板、創意性書寫。

(三) 閱讀：語音實物盒、語音拼音盒、拼音練習書。

(四) 閱讀分類：字卡、分類卡、定義卡。

(五) 閱讀分析：簡單句型、簡單句型延伸、屬性與同位詞的介紹、字彙研究、標點符號。

(六) 字彙功能：冠詞、形容詞、邏輯形容遊戲、偵查形容遊戲、連接詞、介系詞、動詞、副詞、連續指令。

(七) 語言延伸：地理學、歷史學、天文學、地質學、動物學、植物學、美術、音樂。

第二種分類方式依聽、說、寫、讀方式進行分類，包含下列內容（許惠欣，1979；陳雯琪，2006；Shih, 1994; Lillard, 1972; Montessori, 1964; Montessori, 1967b）：

(一) 聽：1. 聽故事、2. 概念討論。

(二) 說：1. 充實字彙、2. 語言訓練。

(三) 寫：1. 砂紙字板、2. 金屬嵌圖板、3. 活動字母、4. 書寫的延續。

(四) 讀：1. 語音實務遊戲、2. 音標的認識、3. 閱讀分類、4. 閱讀分類說明卡、5. 字彙功能介紹、6. 連續指令、7. 字彙的研究、8. 閱讀分析。

三、蒙特梭利語文教育的重要性

語言是人類特有的能力，也是人和動物最大的相異點。人類藉著語言能力體驗人與人之間的感情，傳遞歷史知識，並為未來的世代留下遺產。人類的語言是一點一滴形成的，而且是在尚未走動、沒有意識的幼年時代就開始發展的。蒙特梭利語文教育強調掌握孩子的敏感期、提供豐富的環境、給予充分的聽說讀寫的刺激，以幫助孩子開展語文能力（Montessori, 1967a）。蒙特梭利教學中很重要的一個理念是「間接教學法」，老師只幫孩子奠定基礎，而後就由孩子自由去探索，沒有人會在孩子工作中去教孩子，因為那是干擾及阻礙孩子發展的主因（Standing, 1984）。蒙特梭利更提及在嬰兒出生後，環境中充斥著各種人的聲音是很重要的，就算嬰兒時期，也不應該與社會生活脫節，要完全加入家庭中的社交活動，要有人有耐心跟他們說話並且聽他們的聲音（Lillard, 1972）。

蒙特梭利語文教育重視「先寫後讀」概念，她採用自然的方式讓幼兒發展閱讀能力，她認為教育的功能不在教幼兒閱讀的技巧，而是自由的溝通與表達。書寫讓幼兒藉由符號表達自己的想法，閱讀則是必須瞭解他人的想法（Lillard, 1972）。從日常生活與感覺教育中可發現蒙特梭利語文教育的重要性，因為以上兩者都是為了預備書寫能力而準備的，經由日常生活教育在幼兒內在建立秩序與肌肉控制能力，透過操作時從左到右、由上而下的方式，都是幫助幼兒認識寫的形式；動作協調的工作可幫助孩子發展控制動作及手眼協調的能力；從感覺教育的教具操作學習認知、視覺、聽覺、比較與分類能力，這些都是書寫的必備能力。幼兒藉著日常生活練習建立的能力為基礎，再進一步地藉由感官教具使經驗範圍更為擴大（Lillard, 1972; Montessori, 1967b; Standing, 1984）。蒙特梭利語文教育提出了不同一般語文教育的內容與進行方式，她更認為語言是生活的一部分，不論在自我表達、溝通、幼兒對幼兒或大人與幼兒之間都必須持續受到鼓勵，更不需訂出溝通的時間（Lillard, 1972），這才是語文教育實施的重點與方向。

四、全語文概念與蒙特梭利語文教育之差異

從教育哲學觀、理論基礎、課程內涵、教師角色、學習情境、學習教材等六個面向來作一比較，探討全語文概念與蒙特梭利教學之異同性。

(一)教育哲學觀

在教育哲學觀的探究上，兩者皆同意幼兒需在一自然情境下接受語言聽、說、讀、寫的培養（Goodman, 1986; Lawrence, 1998）。蒙特梭利特別強調，幼兒 0-6 歲藉由敏感期，利用其吸收性心智來建構語文，重視孩童的天賦潛能，主張讓孩童在充滿愛與自由的環境下發展自我，蒙特梭利教學是一個教學法（劉冷琴，2008；Standing, 1984）。而全語文則說明了它是以學習者為中心、兒童為中心方式來學習的一種語文觀，它不是一種教學法，揭示幼兒學習的歷程，是從整體出發，而從非零碎的技能學起（林佩蓉譯，1999；薛曉華譯，1997；Goodman, 1996）。由此可知，全語文不是一個教學法，而是一個觀念，因此可將全語文概念的觀點融入蒙特梭利教學中。

(二)理論基礎

蒙特梭利首先受到 Itard 和 Seguin 兩位特殊教育先驅者的影響，以科學的精神及驗證的方式來觀察兒童，接下來受到法布爾（Jean-Henri Fabre）及德佛里（Hugo de Vries）等生物學家的影響發展出獨創的教學理論，強調教育基礎就是協助孩子生命的躍動（相良敦子，1988；許惠欣，1979）。最後，蒙特梭利教學也繼承了從 Pestalozzi 與 Rousseau、Froebel 以降的教育思潮，主張幼兒知識的建構，宜從具體真實的經驗中獲得，實施具體教學活動。全語文則受到 Dewey 的進步主義與 Piaget 的認知建構，以及 Vygotsky 的社會文化建構論所影響，視幼兒的語文學習為整體發展的一部分，幼兒的讀與寫應該是同時進行，互為相輔相成之關係，幼兒透過自身建構知識的方式來學習，而非經由機械式練習獲得語文能力（李連珠，2006；林佩蓉譯，1999）。而全語文的發展更是來自於心理語言學、社會語言學及讀寫萌發等綜合的觀念，堅信「閱讀者自然的根據文字上的字形、字音、語法及語意等線索，來建構文章的意義。」及「兒童讀寫是一個持續的過程，而不是一個特定的時刻。」（薛曉華譯，1997）。雖然兩者各自習得不同的理論基礎，但還是源自相同的理論基礎，如 Pestalozzi、Rousseau 和 Froebel，因此不相牴觸，所以可將全語文概念的觀點融入於蒙特梭利教學中。

(三)課程內涵

　　全語文與蒙特梭利教學在語文教育的實施，存在著非常不同的學習策略。蒙特梭利自有一套統整有階段性的語文課程活動，始於日常生活教育訓練；然後再進入感官教育的練習，以一種間接教育的形式對幼兒進行語文活動（陳文齡，2006；Lawrence, 1998; Standing, 1984）。當視覺記憶與運動的肌肉，在有步驟計畫下完成它充分的訓練後，幼兒常會以一種「爆發性書寫的能力」行為來呈現（洪淑敏，2010），最後進入抽象的文字閱讀。反觀全語文概念，主張課程以統整的方式進行，以保持語言的完整。強調語文的聽、說、讀、寫四者不分開教導，由學習者的經驗、興趣出發，以主題的方式整合學習的活動，並以其他領域的探究統合在一起學習（李連珠，2006；陳貞旬，2008；薛曉華譯，1997）。兩者實施語文課程的方法雖然不同，但可依其特色搭配幼兒園的作息來安排，如幼兒工作時間以蒙特梭利語文教育來進行個別語文教育活動，全語文則概念融入在蒙特梭利教學中的文化教育（主題課程）來實施，如此的搭配與安排，不僅彰顯兩者的特色，亦有相輔相成之效果。

(四)教師角色

　　教師在教學歷程中是取決於成敗的重要關鍵。教師角色的定位就像一個魔術師般，任何東西在他的手中都可以幻化出炫麗的變化。以蒙特梭利教師為例，將教師稱為引導者（directress），意味著教師是間接引導非直接指示的角色，以能解放孩子自由發展的潛能為要務，且是一個精神預備好的教師，在教室中所擔任的角色包括：教具引導的示範者、敏銳的觀察者、記錄活動的監督者、環境與幼兒的連結者、孩子工作的觀察者，而非課程的預備者（陳貞旬，2007；簡楚瑛，2005；Lillard, 1972; Montessori, 1967a; Standing, 1984）。

　　反觀全語文圖像下的教師，則是一個能提供幼兒豐富語料的供應者、學生學習的夥伴，是課程的改革與催化者，是溝通、示範的角色，故全語文教師視改變為一個學習的歷程（李連珠，2006；林佩蓉譯，1999；Goodman, 1989）。兩者視教師的角色為引導、示範與溝通的角色，因此相融合不失矛盾。

(五)學習情境

在蒙特梭利教學的學習情境，是主張給幼兒一個預備的環境，其預備的環境應包含：自由的氣氛、結構與秩序、真實與自然、美感與氣氛、蒙特梭利教具，以及群體生活的形成等六大要素。而其中又以自由居首，因為唯有在自由的氛圍中，幼兒才會顯露其本質，在一個無礙自由的情境下來學習（Lillard, 1972），因此提倡自由選擇的學習環境，在教室中設置五大區域如日常生活、感官、數學、語文與文化區域。而全語文情境下的學習環境，同樣也提供了學習者幾件基本的要素：首先教室內宜安排發展有利的讀寫環境，如在教室可設置寫作區、藝術區、扮演區、自然科學區、閱讀區、數學區與積木區等（林佩蓉譯，1999；陳淑琴，2000；薛曉華譯，1997），尊重學習者為一個完整的個體去學習整體語言，在活動設計上是以學習者為中心，結合其本身的生活經驗，在日常生活中提供真實性的聽、說、讀、寫事件，環境中包含許多支持幼兒與成人溝通的機會，安排豐富的語文環境（李連珠，2006；林佩蓉譯，1999；薛曉華譯，1997；Goodman, 1986）。兩者皆重視在一個自由的學習情境下讓幼兒自由選擇來學習語文，且重視有意義與真實的活動，因此兩者融合是可行的。

(六)學習教材

有關學習教材，就是蒙特梭利廣為人知的教具以及她所獨創的教學法了。提供幼兒集中注意力，進而啟發其專心程序的刺激，為了幫助幼兒的發展，教材必須能符合他們內在的需求。蒙特梭利為語文教育特別設計了金屬嵌圖板、砂紙字母、活動字母盒（中文系統為砂紙注音符號及活動注音符號拼音盒）來幫助幼兒進行讀寫的練習（李德高，1997；王文川，2010；何佳玲，2010）。目前蒙特梭利語文教育包含（許惠欣，1979；陳雯琪，2006；Lillard, 1972; Montessori, 1964; Montessori, 1967b）：1.聽：(1)聽故事、(2)概念討論；2.說：(1)充實字彙、(2)語言訓練；3.寫：(1)砂紙字板、(2)金屬嵌圖板、(3)活動字母、(4)書寫的延續；4.讀：(1)語音實務遊戲、(2)音標的認識、(3)閱讀分類、(4)閱讀分類說明卡、(5)字彙功能介紹、(6)連續指令、(7)字彙的研究、(8)閱讀分析。

針對以上教材皆提供了建議使用的年齡層，但幼兒園實際實施的情形，還需仰賴教師進一步的觀察得知。

關於教材這個部分，全語文並沒有固定的教材可供學生使用，根據 Rairnes 與 Canady 所言，全語文的教材必須是整體的、全面的，以及必須是對個體有意義的語言（薛曉華譯，1997）。且課堂上所呈現的都是學習者感興趣、真實、有意義、功能性的事物為其主軸，幼兒討論的內容記錄在經驗圖表中，提供幼兒在教室中翻閱；統整課程按各領域設計結合全語文的活動；並配合何德維（D. Holdaway）的自然學習教室模式，示範、參與、練習或角色扮演、成果發表等四部分運作在教室中；最後老師可以配合單元主題自製適合幼兒需求的教具放置在角落中（黃瑞琴，1997；薛曉華譯，1997），這一點與蒙特梭利語文教育在學習區中，提供教具讓幼兒自由操作是相似的。

綜合以上，蒙特梭利與全語文在語言習得上，都一致主張幼兒應在自然情境中開展聽、說、讀、寫的練習。在口說語言方面，在蒙特梭利教室中每天的活動裡，幼兒因交談的自由而深受鼓勵，語言能力的發展成為學校生活的一部分，並不需額外加添一些說話表現課程來幫助他們，關於幼兒書面語言方面，則利用幼兒的敏感期，在課程中設計一系列教材教法的活動以協助語言的建構。在全語文部分，雖沒有設計系統化的語文教具來幫助幼兒學習，但教室中師生一起共構語言歷程，重視整體與全面的觀念來學習語言，強調閱讀是一個互動的過程，兒童透過積極的文字互動來建構意義（薛曉華譯，1997），確實也給大家提供了另一種關於語文學習的樣貌及省思！因此，透過蒙特梭利教學從局部到整體的語文學習，也就是字音開始學習的方式和全語文從整體出發來學習語文，亦即從整體句子建構文章的意義，這兩個觀點看似不同且又有其共通性，期待兩者可以碰撞不同的火花，也為語文課程帶出不同的結果。

五、蒙特梭利教育結合全語文概念之語文活動設計

(一)全語文概念下符合蒙特梭利教學精神所展開聽、說、讀、寫萌發的語文活動

針對融入全語文概念後，教師所設計適合幼兒聽、說、讀、寫萌發的語文活動進行介紹：

1. 看見文字的跳動—— 幼兒經驗圖表

初期，研究者在課室中架起畫架，擺上四開大畫冊，詳實地記錄每天與孩子們在團討時間的對話。在原有的蒙特梭利課程中，每天都有固定團討分享的活動，但要把幼兒的對話轉換成文字書寫出來，是融入全語文概念前不曾使用過的做法。研究者在平日與孩子們進行團討時，會將口述語言轉化成文字記錄下來，這是一項重要文字書寫的示範，幼兒可以覺察到，原來我們可以把所說的話轉換成文字呈現出來。班上年齡層較大且對文字知覺較敏銳的孩子特別會對此感到好奇，他們會在下課期間不時地走到經驗圖表架前察看，有時會試著唸一唸上面的字句，且很在意他們口述內容是否有如實地被教師寫下來，「幼兒並非真的認識圖表上的文字，有認得也只是一、兩個單獨國字而已，但幼兒會運用基礎知識來幫助他們自己。」首先幼兒通常會認得自己的名字，然後沿著名字下面所記錄的內容字數去推斷。且幼兒會質疑剛剛明明敘述了很多事情，為什麼教師「沒寫到我說的！我剛剛不是有講呀！」。有些幼兒則利用少許認識的文字為線索，去做上、下文意猜測的閱讀動作。同時，研究者在團討中亦發現幼兒在主題聚焦議題的討論上，也會因年齡層的差異而呈現出不同的關注點，通常年紀較小的幼兒會對外在的表徵感到興趣，而中、大班的孩子則會針對整個事件的過程與現象做比較深入性的探討。

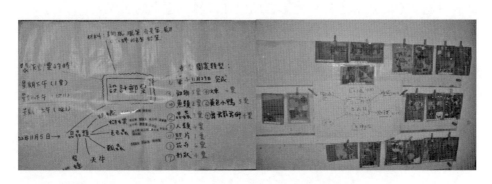

2. 分享活動 —— 分享桌、小小說書人、Talk & Show 玩具分享日

幼兒園在接受前後共計十次輔導計畫期間，全園教師就「如何營造一個全語文學習情境融入現有蒙特梭利語文課程」等議題，在每一次輔導會議中，都成為大家優先所討論的重點。以下是教師們在教室中發展出幼兒「聽、說」活動的內容：

(1) 分享桌設置

分享桌是班級上繼簽到桌設置後，另一個延伸的活動。經輔導會議中與教授討論，可在教室區域中設置一張分享桌，用意是提供孩子一個專屬地方，不定期分享自己或他人的作品。這個桌子上，教師會不定期擺上孩子們認為重要的東西，或訊息。分享桌的設置，儼然成為教室中，幼兒們自由參與閱讀、寫字、分享成果的一個地方。

以前大家視分享不過是孩子平日間一種稀鬆平常的作為，且每天都在幼兒園各個角落上演，但成人似乎很少察覺到：在分享的過程當中，原來每位孩子都是一位作者，都在對別人敘述自己的故事。藉由「分享桌」的設置，讓孩子自主決定當天要分享的事物，這樣小朋友就可以像開發表會一樣，成為今天分享桌的主人。在透過彼此非正式問答之際，逐漸對物件衍生出更廣泛的討論，幼兒也間接增強了口語表達的能力。分享桌的設置建立幼兒口語表達能力，老師提到小憲分享他用積木搭蓋的一艘戰艦放在分享桌上，然後自己有模有樣的像一位小小解說員般的介紹自己的作品，小憲用口語來表達作品的這種行為，對他在語文的連結及刺激上有一定的幫助。

上述的內容可說明：藉由參與各種形式的分享活動，幼兒對口語表達上有正面的助益，也印證施蘊珊與林佩蓉（2009）的研究，幼兒平日在學校中，師生之間的互動、討論的頻率，以及教師為孩子講故事、讀繪本活動實施次數的多寡，都可能影響幼兒在口語表達上的表現。

(2) 小小說書人

　　說書人活動的進行方式，是在學期中以週次輪替幫小朋友安排說故事時間，每週均會有 3 位小朋友在小小說書人時段為全班講述故事，教師會為每一位幼兒錄下說故事的內容。在全語文概念還未介入之前，這已是推行多年的蒙特梭利語文活動，但實施多年下來，效果一直不彰，原因無他，只因爸媽每週都需幫孩子複習故事內容，因而造成家長沉重的負擔，以致每逢進行小小說書人活動時，孩子們不是沒帶書來，就是家長沒幫孩子準備好而草草收場。長久下來，教師們都深感小朋友故事分享已淪為有名無實，甚為可惜，藉由輔導會議的討論，確定活動在實施方式上可再做修改，於是改成幼兒事先準備好故事，再到學校來分享，每學期輪二至三次，讓孩子清楚地表達自己的故事，並提供孩子示範一個正確的閱讀習慣，培養進入更深入說、讀的練習，且提供有興趣的小孩和肯配合的家長一個展現的機會。

　　自改變小小說書人的活動方式後，幼兒從以前的週週說故事，修正為一學期只有三次後，孩子在說故事實質的效益馬上提升，家長亦因負擔減輕了，所以很看重孩子每次說故事的機會，不但多次在家幫孩子複習故事內容，還會為其設計道具以求孩子在分享故事時能有最好的表現。

(3) Talk & Show 玩具分享日

　　平日小朋友會在每星期一，從家中選一樣玩具帶來幼兒園與大家分享，首要目的是讓孩子透過與他人分享的經驗，從中增進彼此的社會互動，間接也安撫幼兒因星期一上課症候群所帶來不適的情緒。初期，我們的做法只是單純地開放早上 10-11 點的時間，讓孩子們自由分享玩具，全語文概念加入後，我們希望孩子在玩具分享日這天，大家不僅是玩玩具，而且能在此基礎下衍生出更多互動式的語言。

　　基於上述想法，設計 Talk & Show 活動，主要是提供幼兒更多口語的機會。事先，研究者請欲參加分享的小朋友，製作一張玩具備忘錄，內容包含名稱、材質、玩法、特殊意義等（請家長與孩子討論後完成），用意是能在分享時適時提醒幼兒及做文字上的展示。其操作方式如下：鼓勵幼兒在每次分享前，運用三階段引導進行口語的分享：階段一（玩具名稱介紹）：例如：大家好，我今天帶來的玩具是○○○；階段二（介紹玩法）：例如：這個玩具如何操作，怎麼玩（例如：機械人手臂可以升起和降下）；階段三（需要注意的事項）：例如：這個拼圖是紙做的，所以玩的時候要注意不能碰到水。

　　活動中研究者觀察到在班級中，年紀較大的幼兒在口語分享會出現使用比較級詞彙的用法。例如：手與腳相比時，手「比較」脆弱，或我的芭比娃娃比你的「更漂亮」等。相較之下，小班的孩子在用詞上則顯得簡單

得多，且大部分出現仿說的情形較多。

　　當班級中許多活動都伴隨著「分享」方式來開展時，孩子身處在這種語文浸潤式的觀摩下，字彙的使用也快速地增加，特別是從年紀較小的孩子身上容易發現，這種現象很類似 Vygotsky 論述的主張：幼兒語言發展是在社會環境互動下完成建構，孩子藉由社會互動過程，低層次的心智行為會逐漸轉換成高層次的心智行為，尤其是在蒙特梭利混齡的班級中，Vygotsky 近側發展區（zone of proximal development, ZPD）的理論在此得到很好的印證。

3. 心情日記

　　隨著全語文活動慢慢地展開，學校開始實施每天孩子到校時，就立即在心情日記上，用畫圖、蓋哭臉、笑臉印章等方式來記錄幼兒當下的心情。不論是像花一樣的心情，還是充滿抽象如龍捲風般線條的情緒，孩子都可以藉由圖繪表徵的方式來與大人的世界溝通，作為他們另一種形式文字的呈現。

　　小朋友在畫心情日記時，會互相模仿與學習，透過不時有新的刺激增加，孩子在畫畫的能力上進步了。每天為孩子記錄日記圖的內容，透過教師重整幼兒的語句，並示範正確語法的使用後，孩子在語言表達上也更為完整，會使用「因為」、「所以」等因果關係詞；或使用「然後啊」等語詞，以作為上下語句串聯之用。

　　當幼兒完成心情日記後，會要求教師幫他們寫下日記內容，此時，「孩子開始會注意到，教師寫的字數是否與他所講的句子相稱。」這是一個很有趣的現象，代表孩子理解到口語表達形式是可以另外轉換成等量的文字書寫出來。而且幼兒透過教師每天的示範（寫字），會不自覺對書寫產生一種渴望，希望自己也能像大人一樣拿筆寫字，而不只是用蠟筆塗鴉而已。此種情形就如同蒙特梭利所言：「書寫的語言只是將聲音轉換成看得見的符號」，由於書寫的溝通是屬於視覺語言，也是孩子口語的一種延伸。教師也分享班上的情況，小妮有一次在臺灣地圖的前面找尋要去度假的地點，然後把它寫下跑來告訴老師，讓老師看她們全家要去度假的地方是礁溪。小朋友能瞭解到所說出的話，是可以轉化成文字的。

　　當教室中支援幼兒讀寫的策略逐漸開展時，教師與幼兒各自所關注的層面也會有所不同。幼兒多半會關心書寫語言所欲溝通的目的是否已達

成，而教師則專注在幼兒語言的使用上是否正確，幼兒開始對教師所說的話語和寫出來的國字是否一致、字數是否一樣會感到在意，也學著開始模仿寫自己的名字，會主動提醒教師去拿紙筆把大家討論的細項記錄下來，大班的幼兒會想要和老師一樣能寫國字，書寫的欲望很強，較小的幼兒則會去比較老師在自己的心情日記圖上所做的注解。

4. 文字仿寫活動

(1) 簽到本

我們在課室的一角設置了簽到桌，目的是讓孩子一早來，就能在桌前完成簽到入園的動作，作為一天學習的開始。小朋友用他們能力所及的方式來進行這個活動，有直接書寫名字、畫圖或用貼貼紙的方式。我們希望藉由每日簽到的活動，幫助年幼孩子在對應名字時更有知覺，對於年長孩子則希望透過每天的接觸，對名字形體更為熟悉，進而認識自己的名字。

(2) 親子共讀學習單及借書單

在教室中，教師為孩子準備大量的繪本供其閱讀，同時學校也推動每週四把故事書帶回家的活動，目的是要推動家長與孩子一起進行親子共讀，以增加小朋友閱讀的機會。

同時，為了共讀活動，教師也延伸設計了「親子共讀學習單」，「希望孩子在閱讀完故事後能進一步用畫圖方式來統整從書中所獲得的感受」。在借書的當下，「幼兒在借書單上要填上借閱人的姓名、日期及書名，幼兒藉由繪本的封面進行仿寫的活動。」且在隔週還書時，鼓勵幼兒能有一個分享介紹書中內容的活動，希望藉此激勵他人也能多加借閱，並為大家最喜愛的故事書設立排行榜，以期造成愛閱讀的一個風潮。

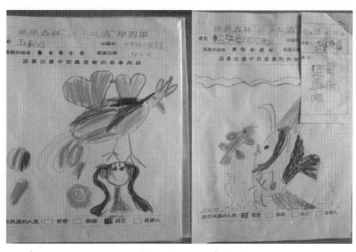

實施全語文……before　　　　實施全語文……after

(3) 預約故事書單

預約故事書活動是把幼兒視為一個主動的閱讀者，在運用全語文概念前，每回閱讀分享都是由教師尋找適合的故事書來為孩子做導讀，但隨著全語文概念的灌注，遂改變師生的定位，教師從主導轉換成協助的角色，把課程的決定權還給幼兒，由小朋友自行選擇他們所要閱讀的書籍。

孩子可事先挑選出他們所欲閱讀的故事書，經由仿寫在預約書單上，註明預約人姓名、書名後，即完成預約的程序。而教師會在約定好的時間為孩子進行說故事的活動。通常每回小朋友在經教師介紹過書名後，就會玩起一種尋字的遊戲，看書名中有哪幾個字是大家都已認識的。「在尋字遊戲中幼兒還發現了，國字常會出現『發音相同而字型卻不同』的情形。」

(4) 老師的叮嚀 —— 家庭聯絡簿

為了大班小朋友能順利銜接小學生活，教室設計了「老師的叮嚀」聯絡簿仿寫活動。希望孩子透過練習讓書寫行為更為精熟，讓即將升入小學的孩子們，在面對因小學需抄寫聯絡簿時，能進行得較為順利。由於紙張上沒有設計行距隔線，導致他們很難控制每個注音符號之間的距離，寫歪是很常有的現象，不是全篇寫成一團，就是兩字之間沒有適當的間隔，使人無法分辨。

5. 寫作區 —— 小書的製作

當在教室中幫小朋友設置寫作區後，這個區域就成了孩子們工作時段中很熱門的首選項目。這個桌上要放置充足且適當的讀寫材料（紙張、彩色簽字筆、麥克筆、釘書機、日期章、膠臺、尺），以支持幼兒盡情探索文字書寫的功能，藉由孩子間的自由創作，擴展他們讀寫的能力。當然，在開放寫字桌之前，教師和孩子有一個共同的使用約定，為要讓大家更清楚關於寫字桌的規範，以避免日後一些不必要的糾紛。在孩子實作過程中，教師還需為他們講解製作一本小書的基本要素：封面、封底設計、作者姓名、出版社、完成的年月日時間、頁碼。最後，當小朋友的自製小書問世時，教師會在班級中為他舉辦一場新書發表會，並且請小小作者分享他的作品。

一本小書從無到有這個歷程對孩子來說，是一個奇妙的經驗，孩子從中所獲得的技能是全方位的。孩子先要在心中建構好一個故事，然後藉由圖畫的表徵方式來呈現，最後孩子使用口語再把故事內容從頭到尾陳述一遍。這個複雜心智的轉譯過程令人感到好奇。因為當孩子需要大人協助，把他們的故事內容寫出來時，結果發現每頁的圖畫與故事內容完全符合，而故事中的連貫性也頗具童趣，似乎沒有看圖說故事之嫌。班級中參與寫作的孩子以大班年齡幼兒居多，「中小班小朋友在受到大孩子影響也開始嘗試著創作，但礙於年齡層關係常無法順利完成。」在實作過程中，有些小朋友在創作小書初始，會選擇他們喜愛的主題（女生）或電影情節（男生）來著手，例如：變形金鋼，就是一部令許多小男生都非常著迷的電影，他們會仿照裡面的故事內容，自己仿寫書名、主角名字等，於是我們在新書發表會中，也有了一本配合時下流行且自己創作的變形金鋼小書了。

6. 圖畫式聯絡簿——娃娃的「畫」，媽媽的「話」

在進行全語文概念活動中，聽說與讀寫的同步練習則是透過「娃娃的畫，媽媽的話」的活動來進行。孩子在學校先行用繪圖的方式，畫出班級教師當日所交辦孩子的事項。例如：明天要參觀星星國小，請記得穿運動服來校。回家之後再經由孩子口述，請家長記錄下來，此練習目的是為評估孩子，在聽其大人指令與複誦傳達指令的正確與錯誤兩者之間的差別為何？實施六個月下來，發現大班幼兒回家跟父母的轉述上，多能掌握教師交代事件中的關鍵詞句。例如：烏龜小花由誰先帶回家、帶手帕等，相較之下，中班小朋友在傳達事件的內容上就呈現不穩定的狀況，其準確性要取決於教師今日所布達的內容，是否為孩子平日所熟知的生活經驗，像幼兒去文化中心領書的活動，就發現「文化中心」這個地點常連結於小朋友平日的生活經驗，所以大多數幼兒在傳達正確性上很高，但接下來「新書發表會」這個活動名稱，相對於幼兒來說就顯得陌生，以致出現「今天有去文化中心參加樹大會」之類的話。

7. 工作回顧與分享 ── 我做了些什麼？

設計一週學習區作息的表格「我做了什麼？」，用意是請小朋友在每天進入學習區工作時，可視自己內在的需求在工作之前即做好計畫，並在工作結束後請小朋友分享在學習區進行了哪些自己有興趣的活動，小朋友透過分享的過程，可以再一次自我檢視活動的歷程中，是否還有哪些是還未完成的；或下次若還有機會時，可以怎麼做？幼兒透過分享學習正確說出學習區的名稱，並能說出我今天選擇的區域是美勞創作區，我做一個皮包，我要送給小毛的（化名）。

8. 小小記者

在特殊節日到來之前，教師會設計相關的活動幫助小朋友在對應主題時產生更多有意義的連結。於是，小小記者訪問活動所延伸出來的紙上作業，就在此一信念下誕生了。特別在父親、母親節日時，設計「我親愛老爸的祕密檔案」及「我的俏媽咪祕密檔案」的紙上作業。活動中，孩子依年齡層的差異，各自用不同的方法來完成採訪工作。小班的孩子大多由父母代寫，中班以上幼兒有的用圖畫表徵來記錄，而大班的幼兒則直接用拼音方式寫下他們採訪父母的內容，在此一活動過程中，孩子們要身兼訪問、撰寫及分享人等多重的身分以完成此活動。雖然孩子完成的方式，會隨著年齡差異而有不同的表現，但「媽咪」的主題與現實生活的經驗連結，每一個上臺分享媽媽祕密檔案的小朋友，各個都顯得自信滿滿。

9. 閱讀分享

班級的故事時間，一向都是師生之間一項重要的語文活動。研究者相信，透過故事的傳遞，可以發展團體的意識，形成班級內的文化。所以多

年來，園方一直以不同的方式來進行師生說故事。老師會利用故事接龍方式，來進行班上的故事時間，讓孩子發揮無限想像力，不侷限在原有的故事情節中，也讓年齡較小的幼兒有「說」故事的機會，同時孩子們也可嘗試畫出所說故事的內容，創作出一本屬於全班的故事書。讓所有參與活動的大人與小孩都能對此感到高度興趣，並能為其投注心力。

在 3-6 歲混齡的班級中進行閱讀活動，要有階段性地實施計畫，可藉由清楚的分層做法，來幫助幼兒進入自我閱讀的階段。蒙特梭利在談到讀寫教育時，認為兩者之間是互為協助之關係，書寫是用來引導孩子的口語語言結構更完整，閱讀則是用來幫助孩子思想和語言的發展。書寫是幫助孩子的生理語言，而閱讀則幫助他們的社會語言（吳玥玢、吳京譯，2001：365）。

通常為孩子閱讀一本故事書前，教師都會特別跟小朋友介紹繪本的製作風格、開頭蝴蝶頁的特殊設計與作者歷年來的作品。例如：童書作者——五味太郎、艾瑞·卡爾等系列作品，提供幼兒以一個多元的角度認識各種不同風格的童書。與孩子進行閱讀分享要有階段性的計畫，可先由老師閱讀繪本內容，然後進展到自己說故事，最後讓幼兒把說出來的故事內容寫（畫）下來。最初教師可單獨和孩子做一對一的閱讀，2 人從共讀一本書開始。另外也需為圖書進行分類，例如：只有單字、名詞的書；只有一句話的或出現重複性字眼等不同種類的書籍，設定各年齡指標性的讀物，進一步幫助孩子做深度閱讀的練習。

10. 讀報區設置

在教室的牆上，會貼有與主題相關的報導文章、或一些自然動植物生態的介紹。例如：當教師在進行有關「腳ㄚㄚ」主題活動時，會張貼楊恩典的小品故事於讀報區中，其實際的做法是：會在報章雜誌上節錄相關的主題文章，選擇中文附注音版本的字體重新排版打字，張貼在讀報區供幼兒閱讀。通常幼兒會利用諸多的線索（例如：已知的國字、注音拼讀技巧）來進行閱讀，而教師也會在特定時刻為孩子來讀報。教室中有關讀寫的活動，始於心情日記活動開始，再經過六個月一連串開展的書寫活動。幼兒從初期的塗鴉到後期漸漸成形的字體，綜觀整個幼兒學習的歷程，他們會發展出屬於自己書寫的策略，其動機是建立在個人和社會的需求上，進而發展出來的。文字在書寫的過程中，往往會出現自創國字、或不正確

的拼讀，其不完美的地方都必須視為是學習歷程的一部分。

幼兒在蒙特梭利語文教育有系統的學習下，先備的基礎書寫能力已大多被建立，故幼兒一旦進入書寫爆發期時（3 歲半至 4 歲半），在他們平日的作品中，大量充斥著有意識的文字圖騰，而此時進行文字仿寫，正好能符合現階段幼兒「書寫文字敏感期」的需求（4-6 歲），而研究者在一次田野觀察中，看到一名中班小男生非常熱切的進行書寫活動，絲毫不受周邊吵雜的環境所干擾，且投入書寫的時間長達 40 分鐘之久。

通常幼兒自行閱讀一本書的過程中，都會運用大量舊有的基模及視覺圖像的輔助，去試圖瞭解及預測書中所發展的故事情節，閱讀發展的歷程是由整體到細部，最後統整所有經驗線索去完成閱讀的活動。在蒙特梭利教室實施全語文活動之後，發現小朋友作品中經常會出現文字，或書寫一些自創的國字（或英文字母）。文字大部分都是與作品內容有直接關聯性，這一點與古得曼論點相似，學校語文課程必須建立在既有的學習之上，讀寫是自然語言學習的延伸。

因此上述的活動就如黃瑞琴（1997）指出，學習閱讀應該在自然的讀寫情境中產生，像口頭語言一樣，幼兒在不經正式指導情況下對有意義的符號做反應，並嘗試參與各種讀寫活動。

(二)以蒙特梭利語文教育理論設計之語文教育活動

研究者在全語文概念融入蒙特梭利語文教育課程期間，除了開展幼兒全語文概念的語文活動外，同時也運用蒙特梭利語文教育之理論，設計相關之語文活動，因此針對研究期間，教師在課室中實施的語文活動進行以下的介紹：

1.語文教育——間接預備期

蒙特梭利教室中關於語文探索的準備期始於日常生活練習，幼兒可經由這些活動學習如何控制自己，及如何由活動中建構手眼的協調，孩子在日常生活練習區中透過工作內容：抓、倒、舀、敲、轉、夾、切、摺、穿、剝、搗、刺工、縫工、剪貼、清洗、搬運等，來強化視覺與手部精細肌肉間的協調能力。當孩子經過一系列完整的工作程序後，會在其心智上建立出秩序感，而這種專心與內在紀律的培養，都將彙整成為孩子日後在承擔責任時的重要能量。幼兒透過日常生活練習形成內在秩序之後，更進

一步利用蒙特梭利感官教育來預備下一階段有關書寫的活動。

事實上，教具並未能在幼兒的心理活動上提供內容，而只是為這種內容提供邏輯、條理的訓練。藉由感官教育中經由視覺、觸覺、聽覺、手指肌肉控制等能力的訓練，幫助孩子去識別教具間各類異同及等級間細微的差異，並在質與量的基礎上，根據教具表面特徵的屬性進行分類、序列、配對等練習，而這些技能的養成也正是幼兒在進入書寫時，必備的能力之一。

幼兒使用針筆在紙卡上來回的刺下圖案，過程中需要長時間且精確的沿著圖案外圍線條刺下，最後才能順利將圖案刺完取下。

根據研究者觀察，幼兒在練習過程中，可能會面臨因使用針筆施力不平均而導致紙卡破損；或手眼缺乏平衡以致無法順利完成等情況，但最終幼兒手部肌肉會因練習度而趨於穩定，讓此項練習得以順利完成，這對幼兒日後在正式握筆書寫時，精細肌肉的協調度有更好的發展。

2. 語文教育──正式書寫期

(1) 視覺辨別—實物與圖卡配對、實物與影子卡片配對、圖字卡與圖卡配對

孩子經由配對練習，藉由實體的物品連結視覺在心智中形成一個完整概念。教師會運用強調具體（實物）、半具體（圖片）、抽象（文字或符號）的學習原則，採取命名、尋找、確認等三段式教學法來幫助幼兒學習語文。以水果配對卡為例，教師會設計三種不同階段學習層次的教具來幫助幼兒認識。第一階段具體概念：蘋果實體→蘋果實體。第二階段半具體概念：蘋果實體→蘋果圖卡。第三階段抽象概念：蘋果圖卡→蘋果的字卡。幼兒在進行配對遊戲活動，教師還可依其主題屬性的不同來延伸改變內容，例如：配合序列、分類等原則來加以設計活動。

(2) 空間辨別

A. 六面拼圖

在蒙特梭利教室中，我們也會鼓勵孩子玩拼圖，因為拼圖是在平面空間中，試圖解決填空和排列組合的一種遊戲。孩子透過操弄拼圖，提升視覺空間上辨識的能力，對日後文字書寫上有所裨益。

B. 邏輯圖卡排列

邏輯圖卡練習的目的，是為幫助幼兒建立彼此關係間合理邏輯的推

論，清楚事件發生前後的關聯性，並能試著用口語表達出來。觀察幼兒看圖說出圖像的內容：「有一根蠟燭，慢慢的融化了，又這樣呀……融化了就沒有了。」但另一個幼兒提出疑問「它又不是冰塊ㄟ（手指著白板上的卡片）！怎麼會融化？」老師引導幼兒注意圖像的內容後，幼兒重新進行圖像的推論：「蠟燭是好好的，再來就有火燃燒了，然後還是一樣！嗯！就有人吹熄了。」

在課程進行之前，教師已預先把邏輯圖卡做好程度上的分類，推測年紀大的孩子能有較佳邏輯推理的能力，所以將圖卡大致分為難、中、易三種程度。

(3) 聽、說活動

在蒙特梭利教室中，教師會運用大量團討或同儕間分享的活動，來進行幼兒間聽與說的練習，其具體做法分為動、靜兩種不同方式來實施。在靜態活動方面，教師會利用靜寂遊戲、單位名稱等練習來幫助幼兒；在動態方面，則分布於每天各種不同形式的分享課程中進行。其目的都是藉由孩子在活動中的表現，評估幼兒在團體中的討論與表達，以及傾聽等諸項能力的發展，活動內容多與全語文活動性質相同，故不再對相關活動多做贅述，只針對單位名稱與靜寂遊戲做一介紹：

A. 單位名稱練習

當小朋友經過語文教育中聽、說、寫、讀四個面向的蒙特梭利語文活動，無論在詞彙分析、語句運用、書寫預備的練習上均達到一定的程度，這時，教師就可介紹「單位名稱」教具。此教具不是原蒙特梭利所設計的語文教具，乃是因應中文系統複雜的單位名稱所產生，其設計原理符合蒙特梭利教具之精神，具備孤立性、能靈巧搬動、內容由簡入繁、可自行操作、主動發現誤謬具錯誤控制等特性。實施過程可分為二階段進行，首先可用繪本做前導練習，與孩子一起導讀，當故事唸到關鍵字時，與幼兒一起討論此處該放置什麼合適的單位名稱。例如：繪本《永遠吃不飽的貓》一書中，有提到一「杯」牛奶、一「條」魚、一「碗」麥片粥、一「位」農夫、一「對」新郎、新娘、一「座」教堂等故事內容。就是一本練習單位名稱很好的入門書，等到幼兒逐漸熟悉口語生活用語的單位名稱之使用後，教師就可利用上述教具做文字的配對練習。

B. 靜寂遊戲

教師利用課室中特定區域與幼兒一起進行靜寂的活動，目的是為要幫助幼兒運用聽覺，並引領他們以非視覺方式感受環境中所發出的一切聲響。例如：「聽聽看！馬路上有工程在施工的聲音；郵差叔叔騎摩托車來送信的聲音。」利用外在安靜的策略來達到心靈上靜寂內控的力量。

(4) 寫、讀活動

在進行幼兒寫與讀的活動安排上，根據蒙特梭利語文活動的內容做了部分的修正，該園在語文活動加入教師自製及坊間購置的教具。例如：注音符號拓印、釣魚遊戲、木製注音符號描摹、注音符號蓋印、手指謠文字配對遊戲、語詞接龍、製作主題小書等相關語文的教具。但蒙特梭利語文教育特別針對幼兒學習文法所設計的教具「農場活動」，因礙於臺灣的教具公司，並未對此項教材做一研發以符合中文適用語法系統，在市場無法供應生產之下，小熊幼兒園教師特別設計「語詞遊戲」教具來替代「農場活動」，以協助幼兒進一步學習語詞分析。

A. 金屬嵌圖板描摹

在蒙特梭利語文教育中，孩子進入書寫前的練習可透過金屬嵌圖板來練習。金屬嵌圖板有 10 組不同的幾何圖形，主要是用來讓孩子學習控制運筆能力，孩子要在選取的嵌圖板內，「依其由左到右、由上而下方向畫出直線（曲線）、或在輪廓空白內填滿顏色。」這項活動可幫助孩子在練習書寫時所需的技巧，特別是掌握運筆時肌肉協調能力與穩定的專注力。教師在課程操作示範可依幼兒個別發展快慢，施以不同程度的教導，先給予嵌圖框，再給予進入嵌圖板進階的練習，最後幫助幼兒達到精熟的地步。

B. 沙盤描摹、砂字注音符號板描摹

幼兒大約 2 歲半開始進入了觸覺敏感期，此時期的孩子非常喜愛透過感覺的心智器官來認識自己所處的環境，故蒙特梭利就利用幼兒此時期的特性，設計了沙盤描摹及砂字注音符號板等語文教具。教師以三階段教學帶領孩子認識注音，結合符號的字音與字形，藉由「視覺－心像－動作」的練習，從幼兒的觸覺敏感期出發，活動方式是藉由手指（食指、中指合併）慢慢觸摸砂紙符號字形後，接著手指再於空中依其心像記憶寫出字形、或在裝滿沙子的淺盤中摹寫符號，這兩者活動都需同時配合口語唸

出該符號聲音，以確定聲音與符號的再次連結。此做法為強化書寫注音符號時肌肉所需的動作記憶，以及讓幼兒理解語言、聲音代表的意義，最後將三種感覺統合以形成一個完整注音符號概念。當幼兒在第一階段熟悉之後，教師可設計更多相關延伸的語文活動，延續孩子學習的熱度。

C. 注音符號拓印

當孩子漸漸認識一些符號後，「教師可在語文區中放置一些10×10cm裁好的紙張、拓印使用的油性蠟筆、固定夾、紙板等材料供孩子利用」（觀0422）。活動目的亦是幼兒透過拓印的過程，再次經歷符號的形狀。

D. 釣魚遊戲

「教師在魚形的紙模上黏貼符號，再利用迴紋針及磁鐵釣竿，進行注音符號釣魚遊戲」（訪0608）。對於班上年紀較小的孩子，可進行單純的符號配對釣魚遊戲，大一點的幼兒，還可延伸紙上書寫的練習。

E. 木製注音符號描摹組

「木製注音符號描摹組教具，是接續前一階段金屬嵌圖板描摹的延伸練習。」孩子可透過該教具操作，具體來體驗書寫時肌肉所需的穩定性。

F. 注音符號蓋印組

注音符號蓋印組也是幼兒正式進入書寫前的一個預備練習，孩子透過蓋印活動以提升學習的趣味，直至目前為止，「幼兒都還未正式提筆寫字，所有的練習都是幫助孩子儲備日後書寫的一切技能。」

G. 活動注音符號拼音盒

拼音盒中是由包含三十七個注音符號及四個調號所組成的語文教具，當幼兒已建立聲音與符號之間的關聯性後，教師便可介紹此教具。透過活動符號將正確的讀音拼讀出來。經過反覆操作練習之後，孩子會發現這是一種能把聲音詮釋成符號的方法，理解寫與讀是口說語言的延伸，故蒙特梭利發現孩子是處在一種自然而然的情境之下，開展出他們書寫的爆發期（Montessori, 1912/1964）。

H. 手指謠文字配對遊戲

在蒙特梭利教室中，字彙會用許多方式滲透到孩子的生活周遭，環境中一切的事物都為其命名，也會設計相關的語文活動或遊戲，如各種圖卡、三部卡或文字配對卡等。在為期六個月實驗期間，研究者自製了一些

蒙特梭利語文教材供孩子們使用，而這與全語文所倡導需提供幼兒真實的語言經驗理念相符。

I. 語詞遊戲

當孩子熟悉注音符號拼音盒的練習活動後，教師設計進階的課程——語詞分析遊戲，讓幼兒認識各種不同屬性的語詞。教師首先要從孩子最容易區分的名詞開始教導，然後進入動詞，最後才進階到幼兒比較難意會的形容詞部分。在教材設計上，可預備平日幼兒熟悉的生活圖卡。例如：大樹、鞋子、腳踏車、衣服、哭、吃東西、打棒球等。

教師定義好動詞、名詞與形容詞的意涵，在設定好標的物後（紅色圓點代表動詞、綠色代表名詞、藍色則代表形容詞），就可以和幼兒一起練習了。

J. 閱讀指示卡

教師在 A4 的紙卡上寫下孩子覺得有趣又能輕易表演動作的句子，而當孩子閱讀完字卡上的語句後，再請他做出符合句中動作的回應。在實施指示卡語文遊戲初期，教師可請小朋友先從閱讀簡單的詞彙開始著手，再慢慢加長到整段句子，最後甚至可延伸閱讀短篇故事或押韻歌謠等。例如：（語詞）微笑、拍拍手→（句子）「請你到圖書區選一本故事書給我→（短篇故事）《好餓好餓的毛毛蟲？》」。

K. 文化課程的小書製作

在蒙特梭利語文課程所含括讀寫教育的部分，有關小書製作課程的實施方法，與全語文活動中設置幼兒寫作區的形式大致相同，均提供幼兒進入真實寫作的歷程，其兩者間最大的差異在於：幼兒在全語文的寫作區內，隨著自己感興趣的議題進行創作，而幼兒在蒙特梭利小書創作的走向，則較偏向依循文化課程下的主題而行。以《菜包美食書》及《飯糰材料用具書》為例：即指班級中幼兒進行「米從哪裡來？」課程時，所萌發創作出來的文化課程小書。對一群即將進入小學的孩子，讓他們挑戰正式書寫，對幼兒及教師而言，無疑都是一項令人期待又興奮的事。初期孩子來到蒙特梭利的教室，接受有次序性的階段教導，由語文間接預備期開始，慢慢進入正式的書寫期。

　　教室融入全語文概念的語文活動，這一路走來，幼兒在完整、有意義、感興趣的自然情境下經歷寫、讀的歷程，並經由同儕間彼此分享的學習經驗，大家一起來建構語文的知識。從蒙特梭利特有的書寫活動早於閱讀發展的理論，可看出幼兒要進入閱讀的活動前，需要許多的能力準備，例如：視覺辨別、注音符號與文字的認識，透過循序漸進的活動進行，才能順利進入閱讀的階段，因蒙特梭利視閱讀為一種圖形符號概念詮釋的心智活動（何佳玲，2010；陳文齡，2006；Lillard, 1972）。

以蒙特梭利語文教育理論為基礎，製作三十六種語文教具，教具內容依聽說活動、書寫活動、文字辨別、拼音練習與閱讀活動等五個面向進行活動的介紹：

一、聽說活動
　　(一) 實物與實物配對
　　(二) 實物與圖字卡配對
　　(三) 圖卡與圖卡字配對
　　(四) 圖卡與影子卡配對
　　(五) 圖片順序

二、書寫活動
　　(一) 金屬嵌圖板
　　(二) 注音符號蓋章
　　(三) 活動注音符號與語詞書寫
　　(四) 描寫注音符號
　　(五) 書寫注音符號

三、文字辨別
　　(一) 注音符號配對
　　(二) 活動注音符號與圖字卡
　　(三) 圖文配對
　　(四) 三部卡
　　(五) 文字配對
　　(六) 姓名配對
　　(七) 相關物配對
　　(八) 部首認識

四、拼音練習

(一) 拼音配對

(二) 注音語詞配對

(三) 聲符與實物模型配對

(四) 注音符號與實物模型配對

(五) 圖片與注音符號配對

(六) 注音符號與圖卡配對

(七) 聲符與圖卡配對一

(八) 聲符與圖卡配對二

(九) 韻符與圖卡配對

五、閱讀活動

(一) 實物與單位及文字配對

(二) 形容詞與名詞

(三) 漏空字填空

(四) 造句

(五) 圖配短句

(六) 閱讀小書

(七) 歌謠神祕袋

(八) 指令卡

(九) 偵探遊戲

一、聽說活動

(一)實物與實物的配對

材料　三種不同的球類各兩顆

教學目的

1. 培養幼兒配對的概念。
2. 增進幼兒口說命名物品的能力。
3. 培養由左到右的排列，建立寫讀時的視動方向。

適合年齡　2-4 歲

教學步驟

1. 教師示範將三組的球類各拿一顆出來，並命名及介紹，由左至右排列。
2. 再將剩下的三顆球拿出來，隨意選一種球類，請幼兒放在排好的三種球下面，一個一個找，遇到一樣時，便將球放在下面配對。
3. 全部配對後，老師再介紹球類的名稱，請幼兒復述一次。

延伸活動

可進行「神祕袋的遊戲」，將三顆不同類的球放進袋子裡，另外三顆球放在地毯上，請幼兒摸出袋子裡的球，與地毯上的球進行配對後，並說出該球的名稱。

注意事項

配對的同時，要確定幼兒能說出每種球類的正確名稱。

(二)實物與圖字卡配對

材料　五種不同的水果模型各一個、五種不同的水果圖片

教學目的

1. 增進幼兒觀看抽象圖片的能力。
2. 培養幼兒實物與抽象配對的能力。
3. 辨識水果的外型。

適合年齡　3-6 歲

教學步驟

1. 請幼兒由左至右排列水果模型。（注意模型的間距）
2. 拿出圖字卡，由左至右一一對照水果模型。
3. 依據水果模型與圖字卡進行配對。

延伸活動

◆猜水果

1. 教師準備神祕箱，將真實水果（模型）放入箱子裡，請幼兒觸摸。
2. 教師請幼兒拿自己觸摸的水果圖字卡進行配對。

注意事項

若有多種模型，可將模型排列為兩排操作，須注意上下的間距。

(三)圖卡與圖字卡配對

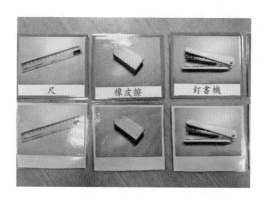

材料　文具用品圖卡：有文字的圖字卡七張、沒有文字的圖卡七張

教學目的

1. 培養幼兒視覺辨識與配對的能力。
2. 訓練幼兒手眼協調能力。
3. 認識文具的外型與名稱。

適合年齡　3-6 歲

教學步驟

1. 將有文字的圖字卡，由左向右逐一排列。
2. 拿另外一組沒有文字的圖卡，由左至右逐一比對來進行配對。
3. 找出一樣的圖卡，並放置在原排列圖卡的下方。
4. 介紹文具的名稱。

延伸活動

1. 請幼兒在教室內找出相同的實物做配對。
2. 已經很熟悉圖字卡上物品名稱的幼兒，先將圖卡排列好，並且說出圖卡的名稱才可以找圖字卡做配對。

注意事項

配對時，圖字卡物品的方向必須一致。

(四)圖卡與影子卡配對

材料　遊戲器材彩色圖卡和影子卡各四張

教學目的

1. 增進幼兒由具體進入抽象的平面圖片辨識的能力。
2. 辨識遊戲器材的外型與名稱。
3. 培養幼兒配對的能力。

適合年齡　3-6 歲

教學步驟

1. 拿取遊戲器材彩色圖卡，由左到右逐一排列。
2. 再拿出一個影子圖卡，從左到右進行配對。
3. 找到一樣外型的影子圖卡，便放在彩色圖卡下方。

延伸活動

1. 先選擇一張影子卡，再依該遊戲器材彩色圖卡去對應。
2. 可變成兩個人競賽的遊戲，看誰最快配對完成。
3. 可讓幼兒搭配圖卡，自編故事。

注意事項

1. 配對時，遊戲器材圖卡與影子卡的排列方向須一致。
2. 教師示範時，動作務必緩慢且清楚。

(五)圖片順序

材料 綠豆生長階段圖卡六張

教學目的

1. 增進幼兒對於植物成長順序的認識。
2. 培養幼兒思考、排列順序的能力。
3. 加強幼兒對於植物生長階段特性的概念。
4. 訓練幼兒排列圖片順序的能力。

適合年齡 4-6歲

教學步驟

1. 將六張綠豆生長階段圖卡排列成一橫排。
2. 請幼兒依照綠豆生長的順序和階段，排列出生長順序。
3. 並說出綠豆生長的順序。

延伸活動

1. 等待孩子瞭解綠豆生長階段的順序後，可請孩子描述圖卡或是創

作故事。

2. 可教導幼兒綠豆生長階段的名稱。

3. 可替換其他具有階段順序的圖卡。

注意事項

1. 幼兒位置的安排，必須讓每位幼兒都能清楚看見圖片。

2. 可依幼兒的能力做難度調整。

二、書寫活動

(一)金屬嵌圖板

材料 彩色鉛筆十二種顏色各五枝、十個不同形狀的金屬嵌圖板、
正方形的白紙

教學目的

1. 培養幼兒書寫的能力。

2. 加強幼兒精細動作與握筆能力。

3. 激發幼兒的想像創造力。

適合年齡 4-6 歲

教學步驟

1. 和幼兒一起去語文區的工作櫃，介紹這是金屬嵌圖板。

2. 請幼兒拿一個小托盤、一張白紙、嵌圖板的形狀，以及想要的彩色鉛筆二枝。

3. 將嵌圖板放在白紙上面，用彩色鉛筆畫下外框的形狀，再畫下內框形狀的外型。

4. 在形狀裡畫下直線（斜線）的線條或交叉的線條。

5. 可以再拿小托盤去換其他的形狀，繼續如上面的示範。

6. 能力好的幼兒引導如下：

　(1) 變換嵌圖框的位置（移動或旋轉），再用彩色鉛筆畫下形狀。

　(2) 重複次數由幼兒決定，直到圖案完成。

　(3) 之後在畫好的圖案中，在不同區域上畫下直線的線條或交叉的線條（如上頁示範圖）。

[注意事項]

1. 使用同一種形狀金屬嵌圖板變換位置，以及不同顏色彩色鉛筆，創造不同的畫作。

2. 在幼兒完成自己的圖案之後，觀察金屬嵌圖板示範圖，對他進行啟發，讓他進行模仿或再創作。

(二)注音符號蓋章

[材料] 注音符號印章盒、紙上作業、印泥

[教學目的]

1. 培養幼兒對注音符號的興趣。

2. 辨識注音符號的配對能力。

3. 認識注音符號的外型。

適合年齡 3-6 歲

教學步驟

1. 請幼兒自行選取注音符號蓋印，紙上作業一張。

2. 老師介紹紙上作業上的動物名稱（例如：兔子）。

3. 請幼兒依所唸出的字音，拿出相對應的注音符號印章（例如：兔子，就拿ㄊㄨ丶ㄗ˙）

4. 依字音的正確寫法，蓋在圖案下方的空格。

延伸活動

依紙上作業上的圖案，找出相對應的動物模型來配對。

注意事項

當幼兒已經熟悉這些圖卡跟字音後，可以更換新的紙上作業。

(三)活動注音符號與語詞書寫

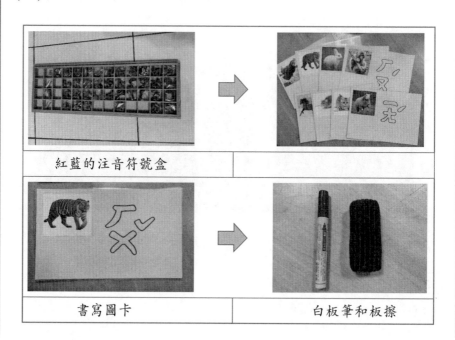

紅藍的注音符號盒	
書寫圖卡	白板筆和板擦

材料 動物圖片八張、活動注音符號、白板筆、板擦

教學目的

1. 增進幼兒對於注音符號的認識。
2. 培養幼兒注音符號書寫與筆順的能力。

適合年齡 3-6 歲

教學步驟

1. 請幼兒將八張圖卡排成一列，首先從左邊的圖卡找出上面的注音符號。
2. 將找到的注音符號放在圖卡上鏤空的注音符號來配對。
3. 如果發現不一樣，便再找活動注音符號重新來配對，並唸出該動物的注音符號的拼音。
4. 直到將八張動物圖卡上的注音符號配對完成。
5. 如果幼兒不用活動注音符號來配對，也可拿白板筆在鏤空的符號上來書寫注音。

延伸活動

1. 將所有動物的注音符號寫在白紙上，並畫出相對應的動物圖案。
2. 請幼兒分享圖卡上動物的特徵與認識。

注意事項

視幼兒個別能力調整指令內容與操作項目（尚無法書寫的幼兒可以先操作對應的注音符號就好，但如果幼兒自己想要書寫，也可以讓幼兒嘗試）。

(四)描寫注音符號

材料 注音符號紙上作業、鉛筆、砂紙注音板

教學目的
1. 增進幼兒對注音符號發音的認識。
2. 培養孩子書寫注音符號的能力。
3. 認識注音符號的書寫筆順與外型。

適合年齡 3-6 歲

教學步驟
1. 選取一張注音符號紙上作業。
2. 再找出這些注音符號的砂紙注音板。
3. 先在砂紙注音板上書寫該注音的筆順,並唸出該注音符號的唸法。
4. 再拿紙上作業,練習書寫該注音符號六次。

延伸活動
利用黏土或磁鐵捏出(或排出)注音符號的外型。

注意事項
若幼兒不想書寫六次的注音符號,教師可以設計少一點的數量讓幼兒描寫。

(五) 書寫注音符號

材料 注音符號紙上作業、鉛筆

教學目的

1. 認識注音符號的筆順。
2. 提供幼兒書寫注音符號的機會。

適合年齡 4-6 歲

教學步驟

1. 選取一張注音符號紙上作業，以及拿取鉛筆。
2. 老師介紹紙上作業上，注音符號的唸法。
3. 並拿出相對應的砂紙注音板，示範書寫的方法。
4. 拿鉛筆在注音下的空格，寫出一樣的注音符號。

延伸活動

使用不同種類的筆或顏色，寫出注音符號。

注意事項

注意幼兒握筆方式，可觀察精細動作發展的程度。

三、文字辨別

(一)注音符號配對

材料　紅藍兩組注音符號字卡

教學目的

1. 培養幼兒抽象符號辨識能力。
2. 培養幼兒敏銳的觀察力。
3. 提升幼兒對注音符號的認識。

適合年齡　2-4 歲

教學步驟

1. 先將所有的注音符號字卡，依顏色分成兩類。
2. 再將紅色注音符號字卡依序排列。
3. 拿出藍色注音符號字卡一一對應紅色的注音符號字卡。
4. 找到一樣的注音符號字卡便放在紅色字卡的旁邊。
5. 再繼續尋找其他相同的注音符號字卡，直到全部完成。

延伸活動

1. 使用活動注音符號與自製的注音符號字卡進行配對。
2. 使用注音符號印章與注音符號字卡進行配對。

注意事項

使用電子列印注音符號字卡，不用手寫的注音符號。

(二)活動注音符號與圖字卡

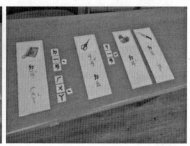

材料　活動注音符號盒、語詞圖卡

教學目的

1. 熟悉注音符號的拼讀方法。
2. 增進幼兒對於注音與字詞間的關聯。
3. 培養注音符號覺知辨識與配對能力。

適合年齡　4-6 歲

教學步驟

1. 拿取四張語詞圖卡和活動注音符號盒至工作區。
2. 將四張語詞圖卡展開，請幼兒仔細看第一張圖卡的注音。
3. 請幼兒在活動注音符號盒中找出圖卡的注音。
4. 拼完四張圖卡的注音後，老師示範圖卡上注音的讀法。
5. 幼兒可複誦圖卡的讀法。

延伸活動

可加上圖卡上真實的物品，吸引幼兒操作。

注意事項

適時更換圖卡。

(三)圖文配對

材料　圖字卡、文字卡

教學目的

1. 增進幼兒對於語文文字的認識。
2. 培養孩子思考與配對的能力。
3. 加強幼兒對於圖片與文字的連結概念。
4. 訓練幼兒文字覺知辨識與配對的能力。

適合年齡　4-5 歲

教學步驟

1. 排列出圖與文的字卡,並唸出圖片的名稱。
2. 將字卡配對至相對應的圖卡旁邊。
3. 再唸一次圖卡的名稱。

延伸活動

可增加單純只有圖片的圖卡做配對。

注意事項

1. 幼兒位置的安排,必須讓每位幼兒都能清楚看見圖片。
2. 對於較小的幼兒,可在字卡的下方加上小張的圖片。

(四)三部卡

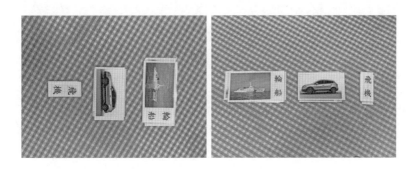

材料　圖字卡、文字卡、圖片

教學目的

1. 增進幼兒文字的認知概念。
2. 培養孩子思考的能力。
3. 加強幼兒對於語文特性的概念。
4. 訓練幼兒文字覺知辨識與配對的能力。

適合年齡　4-6 歲

教學步驟

1. 第一卡是圖形加文字，第二卡是圖形，第三卡是文字，以蒙特梭利教學法三階段教孩子，第一階段是命名，第二階段是辨認，第三階段是認知。
2. 排出第一部卡，請幼兒配對相對應的第二部卡。
3. 再請幼兒配對相對應的第三部卡。

延伸活動

可直接對應第二部卡與第三部卡。

注意事項

幼兒位置的安排，必須讓每位幼兒都能清楚看見圖片。

(五) 文字配對

材料　兩份一樣的文字卡,一份底色為綠色,一份底色為灰色

教學目的

1. 培養幼兒文字辨別的能力。
2. 增進幼兒文字的覺知辨識能力。
3. 訓練幼兒配對的能力。

適合年齡　4-6 歲

教學步驟

1. 將綠色字卡逐一排列。
2. 請孩子拿灰色字卡從上面開始尋找相同的字卡。
3. 找到一樣的字卡,便可將灰色字卡放在綠色字卡旁。

延伸活動

1. 兩種顏色字卡都可以請孩子自行排列。
2. 可以讓幼兒認識字卡上的文字意義並唸出字音。

注意事項

1. 幼兒位置的安排,必須讓每位幼兒都能清楚看見字卡。
2. 需視幼兒的學習力進行活動,不用將所有字卡排出來。

(六) 姓名配對

材料 兩份幼兒姓名字卡，一份紫色的底，一份粉紅色的底

教學目的

1. 增進幼兒對於名字的認識。
2. 培養孩子文字覺知辨識與配對的能力。

適合年齡 4-6 歲

教學步驟

1. 將紫色姓名字卡排列出來，由上往下排列成一排。
2. 請幼兒拿粉紅色字卡，由上往下與紫色字卡進行配對。
3. 找到相同的文字便可放在紫色字卡旁邊。
4. 老師可以引導幼兒找到自己的名字或唸出其他班上幼兒的姓名。

延伸活動

1. 兩種顏色都可以請幼兒排列。
2. 請每位幼兒抽取一張姓名字卡，輪流唸出上面的名字，將字卡交給此姓名的幼兒。

注意事項

1. 幼兒位置的安排，必須讓每位幼兒都能清楚看見圖片。
2. 依幼兒的能力介紹相對的字卡數量，每次介紹前須複習舊經驗。
3. 孩子已經具有配對的先備經驗。

(七)相關物配對

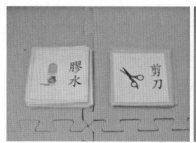

材料 兩份日常生活用品圖字卡，一份紅色的底，一份藍色的底

教學目的

1. 增進幼兒對於相關語意的認識。
2. 培養孩子思考與分類的能力。
3. 加強幼兒對於相關生活用品的概念。
4. 訓練幼兒圖片覺知辨識與配對的能力。

適合年齡 4-6 歲

教學步驟

1. 將紅色的圖卡排成一列。
2. 尋找與紅色圖卡上的物品相關的藍色圖卡，擺放至對應的位置。
3. 例如：棉被與枕頭。
4. 老師唸出圖卡上的物品名稱。

延伸活動

1. 可換成藍色圖卡先排列，再配對紅色圖卡。
2. 可換成以實物做相關物的配對。

注意事項

1. 幼兒位置的安排，必須讓每位幼兒都能清楚看見圖片。
2. 須先介紹相關的意義，使幼兒具備先備經驗。

(八) 部首認識

材料 部首字卡、各種部首的文字卡

教學目的

1. 增進幼兒對於部首意義的認識。
2. 培養孩子思考與分類的能力。
3. 加強幼兒對於部首的概念。
4. 訓練幼兒文字覺知辨識與配對的能力。

適合年齡 6 歲

教學步驟

1. 幼兒瞭解部首意義及部首字。
2. 排列出部首字卡,並唸出部首的音。
3. 將字卡分類至相對應的部首字卡下方。
4. 並唸出部首字卡及文字卡上的字。

延伸活動

1. 可加入更多不同的字卡。
2. 可由 2 位幼兒共同進行,比賽誰先完成所有部首分類。

注意事項

1. 幼兒位置的安排,必須讓每位幼兒都能清楚看見字卡。
2. 依照幼兒的能力做調整。

四、拼音練習

(一)拼音配對

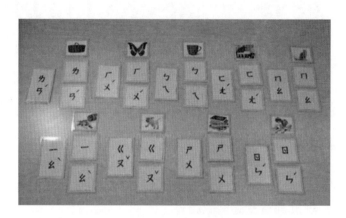

[材料]　圖片、注音符號卡、單一注音符號卡

[教學目的]

1. 熟悉注音符號的拼音方法。
2. 認識生活環境中的注音符號拼音方式。

[適合年齡]　5-6 歲

[教學步驟]

1. 介紹每張圖片名稱並排好。
2. 找出圖片對應的注音符號卡，如「ㄍㄡˇ」放在狗的圖片下方，拿取注音符號「ㄍ」與「ㄡˇ」進行配對，並唸出拼音的方式「ㄍ，ㄡˇ，ㄍㄡˇ」。
3. 其他注音符號卡依此類推。
4. 最後全部複習所有的圖片與名稱的唸法。

[延伸活動]

1. 只拼出某類，例如：動物類、植物類……。
2. 先將注音符號卡拼好，再去找圖片配對。

注意事項

可依節慶或孩子喜好更換圖片。

(二)注音語詞配對

設計者：錢函妙

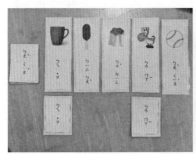 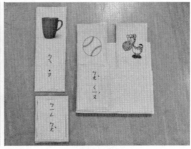

圖1　　　　　　　圖2

材料　五張圖字卡、五張注音卡

教學目的

1. 促進語彙及辨認圖像與注音配對的能力。
2. 學習看圖表達語彙的能力。

適合年齡　4-6歲

教學步驟

1. 將五張圖字卡排開，拿取注音卡與圖字卡上的拼音進行配對（如圖1）。
2. 進階玩法，將圖片放置在操作板上，遮住注音後，拿取注音卡與圖片進行配對（如圖2）。

延伸活動

增加圖片的製作，讓年齡較小的幼兒練習圖片與圖片的配對。

注意事項

1. 使用教具後請記得物歸原處。
2. 愛護圖卡避免折損、遺失。

(三)聲符與實物模型配對

設計者：黃志輝

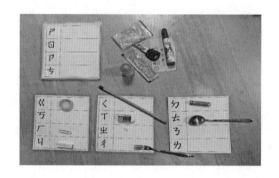

材料　聲符操作卡、實物模型

教學目的

1. 增進幼兒對於注音符號的認知。
2. 培養幼兒物品與聲符的對應能力。

適合年齡　5-6 歲

教學步驟

1. 介紹實物模型的名稱，然後進行解音活動，例如：ㄍㄞˋ ㄗ˙的 ㄍㄞˋ，有ㄍ的音。
2. 再將實物模型放在相對應的注音符號右邊的空格內。

注意事項

1. 依幼兒的注音熟練度，定期更新實物模型。
2. 教師要依據幼兒年齡，一點一點加深要求，直到最後可以將聲符 找出來。

(四)注音符號與實物模型配對

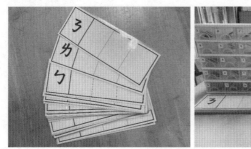

[材料] 注音符號操作卡、各種模型與圖片、收納盒

[教學目的]

1. 培養幼兒辨別注音符號之能力。
2. 培養幼兒辨別圖像之能力。
3. 增進幼兒瞭解注音與字詞間的關聯。

[適合年齡] 4-6 歲

[教學步驟]

1. 取出其中一盒內的注音符號卡與圖卡。
2. 唸出注音符號卡上的注音，以及圖卡上的圖片名稱。
3. 拿取一張圖卡，將圖片名稱唸出，說出該名稱哪個字有其注音，並將該字的注音拆解唸出，再將圖卡放至注音符號卡下方。
4. 先由一個注音開始，再依能力增加注音量。

[延伸活動]

1. 可以多人一起玩，看誰配對最多組且正確。
2. 以圖卡為基準，找其名稱的注音做配對。

[注意事項]

1. 須適時更換或增加圖卡。
2. 圖卡上的圖片須清晰可辨識。
3. 須依照教師的教學以及幼兒的認知，調整圖卡的內容。

(五)圖片與注音符號配對

設計者：羅媛媛

材料　圖片十張、字音卡十張（與圖片相對應）

教學目的

1. 培養孩子對注音符號的興趣。
2. 通過圖片增進幼兒對於注音符號的認知。
3. 加強幼兒對於生活中，常見物體正確名稱的概念。

適合年齡　4-6 歲

教學步驟

1. 將圖片依序排列在桌面上，將字音卡疊放在一旁。
2. 老師依照注音符號唸出第一張字音卡上的注音，將字音卡放在對應圖片下方。
3. 請孩子閱讀其他字音卡，並且與圖片一一配對。

延伸活動

加入競賽的概念，看誰先找到對應圖片。

注意事項

當孩子已能快速閱讀字音卡時，就可更新內容物，引發孩子持續的練習興趣。

(六)注音符號與圖卡配對

設計者：向賢慈

材料　對應注音的圖卡、三十七個注音符號卡

教學目的

1. 熟悉注音符號的拼音。
2. 培養圖卡與注音符號的對應能力。

適合年齡　4-6 歲

教學步驟

1. 將所有的注音符號排開來。
2. 拿出圖卡，唸出圖卡上的名稱，例如：ㄇㄠ　ㄇㄧ，有ㄇ的音，所以找到注音符號，將圖卡放在下面。
3. 依上述的方式將所有的圖卡與注音進行配對。

延伸活動

進行注音符號卡的序列工作。

注意事項

讓孩子先認識圖案名稱，進行解音，再與注音符號卡配對。

(七)聲符與圖卡配對一

設計者：蔡雯媛

材料 注音符號聲符操作卡、圖卡

教學目的

讓幼兒能夠找出符合注音符號發音的圖卡。

適合年齡 4-6歲

教學步驟

1. 先逐一唸出圖卡上注音符號名稱：「ㄆ、ㄊ、ㄋ、ㄏ」。
2. 拿起屁股的圖卡，唸：「屁股的屁是ㄆ，一ˋ，ㄆㄧˋ屁」，將圖卡放在注音符號ㄆ下面的空格內。
3. 邀請幼兒進行其他圖卡的配對。

延伸活動

可讓幼兒將圖卡進行分類，例如：部位、食物、家人等，再依序將圖卡的名稱唸出，並且正確的放在注音符號配對卡的空格內。

注意事項

1. 幼兒進行工作時的安全（雖然紙張都有進行護貝，但仍需要提醒幼兒）。
2. 須依照教室及老師教學不同，調整指令的內容。

(八)聲符與圖卡配對二

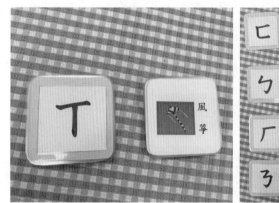 

材料　聲符注音字卡、各種聲符圖字卡

教學目的

1. 增進幼兒對於注音的認識。
2. 培養孩子思考、語言認知的能力。
3. 加強幼兒對於說的語詞概念。
4. 訓練幼兒能將圖卡與聲符注音字卡配對的能力。

適合年齡　4-6 歲

教學步驟

1. 孩子已經具有注音的先備經驗。
2. 先讀出圖卡名稱，解出該名稱的首字首音，再找出相對應的聲符卡。
3. 增加更多讓孩子練習讀音與解音的機會。

延伸活動

1. 可以先排列聲符卡，讀出該聲符的音，再尋找以此聲符為首音的圖卡做配對。
2. 可將圖卡換成實物。

注意事項

1. 幼兒位置的安排，必須讓每位幼兒都能清楚看見圖片。
2. 須依照幼兒的能力教導聲符卡與圖卡的數量。
3. 一次示範的數量不要太多，示範前須複習舊經驗。
4. 孩子須先具有配對的能力，以及辨別聲符音的能力。

(九)韻符與圖卡配對

 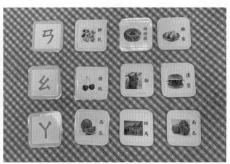

材料　韻符注音字卡、各種韻符圖字卡

教學目的

1. 增進幼兒對於注音的認識。
2. 培養孩子思考、語言認知的能力。
3. 加強幼兒對於說的語詞概念。
4. 訓練幼兒能將圖卡與注音字卡配對的能力。

適合年齡　4-6 歲

教學步驟

1. 幼兒已經具有注音的先備經驗。
2. 幼兒已經具有聲符卡與圖卡配對的先備經驗。
3. 先讀出圖卡名稱，解出該名稱的首字首音，再找出相對應的韻符卡。
4. 增加更多讓孩子練習讀音與解音的機會。

延伸活動

1. 可以先排列韻符卡，讀出該韻符的音，再尋找以此韻符為首音的圖卡做配對。
2. 可將圖卡換成實物。

注意事項

1. 幼兒位置的安排，必須讓每位幼兒都能清楚看見圖片。
2. 須依照幼兒的能力教導韻符卡與圖卡的數量。
3. 一次示範的數量不要太多，示範前須複習舊經驗。
4. 孩子須先具有聲符卡與圖卡配對的能力，以及辨別韻符音的能力。

五、閱讀活動

(一)實物與單位及文字配對

設計者：羅珮華、楊宜臻

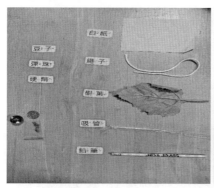

材料　物品七項、物品名稱卡七張（與物品相對應）、量詞卡七張（與名稱卡相對應）

教學目的

1. 培養孩子物品與物品名稱的對應。
2. 通過配對的過程，刺激幼兒對於文字的認知。
3. 加強幼兒對於生活中所見物品正確名稱的概念。

4. 增加幼兒對於生活中所見物品的正確量詞概念。

適合年齡 4-6 歲

教學步驟

1. 將物品依序排列在桌面上,將名稱卡、量詞卡疊放在一旁。
2. 教師唸出桌面上的物品的量詞加上名稱,並將對應的量詞卡、名稱卡放在物品下方,例如:唸出「一顆彈珠」,並將「一顆」的量詞卡與「彈珠」的名稱卡放在物品下方。

延伸活動

在地板上放上與量詞卡相對數量的呼拉圈,並將物品放入神祕箱中,當老師從箱子中抽出物品時,幼兒就要待在物品的量詞卡呼拉圈中。

例如:從箱子中抽到鉛筆,則幼兒要待在代表「一枝」的呼拉圈範圍中。

注意事項

當幼兒熟習物品的名字與量詞時,可以增加或更換新的物品、名稱卡、量詞卡,也可以依照課程主題更換物品的主題。

(二)形容詞與名詞

 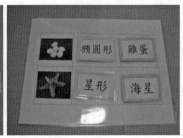

材料 圖片的操作卡、形容詞與名詞的文字卡

教學目的

1. 增進幼兒對於文字接龍的概念。

2. 培養孩子思考、語文創作的能力。

3. 加強幼兒對於文字組成的概念。

4. 訓練幼兒手眼協調（將圖片擺放至相對位置）的能力。

適合年齡 6 歲

教學步驟

1. 教師依照圖片，擺上形容詞紅色的字卡。

2. 幼兒再接續前半部的文字，擺上名詞藍色的字卡。

延伸活動

1. 兩種顏色的字卡都可以讓幼兒自己擺放。

2. 可延伸較長的文字接龍句子，例如：教師講一個語詞，幼兒須以
   此語詞創作一個句子。

注意事項

幼兒位置的安排，必須讓每位幼兒都能清楚看見圖片。

(三)漏空字填空

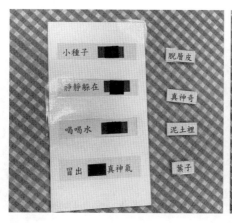 

材料 文字卡、手指謠操作卡

教學目的

1. 增進幼兒對於手指謠文字的認識。

2. 培養孩子思考及辨認文字的能力。

3. 加強幼兒對於漏空字填空的概念。

4. 訓練幼兒文字覺知辨識與配對能力。

適合年齡　4-6 歲

教學步驟

1. 孩子已經擁有手指謠及辨認文字的先備經驗。

2. 先示範一次手指謠。

3. 將漏空字卡取下。

4. 請幼兒將字卡擺放至正確的位置。

延伸活動

1. 可將字卡放進神祕袋中，請幼兒抽出後再擺放至正確的位置。

2. 增加漏空字的格數及字卡。

3. 更換手指謠的內容。

注意事項

依孩子的能力調整字卡的難易度及數量。

(四)造句

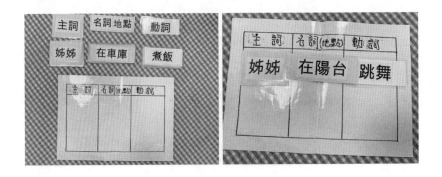

材料　句子操作卡、主詞、名詞與動詞的字卡

教學目的

1. 增進幼兒對於語文句子的認識。

2. 培養孩子思考、創作的能力。

3. 加強幼兒對於語文句子的概念。

4. 訓練幼兒說出完整的句子。

適合年齡　4-6 歲

教學步驟

1. 孩子已經具備單字、語詞的概念。

2. 將主詞、動詞及名詞字卡排列整齊。

3. 各從主詞、動詞及名詞中，取一張字卡放在紙上。

4. 唸出上面的句子。

延伸活動

1. 可隨機抽取字卡拼成一個完整的句子。

2. 可加入更多不同詞性的字卡。

注意事項

1. 須先介紹主詞、動詞及名詞的特性。

2. 依照幼兒的能力調整句子的難易度。

(五) 圖配短句

材料　動物圖片、短句字卡

教學目的

1. 增進幼兒對於圖片的理解能力。

2. 培養孩子思考、理解的能力。

3. 加強幼兒對於圖片和字卡的對應概念。

4. 訓練幼兒手眼協調（將字卡擺放在相對位置）的能力。

適合年齡 5-6 歲

教學步驟

1. 幼兒具備理解圖片意義的能力。

2. 依順序排列出圖片。

3. 依照圖片的順序尋找相對應的說明字卡。

4. 唸出字卡上的說明句子。

延伸活動

1. 可以字卡尋找相對應的圖片。

2. 將圖片換成較難的類別，句子說明也可依幼兒的能力增加複雜度。

注意事項

1. 幼兒位置的安排，必須讓每位幼兒都能清楚看見圖片。

2. 如幼兒無法理解圖片的意義，可依幼兒能力調整難易度。

(六)閱讀小書

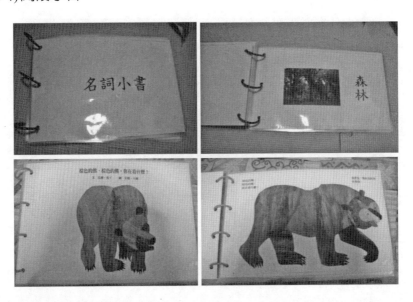

材料　一本名詞小書、一本和繪本內容相同的繪本

教學目的

1. 增進幼兒對於閱讀的興趣。
2. 培養孩子思考、想像及語文認知的能力。
3. 加強幼兒對於詞彙的概念。
4. 訓練幼兒創作故事的能力。

適合年齡　4-6歲

教學步驟

1. 可製作小書放至教具櫃中。
2. 幼兒可選一本有興趣的小書。
3. 閱讀整本小書，並與他人一起分享。

延伸活動

1. 可與老師或其他幼兒一起閱讀和分享小書。
2. 可由幼兒自行創作小書內容後，放到教具櫃中給人閱讀。

注意事項

1. 幼兒位置的安排，必須讓每位幼兒都能清楚看見圖片。
2. 可依幼兒的興趣及能力，擺放不同主題的小書。

(七)歌謠神祕袋

材料 袋子或盒子、手指謠字卡

教學目的

1. 增進幼兒對於文字的認識的興趣。
2. 培養孩子思考與理解能力。
3. 加強幼兒對於語文聽、說、讀的概念。
4. 訓練幼兒語文說的能力。

適合年齡 5-6 歲

教學步驟

1. 幼兒已具備手指謠的先備經驗。
2. 將手指謠字卡放進神祕袋中。
3. 請幼兒抽取一張字卡。
4. 教師可提示手指謠字卡上的第一句話。
5. 幼兒將字卡上面的手指謠唸出。
6. 唸對可以送給幼兒。

延伸活動

1. 可以 2 人一組，共同進行遊戲，比較誰答對的較多。
2. 可替換其他的類別內容。
3. 可帶入肢體動作。

注意事項

1. 幼兒對手指謠內容都有先備經驗。
2. 依照幼兒的能力擺放裡面的字卡，可由較短的句子先操作。
3. 幼兒若不會唸，教師可示範。

(八)指令卡

[材料] 指令字卡

[教學目的]

1. 增進幼兒對於指令字卡的認知。
2. 培養孩子思考與理解的能力。
3. 加強幼兒對於語文聽與理解的概念。
4. 訓練幼兒聽與實際執行指令的能力。

[適合年齡] 4-6 歲

[教學步驟]

1. 請幼兒抽取一張指令卡。
2. 依照文字內容唸出字卡上完整的指令。
3. 依照指令完成此項任務。

[延伸活動]

1. 可進行團體遊戲，請幼兒輪流抽取一張指令卡，幼兒可以互相監督是否完成該指令。
2. 加入競賽的概念，看誰先完成指令。

[注意事項]

1. 須注意幼兒進行指令時的安全。
2. 須依照教室及老師教學不同，調整指令的內容。

(九)偵探遊戲

材料 圖片、寫有關圖片相關的文字

教學目的

1. 增進幼兒對於聽與說的能力。
2. 培養孩子思考、理解的能力。
3. 加強幼兒對於圖片的觀察能力。
4. 訓練幼兒圖片覺知辨識與配對能力。

適合年齡 6 歲

教學步驟

1. 依順序擺放圖片。
2. 觀察圖片的物品，尋找相對應的字卡描述。
3. 唸出字卡上的句子。

延伸活動

1. 可替換成以字卡尋找相對應的圖片。
2. 可請幼兒實際尋找實物配對。
3. 可換成尋找教室中的物品。

注意事項

1. 幼兒位置的安排，必須讓每位幼兒都能清楚看見圖片。
2. 幼兒須有相當程度的理解力，如幼兒無法理解，須調整難易度。
3. 尋找對應物品或字卡時，須注意幼兒安全。

<table>
<tr><td rowspan="2">第 **7** 章</td><td>蒙特梭利教育與課程大綱</td></tr>
<tr><td>之關係</td></tr>
</table>

一、蒙特梭利文化課程範例
 (一) 文化課程範例一：一封信的旅行
 (二) 文化課程範例二：臺東夜市

二、蒙特梭利文化教育——以臺灣文化課程為例
 (一) 地理教育
 (二) 歷史教育
 (三) 天文教育
 (四) 地質教育
 (五) 動物教育
 (六) 植物教育
 (七) 藝術教育
 (八) 人文教育——原住民教育

三、蒙特梭利教育與課程大綱的關係
 (一) 例行性活動
 (二) 全園性活動
 (三) 日常生活教育
 (四) 感官教育
 (五) 數學教育
 (六) 語文教育
 (七) 文化教育
 (八) 蒙特梭利教師教學檢核表

一、蒙特梭利文化課程範例

　　蒙特梭利文化教育內容分為地理、歷史、天文、地質、動物、植物與藝術等七大類，因此教師在選擇文化課程的內容也是依據該七大類別來進行課程內容的選擇，依照統整性課程的設計，本文將蒙特梭利文化課程分為課程網、活動網及蒙特梭利教育網三個內容及分享文化課程的紀實，呈現課程進行的歷程。以下介紹兩所幼兒園的文化課程與課程大綱結合之範例：

(一)文化課程範例一：一封信的旅行（熊熊森林幼兒園──陳智美老師）

1. 教學目標
　　(1) 瞭解一封信的寄送流程
　　(2) 體驗寫信的樂趣
　　(3) 培養探索文字符號的樂趣
2. 蒙特梭利教育網

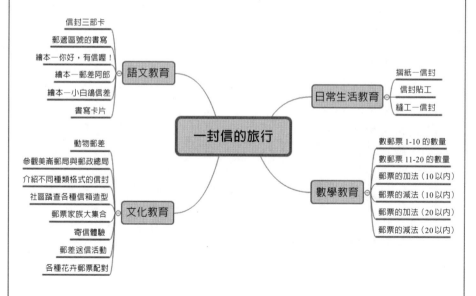

⚘ 圖 7-1　蒙特梭利教育網

3. 文化課程學習指標網

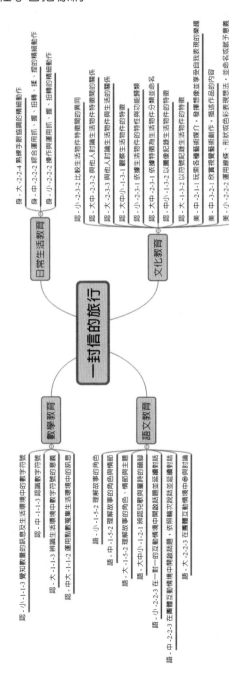

⇨ 圖 7-2 文化課程學習指標網

以上呈現一封信的旅行的文化課程中，在蒙特梭利五大教育的日常生活教育、感官教育、數學教育、語文教育及文化教育中所設計的活動與教具製作，此為文化課程結合蒙特梭利的做法，接下來呈現該文化課程所進行的教學歷程。

4. 文化課程活動紀錄

(1) 課程發展之緣由

從暑假回來後，我跟著孩子一起藉由大班哥哥、姊姊畢業活動的祝福卡片來延續了想念的氣氛，再加上畢業生寄來的卡片，並在教室裡放置了郵筒，企圖透過信件的旅行、信件所蘊藏的想念和情意，來開啟幼兒探索「一封信」旅行的機緣，為了不讓「一封信」的距離和孩子的生活有所落差，於是開始跟孩子一起討論「一封信」，到底孩子眼中對「一封信的旅行」瞭解多少？並藉著瞭解孩子的舊經驗後，才能給孩子們更多的空間來探索這個有趣的主題──「一封信的旅行」喔！

※ 開啟【一封信】對話是這樣開始的：

教師：想知道這是誰寄來的信？信裡面寫了些什麼？

幼兒們開始議論紛紛的談論，並在猜想這封信到底是誰寄來的？

（孩子們心中產生了大大的疑問？）

嘉品：我知道是誰？是大姊姊寄來的。

教師：可以告訴我們，是如何知道的嗎？

嘉品：信封上有名字。

教師：哪裡可以看到姊姊的名字？

晉瀚：郵票下面的地方寫上「方瑾」。

教師：小朋友，信封上還寫了什麼呢？

幼兒們：有數字，熊熊森林的名字。

喆喆：媽咪有住址。

教師：為什麼有住址呢？誰的？

（讓幼兒觀察信封，如：郵票、郵資、收件人、寄件人）

柏辰：好像有熊熊森林的，還有姊姊的。

哲栩：郵差送來的，郵差會看住址。

教師：那誰可以告訴我們，是誰的住址呢？

僅有少數的幼兒知道，大多數的幼兒不瞭解。

大家又開始七嘴八舌的，討論著信封上到底寫了什麼？

　　從上述孩子們的討論中整理出來的舊經驗，可以發現孩子對於信的認識，著重於是一封信跟郵差而已，而其他的部分卻不是很清楚。但從信這個部分去探究孩子的經驗，可以進一步的發現孩子們對於信與郵差也有了初步的概念，由此可知透過這個主題，孩子將會有機會去探索更多一封信的小祕密喔！

(2) 課程起始階段

【好忙好忙的郵局】

　　經過之前的團討，瞭解孩子對郵局的舊經驗不多，為了讓孩子能夠瞭解郵局的功能及工作，今天帶領孩子實際去參觀郵局。

＊進行參觀活動前

‧說出自己所認識的郵局

(大部分的孩子都回答寄信，有少數的孩子說領錢)

晉瀚：買郵票、信封。

喆喆：我媽媽有寄包裹。

‧我們如何參觀郵局呢？

柏辰：看郵局有哪些人？他們在做什麼？

子晴：我們要小聲說話，不能吵到他們。

亦龍：看看郵局裡有什麼東西？

庭妤：會有很多人，要小心不要亂跑。

宏宏：不可以亂碰東西。

哲栩：要認真看。

．去參觀郵局要注意哪些行的安全？

樂樂：兩個人手牽手，在馬路上不要亂跑。

阿棋：要排隊。

子晴：大哥哥、大姊姊要照顧弟弟、妹妹，還有在馬路上不可以聊
　　　天。

嘉品：過馬路時，要說「過馬路請小心」，手要舉高高，路上的車子
　　　才可能看到我們。

晉瀚：慢慢走，不要用跑的。過紅綠燈時要小心。

＊進行參觀活動中
　　　有些孩子們參觀時能夠仔細的觀察，有些孩子則只看見有興趣
的物件，例如：提款機發出的聲音，以及購買郵票的機器，還有抽號
碼牌及叫號時的廣播聲、數鈔票機等。

＊進行參觀活動後的分享
．說一說：自己在郵局裡看見了什麼？

柏辰：有一個阿姨去郵局領錢，她拿卡片插進機器裡，然後按數字就
　　　有錢了，機器會發出聲音。

子晴：郵局裡的叔叔、阿姨有的打電腦、有的數錢。

晉瀚：我看見有人抽號碼牌，然後在旁邊等著，會廣播號碼就去幾
　　　號，她拿本子給郵局的人，還有蓋印章、拿錢。

媽咪：你們知道阿姨去做些什麼呢？

哲栩：存錢啦！

媽咪：是，晉瀚看到的那位阿姨是存錢？

喆喆：我看到的是郵局的人給阿姨很多錢，也有拿本子和印章，阿姨
　　　有寫單子，是領錢。

嘉品：對！要寫單子，郵局的櫃子裡有單子，然後在桌上寫，交給郵

局的人，她就會幫忙了。

媽咪：不管你們領錢、存錢都要寫單子，郵局的人才可以幫忙管理好存摺裡的錢有多少，還要保管存摺裡的錢。

柏辰：有一個阿伯，他是去寄信的，他投錢到郵票機上買郵票，然後把郵票貼在信封上，之後投到外面的紅色郵筒裡，就走了。

媽咪：為什麼是投紅色的呢？

晉瀚：因為那是限時專送的信。

媽咪：是這樣喔！

棋棋：郵局有很多人來辦事情，沒有看到郵差來。

媽咪：郵差會來這裡收信，郵差工作的地方，在郵政總局。他們會固定來收信件，然後把信集中在一起。

奕龍：郵局的外面有好多的信箱，上面有好多的號碼。

媽咪：郵局外面的信箱是給平常不在家而無法收信的人，可以在郵局租專用信箱，請郵差將信轉寄到這裡。

小董：郵局裡有個櫃子，上面的筆、膠水、印泥、眼鏡可以用。

　　這次透過郵局的參觀教學，讓孩子們實際觀察郵局的功能，引導孩子認識郵局的業務、郵政人員的工作，孩子們在分享過程提到了郵寄的服務、存提款、寄信、寄包裹，以及郵務人員收件的一些流程的服務工作……，大家經過親身觀察體會，孩子有了更深刻的學習經驗。

學習指標

社大 -1-5-1 探索社區中的人事物、活動、場所及其與自己的關係

社中 -1-5-1 參與和探訪社區中的人事物

語中 -2-3-1 敘說時表達對某項經驗的觀點或感受

身中 -2-1-2 在團體活動中，應用身體基本動作安全地完成任務

語中 -2-2-2 以清晰的口語表達想法

認中 -2-3-2　與他人討論生活物件特徵間的關係
認大 -2-3-2　與他人討論生活物件特徵間的關係

【郵筒肩併肩】

　　有了上次參觀郵局的經驗，我與孩子們討論這次觀察的重點在郵筒的部分。出發前再次提醒，請孩子們注意行的安全。我們沿路觀察是否有郵筒，但我們遇見了郵差正忙著送信，孩子們開心的向郵差問好，郵差也回應我們，與我們問聲好。孩子們開始議論紛紛的邊說邊走向目的地，這時沿路談論的是郵差的衣服及交通工具，還有工作。

　　到了目的地，開始請孩子們觀察郵筒。

嘉品：爲什麼跟學校的不一樣？
媽咪：可以說說看，哪裡不一樣呢？

這時大家發現了，開始七嘴八舌的說出學校與現在看見的郵筒哪裡不一樣。我邀請了嘉品回答：

嘉品：學校的郵筒是一個隔成兩邊，郵局的是一個紅的、一個綠的。
媽咪：你們真棒！觀察到不一樣的地方。爲什麼這裡的郵筒是一個紅、一個綠？

（孩子們突然安靜下來，不知如何回答）因爲有些地區的信件不多，所以郵筒變成連體嬰，一個郵筒隔成兩邊。有些地區的信件多，所以郵筒分成：一個郵筒紅的、一個郵筒綠的兩個分開放。

＊進行參觀活動前

　　因事前記錄郵差收信件的時間，以便孩子們觀察到郵差收信的情形。我們觀察了一陣子郵差來收信了，孩子們認真的在一旁觀看著郵差如何收信。觀看之後，請孩子們分享郵差收信的狀況。

喆喆：郵差開綠色車子來到郵筒收信，他有拿鑰匙打開郵筒，然後把信放進籃子裡。

子晴：郵差有蓋印章，然後就把郵筒鎖起來了。

媽咪：每位收信的郵差都有一把鑰匙，可以打開負責區域的每個郵筒，打開後先蓋個章，表示有收信喔！

媽咪：那郵差什麼時候收信你們知道嗎？請小朋友觀察郵筒上。

柏辰：（指著郵筒）這裡有寫收件時間，我不會唸。

媽咪：喔！有人看到了，上面寫著收件時間是 17：14～17：24。

媽咪：小朋友，你們可以告訴我，郵筒上有寫什麼啊？

嘉品：紅色郵筒上寫了限時郵件，還有郵局的招牌圓形的。

晉瀚：綠色的是寫，花蓮市、其他地區，還有英文字。（嘉品、瀚晉看得懂中文）

媽咪：嘉品、晉瀚說得很清楚，綠色郵筒上的洞口是把信投進去的地方，左邊上面寫著花蓮市，右邊洞口上方寫著其他地區，綠色是投「普通郵件」，而紅色郵筒上方寫著「限時郵件」，重要的郵件要投入紅色郵筒內，因為要將信件趕快送達。

媽咪：你們知道收信的郵差，把信拿到哪裡去了嗎？（有人說不知道、有人說把信送給人家）

媽咪：郵差從各區將信全部收回到郵政總局後，開始處理各地收來的
　　　信件，然後要一封一封的檢查信，依照地區分類放好，接著再
　　　把信送出去。

＊進行參觀活動後

　　利用圖像紀錄所觀察郵筒，並進行經驗分享。

　　孩子們的紙上作業上，能清楚記錄紅色郵筒及綠色郵筒，有些
郵筒上有標示著文字，如：花蓮市、其他地區、限時郵件、收信件時
間，還有郵局的招牌，以及能畫出郵筒的形狀，孩子們觀察力強，
能將看見的物件完整的記錄下來，很棒！

學習指標

認 - 大 -2-3-3　與他人討論生活物件與生活的關係
認 - 中 -2-3-2　與他人討論生活物件特徵間的關係
認 - 小 -2-3-2　比較生活物件特徵間的異同
語 - 中 -2-2-2　以清晰的口語表達想法

【快來寫信】

　　首先將拿出事前先寫好，並郵寄到幼兒園的信件，展示給他們
看，先讓孩子們觀察信封。

媽咪：小朋友，信封上寫了什麼？

喆喆：有快樂熊班小朋友收，還有住址。

嘉品：有老師的名字、郵票。

媽咪：（我指著信封中的郵遞區號）孩子們，這是什麼？

孩子們：號碼。

媽咪：這是郵遞區號，是幫忙郵務中心每天處理各地郵筒蒐集回來的信件，放入一部叫做「分類理信銷票機」的機器中，機器會自動分辨郵遞區號，然後分類放好，所以郵遞區號很重要，寄信時一定要寫上。

從討論中得知，孩子對於郵遞區號的經驗較少，詳細的狀況，我較不瞭解，下次安排郵政總局參訪時可請郵務人員來解答問題。

媽咪：小朋友，這封信是我寄的，左邊上角有我家的地址、郵遞區號、姓名、電話。

晉瀚：中間是寫快樂熊的名字、住址、郵遞區號、電話。

樂樂：還有郵票。

媽咪：這是橫式信封的寫法。

媽咪：請問小朋友，信封中的寄件人、收件人是誰？你知道嗎？

晉瀚：寄件人是媽咪、收件人是快樂熊小朋友。

媽咪：（將信的內容逐一唸出，信上短文）

「親愛的快樂熊小朋友們好」：

謝謝你們送媽咪的圖畫，畫中媽咪看起來很開心，顏色也很鮮豔，我很開心能跟你們一起玩遊戲，一起工作。

祝福大家天天平安

小陳媽咪上 102.11.05

媽咪：小朋友說一說，聽完這封信內容的想法，你們如何回信呢？

嘉品：可以寫媽咪謝謝你！

媽咪：你們可以把想說的話寫下來或畫下來，還有要寫給誰的，寫

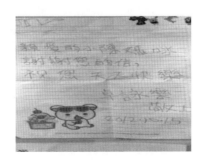

完之後須寫上自己的名字。

媽咪：好！現在我們要如何進行寫信的活動？

＊寫信需要準備些什麼呢？

子晴：在日常生活區有做信封的工作，我們已經會摺信封了，在美勞
　　　創作區有小筑媽咪準備好的信紙，她說可以一起用。

媽咪：信封、信紙的問題解決了，接下來呢？

柏辰：我們可以在彩色桌寫信。

嘉品：寫信時，桌上要放信封、信紙、筆、橡皮擦，還有口紅膠。

媽咪：那你們會寫家中的住址嗎？

嘉品：唸出家裡的住址。（事後確認
　　　是正確的，班上只有他記得）

奕龍：我們不會的，可以請媽咪寫
　　　在紙上，我們可以看著你的字
　　　寫，像寫借書單一樣。

媽咪：眞是好方法！

庭妤：我不會寫名字，怎麼辦？

嘉品：我可以幫忙，也可以拿小朋友的姓名貼來看，我就會寫了。
　　　（有些大班孩子提出願意幫忙不會的小朋友）

媽咪：謝謝大家的幫忙！那寫好的信該如何處理？（大家同聲的說，
　　　投進郵筒裡。）

媽咪：誰要當郵差？

子晴：我們每天輪流當郵差，按照號碼來輪
　　　流當郵差。

樂樂：對阿！我們按照號碼輪流。

媽咪：其他人願意按照號碼來當郵差嗎？

（這時大家都認同子晴提出的方法，並從明天
開始，也提出了每天中午時間郵差來收信。）

學習指標

認 - 小 -1-3-2 以圖像記錄生活物件的特徵
認 - 中 -1-3-2 以圖像記錄生活物件的特徵
認 - 大 -1-3-2 以符號記錄生活物件的特徵
情 - 大 -2-1-1 運用動作、表情、語言表達自己的情緒
情 - 中 -2-1-1 運用動作、表情、語言表達自己的情緒

(3) 課程高峰階段

【不同的郵票】

利用集郵冊、蒐集到的郵票，帶領幼兒走入郵票的世界。

媽咪：小朋友，你們說說看剛剛介紹了哪些類型的郵票呢？
小朋友們：花卉、阿里山、小火車、金針花、蝴蝶、情人節、煙火、
　　　　　舞龍舞獅、昆蟲、魚類、西遊記、貓頭鷹、梅花、童子
　　　　　軍、動物。
媽咪：郵票的特徵有什麼呢？
嘉品：有不同的圖案。
柏辰：有價錢（有 10、100、3、2.5、5、25）。
阿晴：有寫中華民國郵票的字體。
哲栩：郵票是方形的、邊邊有鋸齒狀，還有不同的圖案。

＊討論設計郵票圖案的類型

　　孩子提出要設計十一種主題的郵票，有葉子、昆蟲、花卉、火車、動物、黃色小鴨、形狀、人類、舞龍舞獅、魚類、照片。

＊製作郵票的時間：星期二下午。

＊設計郵票需要的材料：美術紙、蠟筆、奇異筆、剪刀、口紅膠、彩色鉛筆、鉛筆。

　　與幼兒討論「郵票」主題，詢問幼兒對於郵票有什麼想法，想要設計哪些主題？請大家都踴躍發表自己的想法及意見，並且利用大海報將大家所說的意見做歸類，分出中主題及小主題，然後最後進行投票表決。

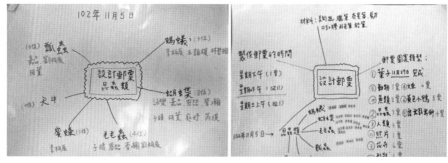

幼兒設計郵票的活動紀錄（經驗圖表）

● 郵票主題：昆蟲類

團體討論：與幼兒觀察昆蟲的圖片，並請幼兒說一說自己想要設計何種昆蟲的郵票？

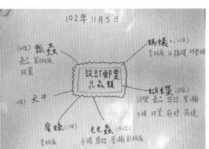

經過討論後，孩子們說出自己想要設計的昆蟲郵票，再利用經驗圖表的方式，完整呈現班上孩子們設計的圖案分類。

孩子們的作品與圖表結合

活動設計

問題一：拿出事先準備貼有郵票的信件，請幼兒觀察有什麼？接著與幼兒討論郵票的功用。接著配合集郵冊、蒐集到的郵票，帶領幼兒走入郵票的世界。

- 觀察郵票的四周，是不是有著一凹一凸的刻紋？
- 看看郵票上面，分別有什麼花紋圖案？
- 想一想，郵票上面的數字分別是什麼意思？
- 想一想，這些郵票可以怎麼分類？

問題二：對郵票有初步認識後，請幼兒針對剛才的郵票作欣賞，說一說？

　　　　　・喜歡什麼樣的郵票？

　　　　　・如果能夠自己設計郵票，希望能設計什麼樣的郵票？

問題三：與幼兒討論「郵票」主題，詢問幼兒對於郵票有什麼想法，
　　　　想要設計哪些主題？

問題四：討論後發下書面紙、蠟筆、奇異筆、鉛筆、鋸齒剪刀，引導
　　　　幼兒利用材料自由發揮創作，設計郵票。

● 郵票主題：花卉類

　　帶領孩子觀察庭院中的花卉，並採集花卉讓幼兒觀察花的外型
及顏色，再進行設計花卉郵票的活動。

郵票主題：火車

這次孩子們有了不同的想法，他們利用水彩的素材方式，呈現有關火車的郵票設計。

● 郵票主題：動物篇

團體討論：與幼兒觀察動物的圖片，並請幼兒說一說自己最喜歡的動物是什麼，以及想要設計什麼動物的郵票？

學習指標

認-大-1-1-3 辨識生活環境中數字符號的意義

美-大-2-1-1 玩索各種藝術媒介，發揮想像並享受自我表現的樂趣

身-大-2-2-1 敏捷使用各種素材或器材

語-大-2-2-3 在團體互動情境中參與討論

美 - 中 -2-1-1 玩索各種藝術媒介，發揮想像並享受自我表現的樂趣

認 - 中 -1-1-1 認識數字符號

美 - 中 -3-2-1 欣賞視覺藝術創作，描述作品的內容

美 - 小 -2-2-2 運用線條、形狀或色彩表現想法，並命名或賦予意義

語 - 小 -2-4-1 描述圖片的細節

社 - 小 -3-1-2 對自己完成的工作感到高興

認 - 小 -1-1-3 覺知生活環境中的數字符號

(二)文化課程範例二：臺東夜市

設計者：徐之又、楊韻潔、林艾群、顏妮可、王郁文

1. 文化課程概念網

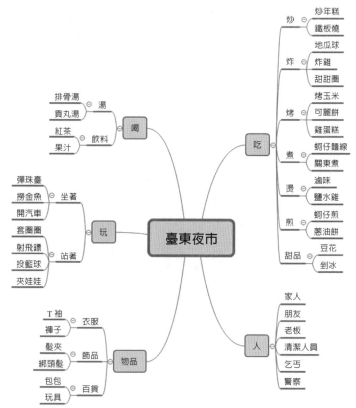

2. 文化課程活動網

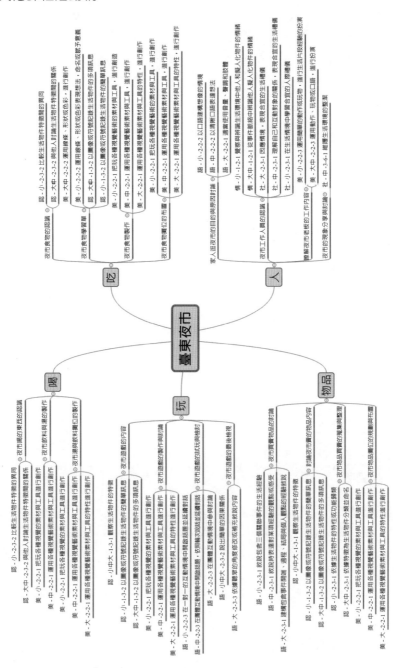

3. 文化課程蒙特梭利教育網

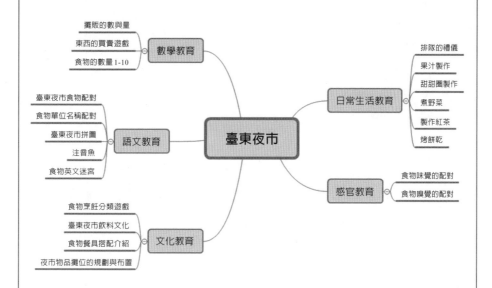

4. 語文及文化教育

臺東夜市食物名稱配對

材料　兩份相同的食物圖片，一份底色為粉色，一份底色為橘色

學習指標　語 - 小 -1-6-1 辨別文字和圖像

教學目的

1. 培養幼兒視覺辨別的能力。
2. 訓練幼兒圖片覺知辨識與配對能力。

適合年齡　3-6 歲

教學步驟

1. 將兩組圖卡做分類，粉色圖字卡一邊，橘色圖字卡在另一邊。
2. 從其中一組的圖字卡中拿出一張圖字卡，然後在另一組圖字卡找相同的圖字卡，進行配對。
3. 以此類推，直到配對結束。

延伸活動

圖字卡配對的時候，唸出圖字卡上的食物名稱。

注意事項

1. 幼兒位置的安排，必須讓每位幼兒都能清楚看見圖字卡。
2. 確保幼兒對食物名稱的發音是正確的。

食物烹飪法分類

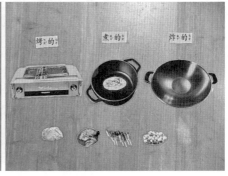

材料 烹飪用具圖卡、食物圖卡（六種）

學習指標 認 - 小中大 -1-3-1 觀察生活物件的特徵

教學目的

1. 理解在夜市中有不同的烹飪方式。
2. 認識不同烹飪法的夜市食物。
3. 透過分類的方法培養幼兒邏輯思維。

適合年齡 4-6 歲

教學步驟

1. 拿出三張烹飪用具圖卡（湯鍋、烤盤、油炸鍋），並將其整齊排放。
2. 拿出六張食物圖卡整齊排放。
3. 透過觀察特徵進行分類，將一張張食物圖卡放入正確的烹飪用具圖卡中，分類配對即完成。

延伸活動

分類完成後，請幼兒說出食物的名稱。

注意事項

1. 將卡片整齊排放後，才開始進行活動。
2. 收拾教具時六張圖卡都要全部收回，確認完便可放進袋子裡。

臺東夜市食物單位名稱配對

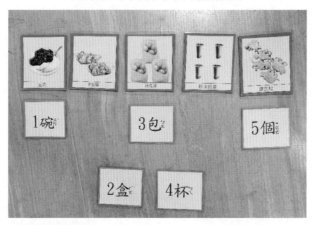

材料 單位字卡、食物圖字卡

學習指標 認 - 中 -1-1-5 運用身邊物件為單位測量自然現象或文化產物特徵的訊息

教學目的

1. 透過單位名稱配對物品單位的數量。
2. 培養手眼協調與配對能力。

適合年齡 4-6 歲

教學步驟

1. 和孩子一起去拿取工作組，告訴孩子：「我們要做『食物單位名稱配對』工作。」
2. 與孩子走向工作區，放下工作後一起坐好，確定孩子可以清楚看到示範過程。
3. 把單位字卡和食物圖字卡分開放置。
4. 從其中一組的食物圖字卡裡拿出一張，然後到另一組單位字卡找到相對應的單位量詞卡，進行配對。
5. 以此類推，一直到配對結束。

延伸活動

食物、單位名稱卡配對時，可唸出單位和食物圖字卡上的文字。

注意事項

1. 幼兒位置的安排，必須讓每位幼兒都能清楚看見圖字卡。
2. 確保幼兒對單位和食物圖字卡上的字發音正確。

食物餐具搭配

材料 夜市食物圖卡、餐具圖卡

學習指標 認 - 小 -2-3-1 依據生活物件的特性與功能歸類

教學目的

1. 理解食物所搭配的餐具方式。
2. 增進幼兒思考辨識及歸類能力。
3. 增強幼兒事物的觀察力。

適合年齡 2-5 歲

教學步驟

1. 先將食物圖卡及餐具圖卡分開排列。
2. 再將食物圖卡對應到其所需使用的餐具。
3. 找到一種餐具搭配四種食物。

延伸活動

1. 進階一：將難度提高，請幼兒說出食物的名稱。
2. 進階二：可搭配另一份教具一起玩（食物烹飪法分類的教具）。

注意事項

若孩子已經可以自行搭配，教師可加入引導式提問，例如：還有哪些可以替代的餐具？並且給予回應。

臺東夜市拼圖

材料　食物圖卡（六張）、場景拼圖圖卡

學習指標　認 - 小中大 -1-3-1 觀察生活物件的特徵

教學目的

1. 培養獨立思考邏輯能力。
2. 提升視覺辨別與專注能力。
3. 增強手眼協調能力。

適合年齡　4-6 歲

教學步驟

1. 請幼兒拿出場景圖卡放置在上方。
2. 拿出六張食物圖卡，排列整齊在下方。
3. 參考上方場景圖卡的照片進行拼圖。

4.拿出對照圖（場景圖卡）進行對照，確認是否拼錯。

延伸活動

1.不拿出場景圖卡做參考，直接進行拼圖。

2.完成拼圖，請幼兒說出此圖卡上是臺東夜市的何種食物名稱。

注意事項

拿取圖卡時，須注意邊角尖銳處，不揮舞影響至自己與他人。

臺東夜市飲料文化

材料 三種飲料種類底圖；黑色毛球（珍珠）、白色海綿墊片（椰果）、黃色不織布（布丁）、黑色不織布（仙草）

學習指標 語 - 大 -1-7-1 從生活環境中認出常見的文字

教學目的

1.認識臺灣飲料文化的多樣化。

2.增強依據字卡做出配對的對應能力。

適合年齡 5-6 歲

教學步驟

1. 先把三張飲料圖卡排列整齊。
2. 再拿出四種飲料的配料，也一樣排列整齊。
3. 根據題卡做出相對應的飲料配對。（例如：題目為「仙草紅茶」，則拿起紅茶，把仙草放進飲料杯裡。）

延伸活動

讓幼兒自行選擇配料的數量及種類，自由調配自己喜歡的飲料。

注意事項

1. 最後收拾教具時，必須按照配料分類好，收進袋子裡。
2. 注意配料的數量不要過量。

注音魚

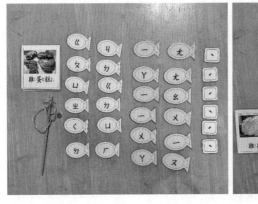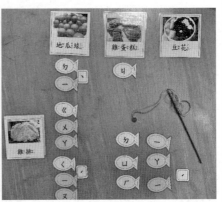

材料　注音符號字卡、夜市食物圖字卡

學習指標　語 - 小 -1-6-1 辨別文字和圖像

教學目的

1. 培養對注音符號的興趣。
2. 學習找出與圖卡上相對應的注音符號。

3. 增強對夜市食物的認識。

適合年齡 3-6 歲

教學步驟

1. 先將注音魚（聲符／韻母）平均散放。

2. 再拿出圖卡排列整齊。

3. 拿取釣竿，依照食物圖字卡上的注音符號，開始釣取相對應的注音符號。

4. 最後將釣到的注音符號，放在相對應食物圖字卡的上方空白處，進行排列。

5. 確認自己釣取的注音符號字卡是否跟食物圖字卡相符。

延伸活動

1. 食物圖字卡看完後，將其反過來蓋著玩。

2. 老師拿著食物圖字卡，不讓幼兒看到圖和字，用唸的方式請幼兒找出該字的所有注音符號。

注意事項

擺放食物圖字卡之間要有適當的空間，能放得下所有注音魚（聲符／韻母）。

食物英文迷宮

材料 迷宮文字底圖 —— 小丑魚、英文字卡

學習指標 語 - 中 -1-3-1 知道生活環境中有各種不同的語言

教學目的

1. 培養幼兒對英文的興趣。
2. 學習找出與食物圖卡上相對應的中英文單詞。
3. 增強幼兒對夜市食物的認識。

適合年齡 4-6 歲

教學步驟

1. 先將迷宮攤開放平。
2. 再拿出筆，依照四個不同的箭頭方向開始畫線、走迷宮。
3. 畫到相對應的食物英文名稱。
4. 最後對照圖卡的底部顏色是否相同。

延伸活動

老師示範唸一次英文，幼兒試著唸出該食物的英文單字，並進行圖卡連結。

注意事項

在畫完之後，要將筆跡擦乾淨，以利其他人使用。

二、蒙特梭利文化教育──以臺灣文化課程為例

(一)地理教育

臺東行政區域拼圖

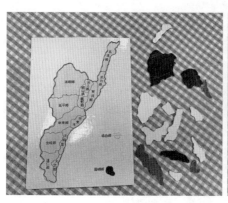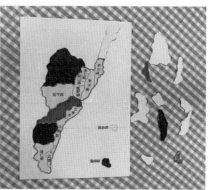

材料　A4 臺東行政圖、各個縣市圖片

適合年齡　4-6 歲

教學步驟

1. 請幼兒將臺東行政圖放左邊，拿起各個縣市的圖片與行政圖進行對應。
2. 將圖片放入行政圖中的形狀進行對應。
3. 若找到一樣的形狀，則放在行政圖中。
4. 依序完成所有縣市形狀的對應。

延伸活動

引導幼兒認識各縣市的名稱，進行每一個行政區域名稱的介紹。

注意事項

因紙板塊較小且多，收納方式建議以封口袋來收納。

臺東原住民族分布

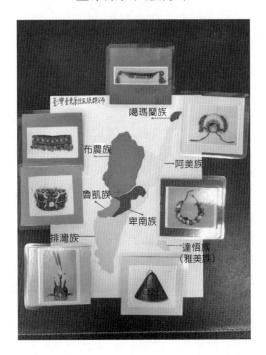

[材料]　一張原住民與臺東關係的區域圖、七大族群特色的圖片

[適合年齡]　4-6歲

[教學步驟]

1. 按照紙板上每一個族群的分布，唸出族名名稱。
2. 將圖卡按照圖片底紙的顏色，對照臺東區域的顏色進行對應。
3. 請幼兒看圖片上的物品說出名稱，教師再進一步說明該族的名稱與物品特色之間的關係。

[注意事項]

配對時，圖卡與紙板上區域顏色須一致。

臺東山海線風景區分類

材料　一份是臺東山線著名的風景照片（底色為紅色）、一份是臺東海線著名的風景照片（底色為藍色）

適合年齡　3-6 歲

教學步驟

1. 將山線與海線的字卡放好。
2. 隨機拿取一張圖字卡。
3. 觀察圖片中的風景是有山的特色，還是海的特色。
4. 依其不同的特色放在相同底色的圖字卡下，也就是山線或海線的字卡下方。

延伸活動

改由互動式，教師說出風景區名稱，幼兒找出其圖字卡，並說出圖字卡為山線或是海線。年紀較大之幼兒，可再詢問為什麼認為是山線或海線的原因？幼兒將圖字卡放置山線或海線的字卡下方。

分類時，排列方向須一致。

火山爆發

材料 陶土做成的火山、白醋、蘇打粉、洗碗精、紅色顏料、湯匙

適合年齡 4-5 歲

教學步驟

1. 先將洗碗精（2 匙）倒入火山內。
2. 再將蘇打粉（3 匙）、紅色顏料水倒進火山內。
3. 最後，慢慢加入白醋（10 匙），並產生火山爆發的情形。

延伸活動

讓幼兒按照自己的方式放入洗碗精、蘇打粉、白醋的分量，再觀察放入不同的分量時，火山產生的不同現象，並記錄放入的分量中，哪一種較容易產生爆發的現象。

注意事項

在最後將白醋倒入時，眼睛不可看著洞口。

臺灣各種地形介紹

材料　陶土做成的地形（如島嶼、湖泊、地峽、海峽、海灣、半島、湖泊群、群島）、藍色顏料水

適合年齡　2-6 歲

教學步驟

1. 用陶土捏好所要的地形，湖泊和島嶼是相似的，應放在一起，再倒入藍色顏料水。
2. 湖泊 ↔ 島嶼、地峽 ↔ 海峽、海灣 ↔ 半島、湖泊群 ↔ 群島。

延伸活動

陶土可替換成紙黏土，讓孩子繪上泥土的顏色，再切割。

注意事項

在切割陶土及倒顏料水時，應注意服裝會沾到，可穿上圍兜兜。

臺灣行政區

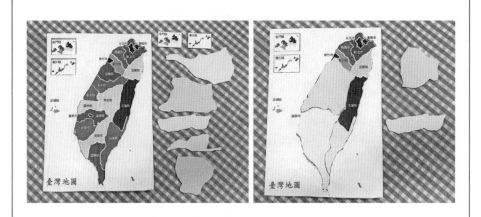

材料 一張臺灣分成五個行政區圖、五個行政區的圖片

適合年齡 2-6 歲

教學步驟

1. 請幼兒拿起一個行政區的圖片。
2. 將圖片放入凹洞中,觀察其形狀是否對應。
3. 若形狀對應正確,便依序將四個圖片對應在行政區圖中。

延伸活動

讓幼兒說說看,每一個行政區域的名稱,再將那圖片拿開,公布正確答案。

臺灣各地建築古蹟

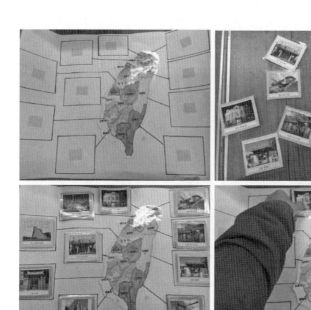

材料 臺灣本島地圖、各地古蹟圖片

適合年齡 3-6 歲

教學步驟

1. 年紀較小的幼兒按照參考圖片上的顏色，依序貼上對應的古蹟。
2. 年紀較大的幼兒，可讓其自己先判斷古蹟的位置。
3. 請幼兒對照參考圖片（A4 大小），檢視自己是否貼對位置。

延伸活動

1. 詢問幼兒平時去過的古蹟，接著討論那些古蹟分別是在哪些地方，觀察它們的外觀與現在的建築有什麼不同。
2. 當孩子已能進行配對時，可以增加圖卡的數量；或是教師可以說明古蹟的名稱，並提問建築的外觀、樣貌特別的地方。

(二)歷史教育

小時的介紹

材料 時鐘圖卡十二張、小時字卡十二張、可轉動的時鐘卡一張

適合年齡 4-6 歲

教學步驟

1. 先請幼兒將時鐘圖卡與小時字卡進行分類。
2. 將時鐘圖卡排成兩排,請幼兒依照時鐘圖卡上的時間,找到對應的小時字卡,例如:看到短針指著 2,便找 2 點的字卡,黏在時鐘圖卡的下方。
3. 再拿可轉動的時鐘圖卡,將短針指著 2、長針指著 12,告訴幼兒這是 2 點。
4. 依序完成所有的時鐘圖卡。

延伸活動

先使用可轉動的時鐘卡,教師將短針指向 3,長針指向 12,請幼兒說出幾點鐘,再拿出正確的時鐘圖卡與小時字卡進行配對。

注意事項

若幼兒不清楚長針與短針的意義，教師須先行解釋短針與長針的概念。

星期對照表

材料　星期一至星期日字卡、星期一至星期日的大卡片

適合年齡　4-6 歲

教學步驟

1. 依照卡片上的星期順序尋找相對應的星期字卡。
2. 將星期字卡擺放至海報上的相對位置。
3. 老師引導幼兒唸出星期字卡上的文字。

延伸活動

加入月分對照表、季節對照表。

交通工具的演進

材料 各種交通工具的圖片、有交通工具文字的字卡

適合年齡 5-6 歲

教學步驟

1. 老師引導幼兒觀看交通工具的演變,引導幼兒觀察快慢的不同。
2. 先從最慢的來討論,最慢是人類的行走。討論完,將圖片放在文字下方,接著是腳踏車及三輪車。依快慢的速度將交通工具圖片放在大圖卡上。
3. 將各種交通工具依據演進順序,由左至右排好。

延伸活動

說出各種交通工具的用途。

西瓜的成長

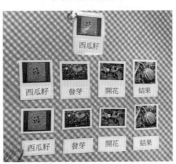

材料 西瓜成長步驟圖文卡、西瓜成長步驟圖片、西瓜成長步驟文字、西瓜成長小書

適合年齡 4-6 歲

教學步驟

1. 翻閱西瓜成長小書，先觀看西瓜成長的順序與變化。
2. 拿出西瓜成長步驟圖文卡由左至右，依照小書的順序來排列。
3. 再拿出西瓜成長步驟圖片，按照上方的步驟來對應。
4. 最後拿出西瓜成長步驟文字，按照上方的步驟來對應。

延伸活動

將幼兒閱讀完的小書收起來，讓幼兒自己排排看圖卡的順序與對應。

西洋畫家變變變

材料 西洋畫家的文字介紹、西洋畫家的畫與人像

適合年齡 5-6 歲

教學步驟

1. 將所有的文字介紹圖片散放在桌面上（或地毯上）。

2. 依照圖卡上的時間，排序出各畫家的時間先後。

3. 拿出只有圖的圖卡進行配對。

4. 欣賞各個畫家的畫。

延伸活動

拿出各畫家的書，找到相對應的作品。

認識四季

材料　四季名稱字卡、一至十二月分字卡

適合年齡　4-6 歲

教學步驟

1. 先請幼兒將春、夏、秋、冬四季的字卡排成圓形。

2. 再以顏色為標準，拿出綠色的三張月分卡（三、四、五月），放置在春天的旁邊，老師介紹月分的名稱。

3. 依序再介紹夏天、秋天與冬天的月分。

4. 介紹一年有四季，有十二個月分。

延伸活動

做出各個月分重要的節慶卡片，或節慶的模型，或實物進行配對。

(三)天文教育

八大行星的介紹

材料 八大行星圖片

適合年齡 3-6歲

教學步驟

1. 讓孩子扮演各行星，一個當太陽，並在地上標注出軌道。
2. 讓孩子依行星與太陽的遠近站好，脖子上掛有行星名稱卡，並繞太陽自轉與走路。
3. 老師可以唱八大行星的歌曲進行行星轉動的遊戲，唱到的行星才可以轉動。

延伸活動

幼兒互換八大行星名稱卡，體驗其他行星的運作。

注意事項

在扮演行星行走過程中，注意彼此間的安全問題。

相關資源

1. https://www.youtube.com/watch?v=F2prtmPEjOc&list=PLDdnUwG

Yq_FuBrpWpdbmrqZiMDYjNY3CZ

2. https://www.youtube.com/watch?v=NLhqWE3kxgQ&list=PLDdnU wGYq_FuBrpWpdbmrqZiMDYjNY3CZ&index=2

3. https://www.youtube.com/watch?v=472ABOnsx48

八大行星配對

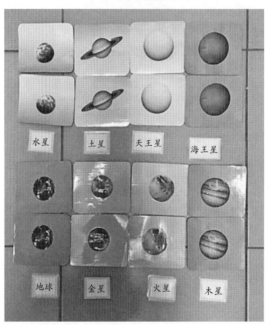

材料 八大行星圖卡各兩份（共十六張）、八大行星字卡各一張（共八張）

適合年齡 4-6 歲

教學步驟

1. 將所有的八大行星圖卡分成兩份。

2. 將一份八大行星圖卡從左到右排好。

3. 另一份圖卡則拿在手上，觀察圖片上的行星，找到一樣的行星便放置在下方。

4. 依序將所有的圖卡進行配對，接著拿起字卡，也進行配對。

5. 老師介紹各個行星的名稱，並針對行星進行介紹，並將字卡放置在行星的圖片下方。

八大行星配對及拼圖

材料 八大行星圖、八大行星的拼圖

適合年齡 4-6 歲

教學步驟

1. 年齡較小的幼兒，依照底圖進行對應，並從中認識八大行星與太陽關係的遠近及名稱。

2. 年齡較大的幼兒，將拼圖與底圖分開，先在一旁獨立完成拼圖後，再將底圖拿出來檢查是否拼對。

延伸活動

搭配八大行星的字卡，按照拼圖上的字卡找出一樣的行星名稱進行對應。

注意事項

拼圖需放入收納盒，避免遺失。

星座連連看

材料 星座圖、黑色圍棋

適合年齡 3-6 歲

教學步驟

1. 拿出星座圖及圍棋。
2. 選擇一張星座圖。
3. 照著該張星座圖的黃色點貼紙,放置相對應的圍棋。
4. 介紹星座的名稱。

月相變化配對

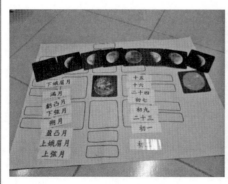 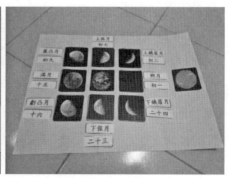

材料 配對底圖、月相圖卡、月相字卡、農曆日期字卡

適合年齡　5-6歲

教學步驟

1. 與幼兒一起進行取拿工作，將月相圖卡、月相字卡、農曆日期字卡平擺於地毯上。

2. 觀察月相圖卡的變化，介紹地球與太陽的位置，以及太陽光照射的方向，影響月相的不同。

3. 老師示範依序將月相圖卡擺放到正確的位置後，換幼兒操作一次。

4. 介紹各月相的名稱，老師示範依序將月相字卡擺放到正確的位置後，換幼兒操作一次。

5. 介紹各月相變化與農曆日期的關係，老師示範依序將農曆日期字卡擺放到正確的位置後，換幼兒操作一次。

延伸活動

1. 小組活動——幼兒可以扮演地球、太陽、各個月相，依據地球、太陽的關係，扮演各個月相的幼兒排出相對的位置。

2. 小組活動——月相蹲：幼兒扮演各月相，互相喊月相的名稱蹲，被叫到的幼兒蹲完後叫另一個月相，換下一個月相蹲，以此類推，例如：「上弦月蹲，上弦月蹲，上弦月蹲完換滿月蹲。」

星座配對

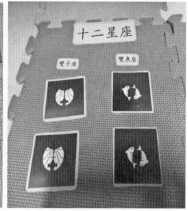

材料 十二星座圖片兩份、十二星座文字

適合年齡 3-6 歲

教學步驟

1. 與孩子走向文化區,拿著工作放到地毯上。
2. 先介紹星座的名稱和星座的圖片,然後進行配對活動,再請幼兒進行其他圖片的配對。
3. 工作結束後,請孩子將材料歸位。

延伸活動

對於年紀大或能力佳的幼兒,可以進行星座圖片與文字的配對。

生日慶祝

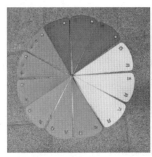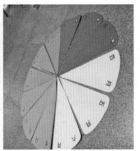

材料 燭臺、蠟燭、地球儀、十二個月分的圖卡

適合年齡 3-6 歲

教學步驟

1. 先將十二月分圖卡排放好,再依月分的順序排列月分卡,蠟燭放中央(太陽)。
2. 先點蠟燭,拿起地球儀,手指臺灣,以蠟燭為中心點走一圈,告訴孩子地球繞太陽一圈為一年。
3. 請生日的小朋友,手拿地球儀,從孩子生日之月分開始走,老師

旁白幼兒的生活故事，從出生一直敘述到孩子的年齡，讓幼兒知道走一圈就是一歲。

4. 請大家為生日的幼兒唱生日快樂歌，生日小朋友許願，再吹蠟燭。

5. 將月分卡收起時，配合兒歌邊唸邊收。

延伸活動

當幼兒走一圈之後，問幼兒幾歲？再拿出數棒對應數量，一直到幼兒的年齡。

注意事項

1. 在幼兒生日當天來進行。

2. 若幼兒的生日在星期六或星期日，便可提早進行生日慶祝活動。

(四)地質教育

岩石圖卡與圖字卡配對

材料 各種岩石圖卡兩份、圖字卡

適合年齡 3-6 歲

教學步驟

1. 將一份岩石圖卡由左至右分別擺放在地毯上，擺放時請幼兒觀察其形狀與色澤。

2. 再從另一份圖卡中拿取一張岩石圖卡，唸出岩石的名稱後，由左至右一一和已排好的岩石圖卡對照，直到對應到一樣的岩石圖卡後，將圖卡放在該岩石圖卡下方。

3. 依序完成所有的岩石圖卡。

延伸活動

1. 將圖字卡和岩石圖卡背面朝上放置，玩翻翻樂。

2. 操作過程中嘗試讓幼兒說出岩石圖卡和圖字卡一樣的地方。

臺灣本島岩石分布

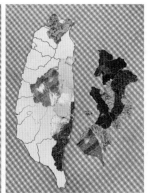

材料　臺灣地圖、各縣市岩石花紋圖卡

適合年齡　3-6 歲

教學步驟

1. 將臺灣地圖放在地毯上。

2. 由上到下來操作，找出一個縣市圖卡來對應臺灣上方的圖形（臺北市）。

3. 一一嘗試每個縣市的圖卡，直到找到可以對應的圖卡。

4. 依序從上到下完成各縣市的圖卡與臺灣地圖的對應。

延伸活動

1. 分類縣市花紋圖卡，將相同花紋的圖卡放置於一區。

2. 為能力佳或年齡較大的幼兒介紹各縣市的名稱，或認識自己在地的縣市名稱。

岩石與圖卡配對

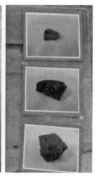

材料 六種岩石（花崗岩、玄武岩、火山岩、片岩……）、岩石圖片

適合年齡 3-6 歲

教學步驟

1. 將岩石由左至右分別擺放在地毯上。

2. 擺放時請幼兒以視覺觀察其外型。

3. 並讓幼兒觸摸，感受其形狀與粗細的感覺。

4. 再將所有岩石由左至右排好。

5. 先從左邊的岩石開始觀察，再去尋找對應的圖片。

6. 再將岩石圖片擺放在岩石下方。

7. 依序完成所有的岩石與圖片的配對。

延伸活動

當幼兒已熟悉時，可再加入「文字」進行配對。

注意事項

利用觸覺觀察岩石時，應注意其岩石邊緣尖銳處，太大力可能會受傷，要注意幼兒安全。

觀察岩石

材料　各類岩石、紙上作業

適合年齡　4-6 歲

教學步驟

1. 選擇一種岩石。
2. 觀察岩石的紋路與外型。
3. 在紙上作業上，畫下岩石的特色。

延伸活動

1. 可說出岩石特色，讓幼兒猜測其為哪一種岩石。
2. 使用放大鏡來觀察岩石。

注意事項

利用觸覺觀察岩石時，應注意其岩石邊緣尖銳處，太大力可能會受傷，要注意幼兒安全；可定期更換岩石種類。

岩石與寶石分類

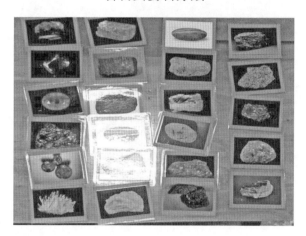

材料 岩石與寶石的圖片，共二十四張

適合年齡 5-6 歲

教學步驟

1. 請幼兒依圖片裡岩石的特徵，自行進行分類，例如：灰色、彩色；一般石頭、寶石。
2. 由左至右開始一一仔細觀察岩石圖卡，依序將圖片進行分類。

延伸活動

可增加分類項目，如由兩項分類提升為三項分類。

注意事項

操作過程中，可嘗試讓孩子說出自己分類的依據。

岩石神祕袋

材料 板岩、鵝卵石、花崗岩等岩石各兩顆

適合年齡 3-6 歲

教學步驟

1. 將不同岩石各取出一顆由左至右排列,其餘岩石裝入神祕袋中。
2. 由左至右依序觸摸,運用觸覺感受其形狀與特徵,在神祕袋中找出相對應的岩石,並將其放置於下方來配對。

延伸活動

可加入更多不同觸感的岩石進行工作。

注意事項

利用觸覺觀察岩石時,應注意其岩石邊緣尖銳處,太大力可能會受傷,要注意幼兒安全。

(五)動物教育

臺灣常見的動物分類卡

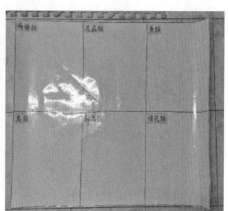

材料 各種類的動物圖卡各兩張

適合年齡 4-6 歲

教學步驟

1. 將所有的圖卡排在地毯上。
2. 拿出一張圖卡與幼兒討論,例如:哺乳類,告訴幼兒哺乳類的特徵是生小寶寶;魚類是生長在水裡的;鳥類是飛在天空的;兩棲類是可以在水裡也可以在陸地上;爬蟲類是在陸地用爬的來移動,請幼兒看看手中的動物是哪一類,請他放在適合的類別中。
3. 依序將所有的圖卡分類至不同的類別中(哺乳類、魚類、鳥類、兩棲類、爬蟲類、昆蟲類)。

延伸活動

辨識圖卡說出名稱,讓幼兒認識臺灣常見的動物名稱。

臺灣稀有哺乳類——猜猜看，我是誰？

材料　動物圖片、以鏤空的方式看到動物的幾個部位

適合年齡　3-6 歲

教學步驟

1. 排出所有的圖卡，抽取一張線索卡。

2. 將線索卡中的線索打開，找出對應的圖卡。

3. 將線索卡整張打開，將對應的圖卡翻面，請幼兒唸出動物名稱。

延伸活動

可另外準備畫紙，請幼兒畫出不同圖卡動物的特色。

臺灣稀有昆蟲對對碰

材料 　昆蟲的圖片兩份

適合年齡 　3-6 歲

教學步驟

1. 將所有圖片整齊排列在桌面（地毯）上。
2. 請幼兒找到並拿出兩張相同的圖片排列在一起。
3. 完成一對後，再換另一對，直到完成所有昆蟲的圖片。

延伸活動

1. 將所有圖片蓋起來分散在桌面上，請幼兒連續翻出兩張相同圖片。
2. 若成功則可拿取。若兩張為不同圖片，則需再翻回背面，直到翻到相同的圖片為止。找出一對後，再找下一對，直到找完為止。
3. 認識昆蟲的名稱，加上文字的認識。

臺灣特有的兩棲類 —— 青蛙配一配

材料 　各種青蛙的圖片兩份

適合年齡 　3-6 歲

教學步驟

1. 將所有圖片排列在桌面（地毯）上。
2. 請幼兒找到並拿出兩張相同的圖片。
3. 拿完一對後，再換另一對，直到全部青蛙圖片都配對完成。

延伸活動

1. 將所有圖片蓋起來分散在桌面上，請幼兒連續翻出兩張相同圖片。
2. 若成功則可拿取，若兩張為不同圖片，則需再翻回背面，直到翻出相同的兩張圖片為止。找出一對後，再找下一對，直到全部配對完為止。

臺灣特有的爬蟲 —— 蛇類分一分

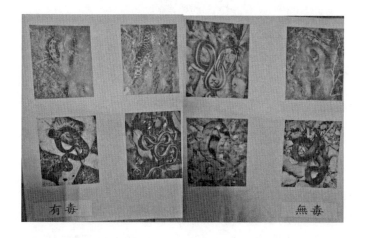

材料　各種蛇的圖片兩份、有毒及無毒的文字

適合年齡　3-6 歲

教學步驟

1. 將所有圖片排列在桌面（地毯）上。
2. 請幼兒找到並拿出兩張相同的圖片。
3. 拿完一對後，再換另一對，直到全部蛇的圖片都配對完成。

延伸活動

請幼兒依據蛇的毒性進行分類。

臺灣的鳥兒

材料 各種鳥類圖片兩份

適合年齡 3-6 歲

教學步驟

1. 將所有圖片排列在桌面（地毯）上。
2. 請幼兒找到並拿出兩張相同的鳥類圖片。
3. 拿完一對後，再換另一對，直到全部鳥類圖片都配對完成。
4. 將文字與鳥類圖片進行配對。

延伸活動

讓幼兒觀察鳥類特徵，並依照鳥類身上的顏色進行分類。

(六)植物教育

植物對對碰

材料 植物圖片七種各兩份

適合年齡 3-6 歲

教學步驟

1. 請孩子將所有植物圖片排在地毯上。
2. 找出兩張一樣的植物圖片,將兩張圖片排列在一起。
3. 老師可以唸出圖片上的植物名稱。
4. 依序完成所有的植物圖片配對。

延伸活動

可以變成賓果遊戲的方式。

花好月圓

材料　十二種花卉圖片各兩份

適合年齡　3-6歲

教學步驟

1. 將有文字的圖片依序排列在桌面上，將無文字圖片疊放在一旁。
2. 老師拿取一張無文字的圖片與有文字的圖片進行配對。
3. 依序完成所有的圖片。

延伸活動

對於能力好的幼兒，可以嘗試認識花卉的正確名稱。

注意事項

當孩子已能快速配對時，就可更新內容物，引發孩子持續的練習興趣。

是蔬菜，還是野菜？

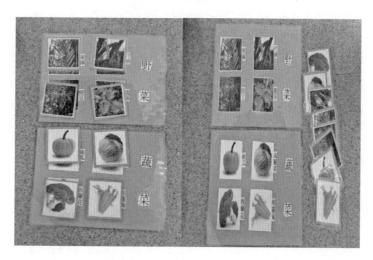

材料 蔬菜圖片四張、野菜圖片四張、貼有蔬菜與野菜的圖字卡兩張

適合年齡 3-6 歲

教學步驟

1. 將兩張蔬菜與野菜的大圖卡併排在桌上。
2. 將只有圖片的蔬菜與野菜圖片疊放在一旁。
3. 拿取一張蔬菜圖片放在大圖卡上的蔬菜或野菜進行對應。
4. 找到一樣的圖片後，便將相同的圖片疊放在一起。
5. 依序完成所有蔬菜與野菜圖片的配對。

延伸活動

1. 請孩子說說，有沒有吃過這樣的蔬菜與野菜，老師進行補充說明它的營養價值。
2. 對於能力佳或年齡大的幼兒，可以嘗試認識蔬菜與野菜的名稱。

注意事項

當孩子已能快速配對時，就可更新內容物，引發孩子持續的練習興趣。

水果與蔬菜的分類

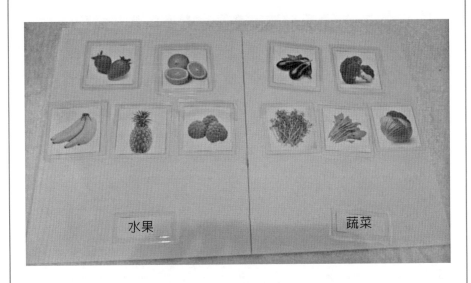

水果　　　　　　　　　　　蔬菜

材料 水果與蔬菜的圖片各五張

適合年齡 3-6歲

教學步驟

1. 將所有的圖片排開。
2. 拿起一張圖片，觀察圖片的食物，將圖片放置到水果或蔬菜的區域內。
3. 依序將所有的圖片歸類在水果或蔬菜的文字上方。

延伸活動

將所有圖卡翻到背面，由幼兒扮演買菜人，2位幼兒輪流翻開圖卡，翻開圖卡的幼兒要正確的將圖卡分類到水果或蔬菜的區域。

注意事項

當孩子已能快速且正確的分類時，可以增加圖卡的數量或是增加圖卡的分類項目，如：增加西瓜的圖卡、增加樹上的水果的分類等。

花的足跡

材料 粉彩紙、護貝膜圖卡六張、剪刀、雙面膠

適合年齡 3-5 歲

教學步驟

1. 拿起一張花的字卡。
2. 配對圖卡上的文字。
3. 沿著縮小圖卡的足跡，到達定點。
4. 將字卡放在紙上，即完成。

延伸活動

製作紙上作業，請幼兒藉由完成教具後，畫出六種花的特色。

注意事項

假使幼兒無法沿著足跡找到正確位置，正確位置下的黏貼處顏色，會對應圖卡顏色，藉此引導幼兒順利找到對應的位置上。

動植物分類

[材料] 動物與植物圖卡、植物與動物字卡

[適合年齡] 4-6 歲

[教學步驟]

1. 孩子已經擁有動物和植物特性的先備經驗。
2. 將動物和植物的字卡排列成橫排。
3. 手拿圖卡依序分類為動物或植物,並排列至字卡下方。

[延伸活動]

1. 待孩子已能分辨動物、植物的不同,可將圖卡翻面朝下,讓孩子翻到正面後再分類。
2. 待孩子都瞭解動物、植物的意義,可加入其他類別的字卡和圖卡。

[注意事項]

1. 幼兒位置的安排,必須讓每位幼兒都能清楚看見圖片。
2. 進行分類教具前,幼兒須具備動物、植物的先備經驗,並瞭解其意義。
3. 須依孩子的能力調整圖卡的數量及難易度。

(七)藝術教育

臺灣童玩配對

紙ᵈ風ᶠ車ᶜ

材料　童玩的圖片黑白與彩色各一份

適合年齡　4-6 歲

教學步驟

1. 將圖片分成兩類，彩色與黑白排成一排。
2. 拿起一張彩色童玩圖片並介紹名稱，請幼兒觀察圖片上的特色找出一樣的圖片。
3. 以同樣方法介紹其他童玩的圖片，依序配對好並排列在桌上。

延伸活動

老師拿出其中一張黑色的圖卡，並唸出其中文名稱，請幼兒從下面的彩色圖卡中拿出對應的一張。

節慶活動配對

材料　各種節慶的圖片與字卡

適合年齡　3-6 歲

教學步驟

1. 請幼兒說出圖片的物品與食物名稱。
2. 再請幼兒說出這些圖片是過什麼節日？
3. 老師拿出正確的節慶字卡，進行介紹與配對。
4. 依序完成所有的字卡與節慶圖片的配對。

延伸活動

說節慶故事，對應圖卡。

臺灣地區文化活動

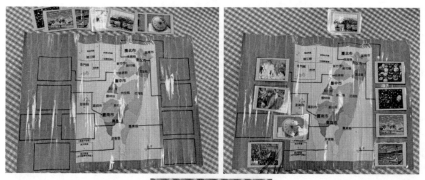

材料 臺灣地圖、各種文化活動圖片

適合年齡 4-6 歲

教學步驟

1. 展開臺灣地圖。
2. 將圖片排列在桌面上。
3. 分享圖片上的內容,請幼兒分享自己的經驗。
4. 將圖片與放在地圖上的縣市進行配對。

延伸活動

1. 隨機唸出圖卡名稱(地名／文化活動),請幼兒拿出對應的圖卡。
2. 說一個小故事,將圖卡的內容融入其中,請幼兒說出其對應的內容。(例如:油紙傘→美濃、苗栗→三義木雕)

臺灣傳統樂器配對

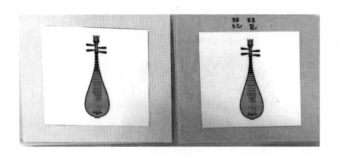

材料 傳統樂器的圖片黑白(黃底)與彩色(粉紅底)各一份

適合年齡 3-6 歲

教學步驟

1. 將樂器的圖片依顏色分成兩份,彩色與黑白各疊成一疊。
2. 將粉紅色的圖片排成一排,拿起黃底的一張樂器圖片,對應著黃色的樂器圖片,找到一樣的圖片後,放置在下方。
3. 依序完成所有的樂器圖片配對。

4. 依序介紹各種樂器名稱。

延伸活動

老師拿黑白的圖卡,請孩子找到彩色的圖卡。

臺灣特色藝術創作步驟

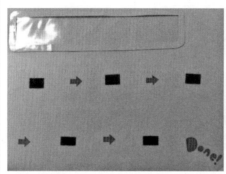 

材料 蚱蜢編織步驟圖五張、完整步驟圖一張

適合年齡 4-6 歲

教學步驟

1. 拿出完整步驟圖放在上方。
2. 依照完整步驟圖,將一張張分別獨立的步驟圖,依順序放在魔鬼氈上。
3. 依序完成五個步驟圖的配對。

延伸活動

1. 幼兒可不須過程圖例,即可排列出蚱蜢編織步驟圖的順序。
2. 拿葉子照著步驟圖編織出一隻蚱蜢。

(八)人文教育──原住民教育

我的家在哪

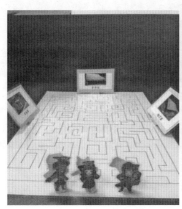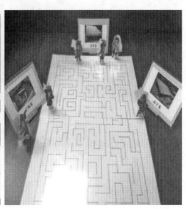

材料 原住民建築圖片、原住民人物圖片

適合年齡 4-6歲

教學步驟

1. 先選擇一個原住民人物圖片。
2. 從迷宮入口處開始,依迷宮的設計到達該原住民對應的建築。
3. 依序完成所有原住民與建築的配對。

延伸活動

可以讓幼兒反向走迷宮,根據原住民建築找原住民人物圖片。

注意事項

1. 一次示範一個原住民民族,示範前須複習舊經驗。
2. 幼兒已經具有原住民建築的先備經驗。
3. 幼兒已經瞭解走迷宮的方法與規則。

圖騰繪畫

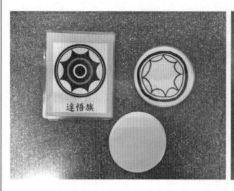

材料　白板筆、圖騰圖片、空白紙張、護貝過的空白紙張

適合年齡　4-6歲

教學步驟

1. 先選擇一個原住民圖騰。
2. 在空白紙張或護貝過的空白紙張上，根據原住民圖騰繪畫。

延伸活動

1. 幼兒可以根據自己喜歡的顏色著色。
2. 幼兒可設計自己想要的圖騰樣式。

注意事項

1. 一次示範的數量不要太多，示範前須複習舊經驗。
2. 孩子須先具有仿照繪圖的能力。
3. 孩子已經具有簡單繪圖的先備經驗。

猜猜哪個是原住民食物

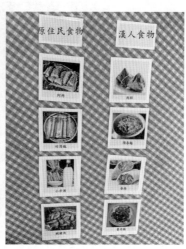

材料 食物圖卡、分類文字卡

適合年齡 4-6 歲

教學步驟

1. 拿出一張食物圖卡，討論食物的內容是生活中常吃的嗎？
2. 如果不是，便放在原住民食物的字卡下方。
3. 如果是幼兒生活中常吃的食物，便放在漢人食物下方。
4. 依序完成所有的食物圖卡分類。

延伸活動

1. 可以做兩份一樣的圖卡，進行食物的配對。
2. 可以多加入不同食物圖卡，以提高難度。

注意事項

1. 幼兒須先具有瞭解生活中食物的先備經驗。
2. 一次示範的數量不要太多，示範前須複習舊經驗。

臺東原住民族服飾拼圖

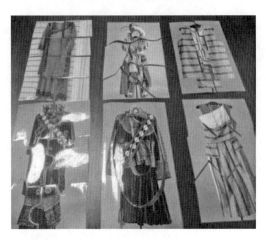

材料　臺東原住民族服飾圖片

適合年齡　4-6 歲

教學步驟

1.請幼兒運用每張圖片中的線索或是形狀，將拼圖拼起來。

2.配對完成後，請老師協助幼兒唸出該原住民族的名稱。

延伸活動

老師可以指定某一個原住民族的服飾，請幼兒找找看，並且進行配對。

注意事項

1.老師須先介紹各族的服飾，讓幼兒具備其先備經驗。

2.若幼兒還沒有足夠的能力進行配對時，老師可以先拼一次正確版的原住民族服飾，再請幼兒嘗試看看。

原住民知識大考驗

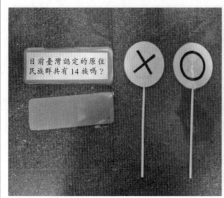

材料 　各種原住民知識的題目、圈和叉的旗子

適合年齡 　4-6 歲

教學步驟

1. 先將題目卡排開。
2. 由一位幼兒抽取一張題目卡。
3. 老師帶領幼兒一起唸題目。
4. 其他幼兒判斷題目是對或錯，並舉起 O 或 X 旗子。
5. 答對的幼兒可以獲得題目卡。

延伸活動

可以 2 人或 3 人一組，共同進行遊戲，比賽誰答對的題數多。

注意事項

1. 幼兒對原住民知識要有先備經驗。
2. 在幼兒還不太會唸題目上的字時，老師可以先示範。
3. 當題目的答案是錯的時候，老師要解釋為何是錯的，且須講解正確的概念。
4. 幼兒已具備初步認字的能力。

原住民分布圖

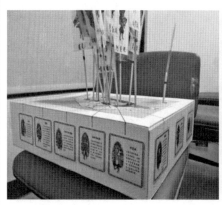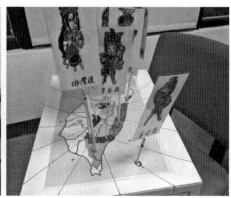

材料　原住民圖卡、原住民知識圖卡與地圖

適合年齡　4-6 歲

教學步驟

1. 帶幼兒認識臺灣原住民族分布的地區。
2. 將上面的圖卡抽取下來放在旁邊。
3. 讓幼兒自己找尋正確的配對位置，並且插入圖卡。

延伸活動

1. 老師指定地區，請幼兒依據老師所說的族群進行配對。
2. 等到幼兒都熟悉之後，可以利用沒有顏色的地圖讓幼兒操作。

注意事項

1. 幼兒要有地區名稱的先備經驗。
2. 若幼兒覺得太困難，老師可以利用有趣的故事，幫助幼兒記住族群和地區的配對。

三、蒙特梭利教育與課程大綱的關係

　　以下內容分享一般蒙特梭利幼兒園中的例行性活動、全園性活動、日常生活教育、感官教育、數學教育、語文教育及文化教育與課程大綱學習指標之間結合的做法，最後呈現教師執行教學檢核表的方式。

(一)例行性活動

✍ 熊熊森林幼兒園例行性活動（2-6歲）

活動類別	課程活動	學習指標
一、安全與健康活動	1.安全宣導（居家、校園、人身、交通、遊戲）	社-幼-1-5-1 知道生活環境中常接觸的人事物
		社-小-1-5-3 覺察自身的安全，避開危險的人事物
		社-中-1-5-3 覺察自身的安全，避開危險的人事物
		社-大-1-5-3 辨識生活環境中的危險，維護自身的安全
	2.衛教宣導（腸病毒預防、視力與保健）	社-幼-1-5-1 知道生活環境中常接觸的人事物
		社-小-1-5-3 覺察自身的安全，避開危險的人事物
		社-中-1-5-3 覺察自身的安全，避開危險的人事物
		社-大-1-5-3 辨識生活環境中的危險，維護自身的安全
	3.防災逃生宣導（地震、火災、海嘯）	社-幼-1-5-1 知道生活環境中常接觸的人事物
		社-小-1-5-3 覺察自身的安全，避開危險的人事物
		社-中-1-5-3 覺察自身的安全，避開危險的人事物
		社-大-1-5-3 辨識生活環境中的危險，維護自身的安全

活動類別	課程活動	學習指標
一、安全與健康活動	4.環境照顧	身-幼-2-2-3 熟練日常清潔、衛生與保健的自理行為
		身-小-2-2-3 熟練日常清潔、衛生與保健的自理行為
		身-中-2-2-3 使用清潔工具清理環境
		身-大-2-2-3 使用清潔工具清理環境
二、分享活動	1.故事分享日	語-幼-1-6-2 知道翻閱圖畫書的方向
		語-小-1-6-2 知道書名的位置與閱讀方向
		語-中-1-6-2 知道書名的位置與閱讀方向
		語-大-1-6-2 知道華文的閱讀方向
		語-幼-2-4-1 描述圖片主要的人或物
		語-小-2-4-1 描述圖片的細節
		語-中-2-4-1 敘說一組圖片部分連貫的情節
		語-大-2-4-1 看圖片或圖畫書敘說有主題的故事
	2.玩具分享日	社-幼-3-2-1 樂於與友伴一起遊戲和活動
		社-小-3-2-1 樂於與友伴一起遊戲和活動
		社-中-3-2-1 主動關懷並樂於與他人分享
		社-大-3-2-1 主動關懷並樂於與他人分享
三、情意活動	1.花道	身-小-2-2-3 熟練日常清潔、衛生與保健的自理行為
		身-中-2-2-3 使用清潔工具清理環境
		身-大-2-2-4 熟練手眼協調的精細動作
		美-小-1-2-1 探索生活環境中事物的色彩、形體、質地的美

活動類別	課程活動	學習指標
三、情意活動		美 - 中 -1-2-1 探索生活環境中事物的色彩、形體、質地的美，覺察其中的差異
		美 - 大 -1-2-1 探索生活環境中事物的色彩、形體、質地的美，覺察其中的差異
		美 - 小 -2-1-1 享受玩索各種藝術媒介的樂趣
		美 - 中 -2-1-1 玩索各種藝術媒介，發揮想像並享受自我表現的樂趣
		美 - 大 -2-1-1 玩索各種藝術媒介，發揮想像並享受自我表現的樂趣
	2. 茶道	身 - 小 -2-2-3 熟練日常清潔、衛生與保健的自理行為
		身 - 中 -2-2-3 使用清潔工具清理環境
		身 - 大 -2-2-4 熟練手眼協調的精細動作
		社 - 小 -2-3-1 在生活情境中學習合宜的人際禮儀
		社 - 中 -2-3-1 理解自己和互動對象的關係，表現合宜的生活禮儀
		社 - 大 -2-3-1 因應情境，表現合宜的生活禮儀
	3. 體能律動	身 - 幼 -1-1-2 模仿常見的穩定性及移動性動作
		身 - 小 -1-1-3 覺察身體活動的安全距離
		身 - 中 -1-1-3 覺察身體活動的安全距離
		身 - 大 -1-1-3 覺察與辨別保護自己的基本動作

活動類別	課程活動	學習指標
三、情意活動	4.音樂遊戲	美 - 小 -2-2-3 以哼唱、打擊樂器或身體動作模仿聽到的旋律或節奏
		美 - 中 -2-2-3 以哼唱、打擊樂器或身體動作反應聽到的旋律或節奏
		美 - 大 -2-2-3 運用哼唱、打擊樂器或身體動作進行創作
四、生活自理活動	1.入園到校、穿換鞋子、整理書包	社 - 幼 -2-1-2 學習日常的生活自理行為
		社 - 小 -2-1-2 學習日常的生活自理行為
		社 - 中 -2-1-2 調整與建立合宜的自我照顧行為
		社 - 大 -2-1-2 調整與建立合宜的自我照顧行為
		情 - 幼 -1-1-1 知道自己常出現的正負向情緒
		情 - 小 -1-1-1 知道自己常出現的正負向情緒
		情 - 中 -1-1-1 辨認自己常出現的複雜情緒
		情 - 大 -1-1-1 辨認自己常出現的複雜情緒
		情 - 幼 -1-2-1 覺察與辨識常接觸的人和擬人化物件的情緒
		情 - 小 -1-2-1 覺察與辨識常接觸的人和擬人化物件的情緒
		情 - 中 -1-2-1 從事件的脈絡中辨識他人和擬人化物件的情緒

活動類別	課程活動	學習指標
四、生活自理活動		情 - 大 -1-2-1 從事件的脈絡中辨識他人和擬人化物件的情緒
		情 - 幼 -2-1-1 運用動作或表情表達自己的情緒
		情 - 小 -2-1-1 運用動作、表情、語言表達自己的情緒
		情 - 中 -2-1-1 運用動作、表情、語言表達自己的情緒
		情 - 大 -2-1-1 運用動作、表情、語言表達自己的情緒
		情 - 小 -3-2-1 理解常接觸的人其情緒產生的原因
		情 - 中 -3-2-1 理解常接觸的人或擬人化物件情緒產生的原因
		情 - 大 -3-2-1 理解常接觸的人或擬人化物件情緒產生的原因
	2.享用早餐、午餐、點心	身 - 幼 -2-2-1 平穩使用各種素材或器材
		身 - 小 -2-2-1 平穩使用各種素材或器材
		身 - 中 -2-2-1 敏捷使用各種素材或器材
		身 - 大 -2-2-1 敏捷使用各種素材或器材
		身 - 幼 -2-2-2 使用餐具進食
		身 - 小 -2-2-2 使用餐具進食
		身 - 中 -2-2-2 清潔自己的餐具與整理用餐桌椅

活動類別	課程活動	學習指標
四、生活自理活動		身-大-2-2-2 清潔自己的餐具與整理用餐桌椅
		身-幼-2-2-3 熟練日常清潔、衛生與保健的自理行為
		身-小-2-2-3 熟練日常清潔、衛生與保健的自理行為
		身-中-2-2-3 使用清潔工具清理環境
		身-大-2-2-4 熟練手眼協調的精細動作
		社-幼-1-3-1 覺察生活作息和活動的規律性
		社-小-1-3-1 覺察生活作息和活動的規律性
		社-中-1-3-1 辨別生活環境中能做或不能做的事
		社-大-1-3-1 辨認生活規範和活動規則的理由
		社-幼-2-1-1 表達自己身體的基本需要
		社-小-2-1-1 表達自己基本的身體或心理需要
		社-中-2-1-1 表達自己身體的狀況與需要
		社-大-2-1-1 表達自己的身體狀況及其發生的原因
	3.刷牙、洗臉、入眠	身-幼-2-2-1 平穩使用各種素材或器材
		身-小-2-2-1 平穩使用各種素材或器材
		身-中-2-2-1 敏捷使用各種素材或器材

活動類別	課程活動	學習指標
四、生活自理活動		身-大-2-2-1 敏捷使用各種素材或器材
		社-幼-2-1-2 學習日常的生活自理行為
		社-小-2-1-2 學習日常的生活自理行為
		社-中-2-1-2 調整與建立合宜的自我照顧行為
		社-大-2-1-2 調整與建立合宜的自我照顧行為
	4.寢具內務整理	社-小-3-1-1 自己能做的事情自己做
		社-中-3-1-1 自己能做的事情自己做
		社-大-3-1-1 建立肯做事、負責任的態度與行為
	5.值日生	社-小-3-1-2 對自己完成的工作感到高興
		社-中-3-1-2 欣賞自己的長處,喜歡自己完成的工作
		社-大-3-1-2 欣賞自己的優點和缺點,喜歡自己
		社-小-2-2-3 依據活動的程序與他人共同進行活動
		社-中-2-2-3 依據活動的程序與他人共同進行活動
		社-大-2-2-3 考量自己與他人的能力和興趣,和他人分工合作

✍ 安德幼兒園 2-6 歲例行性活動

活動類別	課程活動	學習指標
一、晨間活動	1.迎接幼兒來園、享用早餐	身 - 幼 -2-2-2 使用餐具進食
		社 - 幼 -2-3-1 在生活情境中學習合宜的人際禮儀
		身 - 小 -2-2-2 使用餐具進食
		社 - 小 -2-3-1 在生活情境中學習合宜的人際禮儀
		身 - 中 -2-2-2 清潔自己的餐具與整理用餐桌椅
		社 - 中 -2-3-1 理解自己和互相對象的關係，表現合宜的生活禮儀
		身 - 大 -2-2-2 清潔自己的餐具與整理用餐桌椅
		社 - 大 -2-3-1 因應情境，表現合宜的生活禮儀
	2.閱讀、簽到	語 - 幼 2-4-1 描述圖片主要的人或物
		社 - 幼 -1-3-1 覺察生活作息和活動的規律性
		情 - 幼 -2-1-1 運用動作或表情表達自己的情緒
		語 - 小 -2-4-1 描述圖片的細節
		社 - 小 -1-3-1 覺察生活作息和活動的規律性
		情 - 小 -2-1-1 運用動作、表情、語言表達自己的情緒

活動類別	課程活動	學習指標
一、晨間活動		語-中-2-4-1 敘述一組圖片部分連貫的情節
		社-中-1-3-1 辨別生活環境中能做或不能做的事
		情-中-2-1-1 運用動作、表情、語言表達自己的情緒
		語-大-1-6-2 知道華文的閱讀方向
		語-大-2-4-1 看圖片或圖畫書敘說有主題的故事
		社-大-1-3-1 辨認生活規範和活動規則的理由
		情-大-2-1-1 運用動作、表情、語言表達自己的情緒
二、戶外活動	1.戶外自由活動	身-幼-2-1-1 在穩定性及移動性動作中練習平衡
		身-幼-2-1-2 遵守安全活動的規則
		情-幼-2-1-1 運用動作或表情表達自己的情緒
		身-小-2-1-1 在穩定性及移動性動作中練習平衡與協調
		身-小-2-1-2 遵守安全活動的規則
		社-小-1-5-3 覺察自身的安全，避開危險的人事物
		情-小-2-1-1 運用動作、表情、語言表達自己的情緒

活動類別	課程活動	學習指標
二、戶外活動		身-中-2-2-1 敏捷使用各種素材或器材
		身-中-2-1-2 在團體活動中，應用身體基本動作安全地完成任務
		社-中-1-5-3 覺察自身的安全，避開危險的人事物
		情-中-2-1-1 運用動作、表情、語言表達自己的情緒
		身-大-2-2-1 敏捷使用各種素材或器材
		身-大-2-1-2 在團體活動中，應用身體基本動作安全地完成任務
		社-大-1-5-3 辨識生活環境中的危險，維護自身的安全
		情-大-2-1-1 運用動作、表情、語言表達自己的情緒
	2.體能活動	身-幼-2-1-2 遵守安全活動的原則
		身-小-2-1-2 遵守安全活動的原則
		身-中-2-1-2 在團體活動中，應用身體基本動作安全地完成任務
		身-大-2-1-2 在團體活動中，應用身體基本動作安全地完成任務
		語-幼-1-1-1 理解簡單的手勢、表情與口語指示
		語-小-1-1-1 理解簡單的手勢、表情與口語指示

活動類別	課程活動	學習指標
二、戶外活動		語 - 中 -1-1-1 合宜詮釋互動對象的表情和肢體動作
		語 - 大 -1-1-1 合宜詮釋互動對象的表情和肢體動作
		美 - 幼 -1-2-2 探索生活環境中各種聲音
		美 - 小 -1-2-2 探索生活環境中各種聲音
		美 - 中 -1-2-2 探索生活環境中各種聲音，覺察其中的差異
		美 - 大 -1-2-2 探索生活環境中各種聲音，覺察其中的差異
三、照顧自己	1.謝飯禱告、快樂用餐、飯後整理	身 - 幼 -2-2-2 使用餐具進食
		身 - 小 -2-2-2 使用餐具進食
		身 - 中 -2-2-2 清潔自己的餐具與整理用餐桌椅
		身 - 大 -2-2-2 清潔自己的餐具與整理用餐桌椅
		身 - 幼 -2-2-3 熟練日常清潔、衛生與保健的自理行為
		身 - 小 -2-2-3 熟練日常清潔、衛生與保健的自理行為
		身 - 中 -2-2-3 使用清潔工具清理環境
		身 - 大 -2-2-3 使用清潔工具清理環境
		社 - 幼 -3-1-1 自己能做的事情自己做
		社 - 小 -3-1-1 自己能做的事情自己做
		社 - 中 -3-1-1 自己能做的事情自己做

活動類別	課程活動	學習指標
三、照顧自己		社 - 大 3-1-1 建立肯做事、負責任的態度與行爲
	2.午休時間	社 - 幼 -1-3-1 覺察生活作息和活動的規律性
		社 - 小 -1-3-1 覺察生活作息和活動的規律性
		社 - 中 -1-3-1 辨別生活環境中能做或不能做的事
		社 - 大 -1-3-1 辨認生活規範和活動規則的理由
	3.整理服裝	美 - 幼 -1-1-1 探索生活環境中事物的美，經驗各種美感經驗
		美 - 小 -1-1-1 探索生活環境中事物的美，經驗各種美感經驗
		美 - 中 -1-1-1 探索生活環境中事物的美，經驗各種美感經驗
		美 - 大 -1-1-1 探索生活環境中事物的美，經驗各種美感經驗
四、多元教學	1.奧福音樂	美 - 小 -2-2-3 以哼唱、打擊樂器或身體動作模仿聽到的旋律或節奏
		美 - 中 -2-2-3 以哼唱、打擊樂器或身體動作模仿聽到的旋律或節奏
		美 - 大 -2-2-3 運用哼唱、打擊樂器或身體動作進行創作

活動類別	課程活動	學習指標
四、多元教學	2.美術	美-小-2-2-2 運用線條、形狀或色彩表現想法,並命名或賦予意義
		美-中-2-2-2 運用線條、形狀或色彩,進行創作
		美-大-2-2-2 運用線條、形狀或色彩,進行創作

(二)全園性活動

✄ 幼兒園全園性活動(2-6歲)

活動類別	學習指標
一、衛教宣導活動	社-幼-2-1-1 表達自己身體的基本需求
	社-幼-2-1-2 學習日常的生活自理行為
	社-小-2-1-1 表達自己基本的身體或心理需要
	社-中-2-1-1 表達自己身體的狀況與需要
	社-大-2-1-1 表達自己的身體狀況及其發生的原因
	社-大-2-1-2 調整與建立合宜的自我照顧行為
二、節慶活動	社-幼-3-2-1 樂於與友伴一起遊戲和活動
	社-小-1-6-1 參與節慶活動
	社-中-1-6-1 參與節慶活動
	社-大-1-6-1 參與節慶活動,體會節慶的意義

活動類別	學習指標
三、親子活動	社 - 幼 -3-2-1 樂於與友伴一起遊戲和活動
	社 - 小 -2-2-3 依據活動的程序與他人共同進行活動
	社 - 中 -2-2-3 依據活動的程序與他人共同進行活動
	社 - 大 -2-2-3 考量自己與他人的能力和興趣,和他人分工合作
四、週五歡樂堡活動	語 - 小 -1-6-2 知道書名的位置與閱讀方向
	語 - 中 -1-6-2 知道書名的位置與閱讀方向
	語 - 大 -1-6-2 知道華文的閱讀方向
	身 - 小 -2-1-2 遵守安全活動的原則
	身 - 中 -2-1-2 在團體活動中,應用身體基本動作安全地完成任務
	身 - 大 -2-1-2 在團體活動中,應用身體基本動作安全地完成任務
	身 - 小 -2-2-2 使用餐具進食
	身 - 中 -2-2-2 清潔自己的餐具與整理用餐桌椅
	身 - 大 -2-2-2 清潔自己的餐具與整理用餐桌椅
	身 - 小 -2-2-4 操作與運用抓、握、扭轉的精細動作
	身 - 中 -2-2-4 綜合運用抓、握、扭轉、揉、捏的精細動作
	身 - 大 -2-2-4 熟練手眼協調的精細動作
五、畢業典禮	社 - 幼 -3-2-2 尊敬長輩,喜愛與感謝家人
	情 - 幼 -2-1-1 運用動作或表情表達自己的情緒
	社 - 小 -3-2-2 尊敬長輩,喜愛與感謝家人
	情 - 小 -2-1-1 運用動作、表情、語言表達自己的情緒

活動類別	學習指標
五、畢業典禮	美-小-2-1-1 享受玩索各種藝術媒介的樂趣
	社-中-3-2-2 尊敬長輩，喜愛與感謝家人
	身-中-2-2-1 敏捷使用各種素材或器材
	情-中-2-1-1 運用動作、表情、語言表達自己的情緒
	美-中-3-1-2 樂於參與在地藝術創作或展演活動
	身-大-2-2-1 敏捷使用各種素材或器材
	社-大-3-2-2 尊敬長輩，喜愛與感謝家人
	情-大-2-1-1 運用動作、表情、語言表達自己的情緒
	美-大-3-1-2 樂於參與在地藝術創作或展演活動

(三)日常生活教育

蒙特梭利日常生活教育包含動作協調、生活禮儀、照顧自己、照顧環境與準備食物等五大內容，且依照每個教具的直接目的及間接目的對應出合適的學習指標。有關各教具的延伸變化所對應的學習指標，則由讀者自行編列。

內容	教具名稱	直接目的	間接目的		學習指標
一、動作協調	・拿、放（拿、放托盤） ・搬、放（搬、放桌椅） ・捲（捲地毯）	・培養秩序性、專注力、動作協調、獨立	・學習基本的走路方法 ・增進平衡能力 ・學習自我控制的能力	幼	身-幼-1-1-2 模仿常見的穩定性及移動性動作
					身-幼-1-2-1 覺察器材操作的方式
					身-幼-2-1-1 在穩定性及移動

內容	教具名稱	直接目的	間接目的	學習指標	
一、動作協調	·坐下、站立 ·走線運動 ·靜寂遊戲（安靜遊戲）		·增進肌肉的協調 ·培養寫、讀、算的能力 ·學習肢體控制的能力 ·精進手腕的能力 ·發展空間覺醒 ·學習與他人保持距離 ·發展身體兩側的協調 ·增進情緒穩定性 ·發展聽覺的能力 ·體會寧靜的美好		性動作中練習平衡
					身-幼-2-2-1平穩使用各種素材或器材
					認-幼-1-3-1探索生活物件的特性與功能
				小	身-小-1-1-2模仿身體的靜態平衡動作
					身-小-1-1-3覺察身體活動的安全距離
					身-小-1-2-1覺察器材操作的方式
					身-小-2-1-1在穩定性及移動性動作中練習平衡與協調
					身-小-2-2-1平穩使用各種素材或器材
					認-小-1-3-1觀察生活物件的特徵

內容	教具名稱	直接目的	間接目的		學習指標
一、動作協調					社-小-2-1-3 根據自己的想法做選擇
				中	身-中-1-1-1 覺察身體在穩定性及移動性動作表現上的協調性
					身-中-1-1-2 模仿身體的動態平衡動作
					身-中-1-1-3 覺察身體活動的安全距離
					身-中-1-2-1覺察各種用具的安全操作技能
					身-中-2-2-1 敏捷使用各種素材或器材
					認-中-1-3-1 觀察生活物件的特徵
					社-中-2-1-3 調整自己的想法去行動

內容	教具名稱	直接目的	間接目的	學習指標	
一、動作協調				大	身-大-1-1-1 覺察身體在穩定性及移動性動作表現上的協調性
					身-大-1-1-2 模仿身體的動態平衡動作
					身-大-1-1-3 覺察與辨別保護自己的基本動作
					身-大-1-2-1覺察各種用具的安全操作技能
					身-大-2-2-1 敏捷使用各種素材或器材
					認-大-1-3-1 觀察生活物件的特徵
	·抓（五指抓、三指抓、二指抓） ·倒（倒固體、倒液	·培養秩序性、專注力、動作協調、獨立	·培養寫、讀、算的能力 ·發展用整隻手移動物品的能	幼	身-幼-1-2-2 模仿簡易的生活自理動作
					身-幼-2-2-1 平穩使用各種素材或器材

內容	教具名稱	直接目的	間接目的	學習指標	
一、動作協調	體） ・舀（舀固體、舀篩工作） ・夾（夾衣夾、鑷子夾、使用筷子夾） ・擠（滴管擠水） ・敲（敲釘子、敲木條） ・轉（轉瓶蓋） ・剪（剪紙） ・刺（刺紙工） ・穿（穿木珠） ・縫（縫工） ・磨蛋殼		力 ・精進五指抓的能力 ・精進三指抓的能力 ・精進二指抓的能力 ・精進倒的能力 ・精進舀的能力 ・精進舀篩的能力 ・精進夾的能力 ・精進擠的能力 ・精進手臂的能力 ・精進敲的能力 ・精進手腕的能力 ・精進轉的能力 ・發展打開瓶蓋的技巧和能力		身-幼-2-2-4 手肘支撐下練習抓、握的精細動作
					認-幼-1-3-1 探索生活物件的特性與功能
					社-幼-2-1-2 學習日常的生活自理行為
				小	身-小-1-2-2 模仿簡易的生活自理動作
					身-小-2-2-1 平穩使用各種素材或器材
					身-小-2-2-4 操作與運用抓、握、扭轉的精細動作
					認-小-1-3-1 觀察生活物件的特徵
					社-小-2-1-2 學習日常的生活自理行為

內容	教具名稱	直接目的	間接目的	學習指標	
一、動作協調			·精進剪的能力 ·發展使用剪刀的技巧和能力 ·精進刺的能力 ·精進穿線的能力 ·精進縫的能力 ·學習穿線、打結的技巧 ·學習照顧自己 ·為數學心智作預備	中	社-小-2-1-3 根據自己的想法做選擇
					身-中-1-2-2 觀察與調整照顧自己及整理環境的動作
					身-中-2-2-1 敏捷使用各種素材或器材
					身-中-2-2-4 綜合運用抓、握、扭轉、揉、捏的精細動作
					認-中-1-3-1 觀察生活物件的特徵
					社-中-2-1-2 調整與建立合宜的自我照顧行為
					社-中-2-1-3 調整自己的想法去行動
				大	身-大-1-2-2 觀察與調整照顧自己及整理環境的動作

內容	教具名稱	直接目的	間接目的	學習指標
一、動作協調				身 - 大 -2-2-1 敏捷使用各種素材或器材
				身 - 大 -2-2-4 熟練手眼協調的精細動作
				認 - 大 -1-3-1 觀察生活物件的特徵
				社 - 大 -2-1-2 調整與建立合宜的自我照顧行為
二、生活禮儀	·打招呼 ·感謝與道歉 ·開門、關門 ·咳嗽、打噴嚏、打呵欠 ·喝水、用餐 ·使用洗手間 ·繞地毯走	·培養秩序性、專注力、動作協調、獨立	·培養生活禮儀 ·培養社會性發展 ·培養人際關係 ·建立互信關係 ·培養感恩的心 ·學習尊重他人的空間	幼	身 - 幼 -2-2-3 熟練日常清潔、衛生與保健的自理行為
				語 - 幼 -2-2-1 合宜使用禮貌用語
				認 - 幼 -1-3-1 探索生活物件的特性與功能
				社 - 幼 -2-1-2 學習日常的生活自理行為

內容	教具名稱	直接目的	間接目的	學習指標	
二、生活禮儀	·如何參與和觀看他人工作 ·如何打斷別人說話 ·如何拿取和傳遞危險物品		·培養責任心、道德心 ·增進平衡能力 ·發展空間知覺 ·學習肢體控制能力 ·培養合作精神 ·學習安全措施及保護	社-幼-2-3-1 在生活情境中學習合宜的人際禮儀	
				身-小-2-2-3 熟練日常清潔、衛生與保健的自理行為	小
				語-小-2-2-1 合宜使用禮貌用語	
				認-小-1-3-1 觀察生活物件的特徵	
				社-小-2-1-2 學習日常的生活自理行為	
				社-小-2-1-3 根據自己的想法做選擇	
				社-小-2-3-1 在生活情境中學習合宜的人際禮儀	
				認-中-1-3-1 觀察生活物件的特徵	中

內容	教具名稱	直接目的	間接目的		學習指標
二、生活禮儀					社-中-2-1-2 調整與建立合宜的自我照顧行為
					社-中-2-1-3 調整自己的想法去行動
					社-中-2-3-1 理解自己和互動對象的關係，表現合宜的生活禮儀
				大	認-大-1-3-1 觀察生活物件的特徵
					社-大-2-1-2 調整與建立合宜的自我照顧行為
					社-大-2-3-1 因應情境，表現合宜的生活禮儀
三、照顧自己	·衣飾框 ·摺方巾 ·穿、脫衣物 ·穿、脫鞋子	·培養秩序感、專注力、動作協調、獨立	·學習照顧自己 ·精進抓的能力 ·精進摺的能力	幼	身-幼-1-2-2 模仿簡易的生活自理動作
					身-幼-2-2-1 平穩使用各種素材或器材

內容	教具名稱	直接目的	間接目的	學習指標	
三、照顧自己	・洗（洗手） ・掛（掛衣物） ・洗（洗衣物） ・擦（擦鞋子）		・學習穿、脫衣服的技巧 ・精進手指、手腕、手臂的能力 ・學習穿、脫鞋子的技巧 ・學習洗手的技巧 ・培養衛生保健、儀容整潔的習慣 ・學習洗衣物的技巧 ・培養寫、讀、算的能力 ・學習擦鞋子的技巧	身-幼-2-2-3 熟練日常清潔、衛生與保健的自理行為	
				身-幼-2-2-4 手肘支撐下練習抓、握的精細動作	
				認-幼-1-3-1 探索生活物件的特性與功能	
				社-幼-2-1-2 學習日常的生活自理行為	
				身-小-1-2-2 模仿簡易的生活自理動作	小
				身-小-2-2-1 平穩使用各種素材或器材	
				身-小-2-2-3 熟練日常清潔、衛生與保健的自理行為	
				身-小-2-2-4 操作與運用抓、握、扭轉的精細動作	

內容	教具名稱	直接目的	間接目的		學習指標
三、照顧自己					認-小-1-3-1 觀察生活物件的特徵
					社-小-2-1-2 學習日常的生活自理行爲
					社-小-2-1-3 根據自己的想法做選擇
				中	身-中-1-2-2 觀察與調整照顧自己及整理環境的動作
					身-中-2-2-1 敏捷使用各種素材或器材
					身-中-2-2-4 綜合運用抓、握、扭轉、揉、捏的精細動作
					認-中-1-3-1 觀察生活物件的特徵
					社-中-2-1-2 調整與建立合宜的自我照顧行爲

內容	教具名稱	直接目的	間接目的	學習指標	
三、照顧自己				大	社-中-2-1-3 調整自己的想法去行動
					身-大-1-2-2 觀察與調整照顧自己及整理環境的動作
					身-大-2-2-1 敏捷使用各種素材或器材
					身-大-2-2-4 熟練手眼協調的精細動作
					認-大-1-3-1 觀察生活物件的特徵
					社-大-2-1-2 調整與建立合宜的自我照顧行為
四、照顧環境	・除（除灰塵） ・掃（掃地） ・刷（刷桌子） ・擦（擦銅器）	・培養秩序感、專注力、動作協調、獨立	・學習照顧環境 ・精進抓、手腕、手臂的能力 ・學習除灰塵的技巧	幼	認-幼-1-2-1 觀察動植物的特徵
					認-幼-1-3-1 探索生活物件的特性與功能

內容	教具名稱	直接目的	間接目的	學習指標	
四、照顧環境	·擦（擦鏡子） ·照顧動植物 ·擦（擦葉子） ·插（插花）		·培養環境衛生、清潔的習慣 ·培養寫、讀、算的能力 ·學習掃地的技巧 ·學習刷桌子的技巧 ·學習擦拭銅器的技巧 ·學習擦鏡子的技巧 ·學習擦葉子的技巧 ·學習愛護植物 ·瞭解植物需要呼吸 ·學習用植物來美化環境		社-幼-3-4-1 關懷愛護動植物
					美-幼-1-1-1 探索生活環境中事物的美，體驗各種美感經驗
				小	認-小-1-2-1 觀察動植物的生長變化
					認-小-1-3-1 觀察生活物件的特徵
					認-小-2-2-2 比較動植物特徵的異同
					社-小-2-1-3 根據自己的想法做選擇
					社-小-3-4-1 關懷愛護動植物
					美-小-1-1-1 探索生活環境中事物的美，體驗各種美感經驗

內容	教具名稱	直接目的	間接目的		學習指標
四、照顧環境				中	身-中-1-2-2 觀察與調整照顧自己及整理環境的動作
					身-中-2-2-3 使用清潔工具清理環境
					認-中-1-2-1 觀察動植物的生長變化
					認-中-1-3-1 觀察生活物件的特徵
					社-中-2-1-3 調整自己的想法去行動
					社-中-3-4-1 樂於親近自然、愛護生命、節約資源
					美-中-1-1-1 探索生活環境中事物的美，體驗各種美感經驗

內容	教具名稱	直接目的	間接目的	學習指標	
四、照顧環境				大	身 - 大 -1-2-2 觀察與調整照顧自己及整理環境的動作
					身 - 大 -2-2-3 使用清潔用具整理環境
					認 - 大 -1-2-1 觀察動植物的生長變化
					認 - 大 -1-3-1 觀察生活物件的特徵
					社 - 大 -3-4-1 樂於親近自然、愛護生命、節約資源
					美 - 大 -1-1-1 探索生活環境中事物的美，體驗各種美感經驗
五、準備食物	·準備食物 ·剝（剝花生） ·塗（塗果醬、塗蘇打餅）	·培養秩序性、專注力、動作協調、獨立	·學習剝的技巧 ·學習生活禮儀 ·學習塗的技巧	幼	身 - 幼 -1-2-2 模仿簡易的生活自理動作
					身 - 幼 -2-2-1 平穩使用各種素材或器材

內容	教具名稱	直接目的	間接目的	學習指標	
五、準備食物	・削（削紅蘿蔔） ・切（切小黃瓜） ・磨小饅頭		・學習削的技巧 ・學習切的技巧 ・學習照顧自己及招待他人 ・精進抓、手腕、手臂的能力	身-幼-2-2-2 使用餐具進食	
				認-幼-1-3-1 探索生活物件的特性與功能	
				身-幼-2-2-4 手肘支撐下練習抓、握的精細動作	
				社-幼-2-1-2 學習日常的生活自理行為	
				身-小-1-2-2 模仿簡易的生活自理動作	小
				身-小-2-2-1 平穩使用各種素材或器材	
				身-小-2-2-2 使用餐具進食	
				身-小-2-2-4 操作與運用抓、握、扭轉的精細動作	
				語-小-2-2-1 合宜使用禮貌用語	

內容	教具名稱	直接目的	間接目的	學習指標	
五、準備食物				語-小-2-2-3在一對一的互動情境中開啟話題並延續對話	
				認-小-1-3-1觀察生活物件的特徵	
				社-小-2-1-2學習日常的生活自理行為	
				社-小-2-1-3根據自己的想法做選擇	
				身-中-1-2-2觀察與調整照顧自己及整理環境的動作	中
				身-中-2-2-1敏捷使用各種素材或器材	
				身-中-2-2-2清潔自己的餐具與整理用餐桌椅	
				身-中-2-2-3使用清潔工具清理環境	

內容	教具名稱	直接目的	間接目的		學習指標
五、準備食物					身-中-2-2-4 綜合運用抓、握、扭轉、揉、捏的精細動作
					語-中-2-2-1 合宜使用禮貌用語
					語-中-2-2-2 以清晰的口語表達想法
					認-中-1-3-1 觀察生活物件的特徵
					社-中-2-1-2 調整與建立合宜的自我照顧行為
					社-中-2-1-3 調整自己的想法去行動
				大	身-大-1-2-2 觀察與調整照顧自己及整理環境的動作
					身-大-2-2-1 敏捷使用各種素材或器材

內容	教具名稱	直接目的	間接目的	學習指標
五、準備食物				身-大-2-2-2 清潔自己的餐具與整理用餐桌椅
				身-大-2-2-3 使用清潔用具整理環境
				認-大-1-3-1 觀察生活物件的特徵
				身-大-2-2-4 熟練手眼協調的精細動作
				社-大-2-1-2 調整與建立合宜的自我照顧行為

(四)感官教育

　　蒙特梭利感官教育包含視覺、觸覺、聽覺、嗅覺與味覺等五大內容，且依照每個教具的直接目的及間接目的對應出合適的學習指標。有關各教具的延伸變化所對應的學習指標，則由讀者自行編列。

內容	教具名稱	直接目的	間接目的	學習指標	
視覺教育	1.帶插座圓柱體組	·培養辨別大小的視覺能力	·作為寫字前的準備 ·培養邏輯思考的能力（對應、順序） ·培養敏銳的觀察力	幼	認-幼-1-3-1 探索生活物件的特性與功能
				小	認-小-1-3-1 觀察生活物件的特徵
					認-小-2-3-2 比較生活物件特徵間的異同
					認-小-3-1-1 探索解決問題可能的方法
				中	認-中-1-3-1 觀察生活物件的特徵
				大	認-大-1-3-1 觀察生活物件的特徵
	2.粉紅塔	·透過視覺，正確地獲得對三次元空間差異變化的知覺	·手眼協調及肌肉運動的控制力 ·學習立體的概念 ·數學教育的間接預備（是理	幼	身-幼-2-2-1 平穩使用各種素材或器材
					認-幼-1-1-5 探索物體的外形
					認-幼-1-3-1 探索生活物件的特性與功能

內容	教具名稱	直接目的	間接目的	學習指標	
視覺教育			解十進法的準備教具） ・培養邏輯思考的能力（順序性）	小	身-小-2-2-1 平穩使用各種素材或器材
					認-小-1-3-1 觀察生活物件的特徵
					認-小-3-1-1 探索解決問題可能的方法
				中	身-中-2-2-1 敏捷使用各種素材或器材
					認-中-1-3-1 觀察生活物件的特徵
				大	身-大-2-2-1 敏捷使用各種素材或器材
					認-大-1-3-1 觀察生活物件的特徵
	3.棕色梯 ▲延伸教具──棕色梯分解 	・透過視覺的辨別，在知覺上對二次元的差異有充分的認	・發展眼、手、肌肉的動作協調 ・培養專注的觀察力	幼	身-幼-2-2-1 平穩使用各種素材或器材
					認-幼-1-1-5 探索物體的外形

內容	教具名稱	直接目的	間接目的	學習指標	
視覺教育		識	·學習角柱（長方體）的概念 ·培養邏輯思考的能力（順序性）	幼	認-幼-1-3-1 探索生活物件的特性與功能
				小	身-小-2-2-1 平穩使用各種素材或器材
					認-小-1-3-1 觀察生活物件的特徵
					認-小-3-1-1 探索解決問題可能的方法
				中	身-中-2-2-1 敏捷使用各種素材或器材
					認-中-1-3-1 觀察生活物件的特徵
				大	身-大-2-2-1 敏捷使用各種素材或器材
					認-大-1-3-1 觀察生活物件的特徵
	4.長棒	·透過視覺的辨別，在知覺上	·發展手、眼與肌肉的協調性	幼	身-幼-2-2-1 平穩使用各種素材或器材

內容	教具名稱	直接目的	間接目的	學習指標	
視覺教育		對長度的（一次元）差異有正確的瞭解	·隱含長度測定概念的教具 ·數學教育（量、基本運算、十進位、公制系統）的直接預備教具	幼	認-幼-1-3-1 探索生活物件的特性與功能
				小	身-小-2-2-1 平穩使用各種素材或器材
					認-小-1-3-1 觀察生活物件的特徵
					認-小-3-1-1 探索解決問題可能的方法
				中	身-中-2-2-1 敏捷使用各種素材或器材
					認-中-1-3-1 觀察生活物件的特徵
				大	身-大-2-2-1 敏捷使用各種素材或器材
					認-大-1-3-1 觀察生活物件的特徵
	5.彩色圓柱體組	·培養視覺上對大小識別概念的再確認	·手眼動作的協調，手臂肌肉的控制力	幼	身-幼-2-2-1 平穩使用各種素材或器材

內容	教具名稱	直接目的	間接目的	學習指標	
視覺教育	▲ 延伸教具──圓形排列組		·敏銳的觀察及注意力	認-幼-1-3-1 探索生活物件的特性與功能	
				身-小-2-2-1 平穩使用各種素材或器材	小
				認-小-1-3-1 觀察生活物件的特徵	
				認-小-2-3-2 比較生活物件特徵間的異同	
				認-小-3-1-1 探索解決問題可能的方法	
				身-中-2-2-1 敏捷使用各種素材或器材	中
				認-中-1-3-1 觀察生活物件的特徵	
				認-中-2-3-1 依據特徵為生活物件分類並命名	
				身-大-2-2-1 敏捷使用各種素材或器材	大

內容	教具名稱	直接目的	間接目的		學習指標
視覺教育					認-大-1-3-1觀察生活物件的特徵
					認-大-2-3-1依據特徵爲生活物件分類並命名
	6.色板 ▲延伸教具——漸層操作板	·培養分辨顏色的能力	·顏色的對比及組合的預備 ·培養對色彩的美感	小	認-小-1-3-1觀察生活物件的特徵
					認-小-2-3-2比較生活物件特徵間的異同
					認-小-3-1-1探索解決問題的可能方法
				中	認-中-1-3-1觀察生活物件的特徵
				大	認-大-1-3-1觀察生活物件的特徵
	7.幾何拼圖櫥	·由肌肉和觸覺的聯合來幫助視覺認識平面幾何圖形	·發展手、眼協調 ·手部肌肉及運動的控制力 ·注意力及	小	認-小-1-1-5辨識與命名物體的形狀
					身-小-2-2-1平穩使用各種素材或器材

內容	教具名稱	直接目的	間接目的		學習指標
視覺教育			觀察力的加強 ・讀書、寫字的預備練習 ・進入平面幾何學的預備 ・作為幾何學立體的前引		認-小-1-3-1 觀察生活物件的特徵
					認-小-2-3-2 比較生活物件特徵間的異同
					認-小-3-1-1 探索解決問題的可能方法
				中	認-中-1-1-5 辨識與命名物體的形狀
					身-中-2-2-1 敏捷使用各種素材
					認-中-1-3-1 觀察生活物件的特徵
				大	身-大-2-2-1 敏捷使用各種素材或器材
					認-大-1-3-1 觀察生活物件的特徵
	8.幾何學立體組	・培養對實體的感覺，讓小朋友認識各種幾何學立體，	・進入幾何學的準備 ・刺激肌肉的感覺	小	認-小-1-1-5 辨識與命名物體的形狀
					認-小-1-3-1 觀察生活物件的特徵

內容	教具名稱	直接目的	間接目的		學習指標
視覺教育		並瞭解其特徵。			認-小-2-3-2 比較生活物件特徵間的異同
					認-小-3-1-1 探索解決問題的可能方法
				中	認-中-1-1-5 辨識與命名物體的形狀
					認-中-1-3-1 觀察生活物件的特徵
				大	認-大-1-3-1 觀察生活物件的特徵
	9.構成三角形	·透過視覺，在三角形的構成與分解練習中，對平面幾何圖形之間的相等概念有更進一層的認識，並培養圖形的對稱感覺。	·學習平面幾何的間接預備		認-小-1-3-1 觀察生活物件的特徵
				小	認-小-2-3-2 比較生活物件特徵間的異同
					認-小-3-1-1 探索解決問題的可能方法
				中	認-中-1-3-1 觀察生活物件的特徵
					認-中-2-3-1 依據特徵為生活物件分類並命名

內容	教具名稱	直接目的	間接目的		學習指標
視覺教育				大	美-中-2-2-2 運用線條、形狀或色彩,進行創作
					認-大-1-3-1 觀察生活物件的特徵
					認-大-2-3-1 依據特徵爲生活物件分類並命名
					美-大-2-2-2 運用線條、形狀或色彩,進行創作
	10.單項式	·培養視覺對倍數的認識	·培養數學思考能力 ·培養認識二分之一的概念	小	認-小-2-3-2 比較生活物件特徵間的異同
					認-小-3-1-1 探索解決問題的可能方法
	11.二項式	·培養視覺對三次元的識別能力	·培養數學思考能力 ·作爲代數教具二項式的間接預備	小	認-小-2-3-2 比較生活物件特徵間的異同
					認-小-3-1-1 探索解決問題的可能方法

內容	教具名稱	直接目的	間接目的	學習指標	
視覺教育				中	認 - 中 -2-3-1 依據特徵爲生活物件分類並命名
				大	認 - 大 -2-3-1 依據特徵爲生活物件分類並命名
	12. 三項式 	·培養視覺對三次元的辨別能力	·培養數學思考能力 ·作爲代數教具三項式前的間接預備	小	認 - 小 -2-3-2 比較生活物件特徵間的異同
					認 - 小 -3-1-1 探索解決問題的可能方法
				中	認 - 中 -2-3-1 依據特徵爲生活物件分類並命名
				大	認 - 大 -2-3-1 依據特徵爲生活物件分類並命名
觸覺教育	1. 觸覺板	·養成辨別粗、滑的觸覺感	·培養手部肌肉運動的控制力 ·手、眼動作的協調	幼	身 - 幼 -2-2-1 平穩使用各種素材或器材
				小	身 - 小 -2-2-1 平穩使用各種素材或器材

內容	教具名稱	直接目的	間接目的		學習指標
觸覺教育					認-小-2-3-2 比較生活物件特徵間的異同
					認-小-3-1-1 探索解決問題的可能方法
				中	身-中-2-2-1 敏捷使用各種素材或器材
					認-中-2-3-1 依據特徵為生活物件分類並命名
				大	身-大-2-2-1 敏捷使用各種素材或器材
					認-大-2-3-1 依據特徵為生活物件分類並命名
	2.布盒	·觸覺的感覺訓練，對布的感覺和布料名稱的認識	·獲得關於布料的知識（適用於實際生活中）	幼	認-幼-1-1-5 探索物體的外形
				小	認-小-1-1-5 辨識與命名物體的形狀

內容	教具名稱	直接目的	間接目的	學習指標	
觸覺教育					認-小-2-3-2 比較生活物件特徵間的異同
					認-小-3-1-1 探索解決問題的可能方法
				中	認-中-1-1-5 辨識與命名物體的形狀
					認-中-2-3-1 依據特徵為生活物件分類並命名
					美-中-1-2-1 探索生活環境中事物的色彩、形體、質地的美，覺察其中的差異
				大	認-大-2-3-1 依據特徵為生活物件分類並命名
					美-大-1-2-1 探索生活環境中事物的色彩、形體、質地的美，覺察其中的差異

內容	教具名稱	直接目的	間接目的	學習指標	
觸覺教育	3.溫覺板	·辨別溫度的差異，培養對溫度的感覺	·瞭解各種溫度之間的差異	小	認-小-1-3-1 觀察生活物件的特徵
					認-小-2-3-2 比較生活物件特徵間的異同
					認-小-3-1-1 探索解決問題的可能方法
				中	認-中-1-3-1 觀察生活物件的特徵
					認-中-2-3-1 依據特徵為生活物件分類並命名
				大	認-大-1-3-1 觀察生活物件的特徵
					認-大-2-3-1 依據特徵為生活物件分類並命名
	4.重量板	·培養辨別重量的感覺	·培養判斷力	小	認-小-1-3-1 觀察生活物件的特徵
					認-小-2-3-2 比較生活物件特徵間的異同

內容	教具名稱	直接目的	間接目的	學習指標	
觸覺教育					認-小-3-1-1 探索解決問題的可能方法
				中	認-中-1-3-1 觀察生活物件的特徵
					認-中-2-3-1 依據特徵為生活物件分類並命名
				大	認-大-1-3-1 觀察生活物件的特徵
					認-大-2-3-1 依據特徵為生活物件分類並命名
	5.神祕袋	·相同物品的配對 ·分類練習	·培養觸覺的判斷力	小	認-小-2-3-1 依據生活物件的特性與功能歸類
					認-小-2-3-2 比較生活物件特徵間的異同
					認-小-3-1-1 探索解決問題的可能方法

內容	教具名稱	直接目的	間接目的	學習指標	
觸覺教育				中	認-中-2-3-1依據特徵為生活物件分類並命名
				大	認-大-2-3-1依據特徵為生活物件分類並命名
聽覺教育	聽覺筒	・培養辨別聲音強弱的聽覺能力	・發展腕部的肌肉運動（柔軟性、控制力）	小	身-小-2-2-1平穩使用各種素材或器材
					認-小-2-3-2比較生活物件特徵間的異同
					認-小-3-1-1探索解決問題的可能方法
					美-小-1-2-2探索生活環境中各種聲音
				中	身-中-2-2-1敏捷使用各種素材或器材
					認-中-2-3-1依據特徵為生活物件分類並命名

内容	教具名稱	直接目的	間接目的		學習指標
聽覺教育				大	美-中-1-2-2 探索生活環境中各種聲音，覺察其中的差異
					身-大-2-2-1 敏捷使用各種素材或器材
					認-大-2-3-1 依據特徵為生活物件分類並命名
					美-大-1-2-2 探索生活環境中各種聲音，覺察其中的差異
味覺教育	味覺瓶	·培養辨別基本味覺的能力	·瞭解各式各樣的味道（小朋友會更有興趣去嘗試各種食物的味道） ·促進觀察	小	認-小-1-3-1 觀察生活物件的特徵
					認-小-2-3-2 比較生活物件特徵間的異同
					認-小-3-1-1 探索解決問題的可能方法

內容	教具名稱	直接目的	間接目的		學習指標
味覺教育			力及判斷力	中	認-中-1-3-1 觀察生活物件的特徵
					認-中-2-3-1 依據特徵為生活物件分類並命名
				大	認-大-1-3-1 觀察生活物件的特徵
					認-大-2-3-1 依據特徵為生活物件分類並命名
嗅覺教育	嗅覺瓶	·培養辨別各種氣味的能力	·瞭解生活當中存在的各種氣味 ·體會氣味與味覺之間的關聯性	小	認-小-1-3-1 觀察生活物件的特徵
					認-小-2-3-2 比較生活物件特徵間的異同
					認-小-3-1-1 探索解決問題的可能方法
				中	認-中-1-3-1 觀察生活物件的特徵

內容	教具名稱	直接目的	間接目的	學習指標	
嗅覺教育					認-中-2-3-1 依據特徵為生活物件分類並命名
				大	認-大-1-3-1 觀察生活物件的特徵
					認-大-2-3-1 依據特徵為生活物件分類並命名

(五) 數學教育

　　蒙特梭利數學教育包含數學前準備、認識 1-10、認識連續數、記憶性四則運算與認識十進制等五大內容，且依照每個教具的直接目的及間接目的對應出合適的學習指標。有關各教具的延伸變化所對應的學習指標，則由讀者自行編列。

內容	教具名稱	直接目的	間接目的	學習指標	
數學前準備	1.六形六色形狀數字	・培養分辨顏色的能力 ・練習加法的練習預備	・讀寫的預備 ・O.C.C.I（Order 秩序感、Concentration	小	認-小-1-1-1 覺知數量的訊息
				中	認-中-1-1-3 覺知生活環境中的數字符號

內容	教具名稱	直接目的	間接目的		學習指標
數學前準備			專注力、Coord-ination動作協調、Independence獨立性）	大	認-中-1-1-3 覺知生活環境中的數字符號
	2.數字嵌板（11-20）	・學習11-20數量、數字和數名的概念 ・連續數的認識	・書寫的預備 ・O.C.C.I	中	認-中-1-1-1 認識數字符號
					認-中-1-1-3 覺知生活環境中的數字符號
				大	認-大-1-1-1 認識數字符號
					認-大-1-1-3 辨識生活環境中數字符號的意義
	3.數字嵌板（1-10）	・認識國字（一到十）及阿拉伯數字（1-10）和數名的概念 ・學習數字的符號和筆順	・書寫的預備 ・O.C.C.I	小	認-小-1-1-3 覺知生活環境中的數字符號
				中	認-中-1-1-3 覺知生活環境中的數字符號
				大	認-大-1-1-3 辨識生活環境中數字符號的意義

內容	教具名稱	直接目的	間接目的	學習指標	
數學前準備					認-大-2-1-1 依據序列整理自然現象或文化產物的數學訊息
認識1-10	1.數棒	·認識1-10的概念 ·瞭解1-10數量與數名的概念 ·奇數、偶數的預備 ·二位數（11-19）的預備	·讀寫的預備 ·O.C.C.I	小	認-小-1-1-1 覺知數量的訊息
				中	認-中-1-1-1 認識數字符號
					認-中-1-1-3 覺知生活環境中的數字符號
				大	認-大-2-1-1 依據序列整理自然現象或文化產物的數學訊息
	2.砂數字板	·認識0-9數字和數名的概念 ·學習數字的符號和筆順	·書寫的預備 ·O.C.C.I	小	認-小-1-1-3 覺知生活環境中的數字符號

內容	教具名稱	直接目的	間接目的	學習指標	
認識 1-10	3.數棒與數字板	·認識1-9數量、數字和數名的關係 ·奇數、偶數的預備	·讀寫的預備 ·O.C.C.I	小	認-小-1-1-1 覺知數量的訊息
					認-小-1-1-3 覺知生活環境中的數字符號
				中	認-中-1-1-1 認識數字符號
					認-中-1-1-3 覺知生活環境中的數字符號
					認-中-2-1-3 運用十以內的合成與分解整理數量訊息
	4.彩色串珠階梯	·加強1-10數量、數字和數名的概念 ·塞根板I&塞根板II的預備 ·十進位的預備	·培養數學邏輯的概念 ·讀寫的預備 ·O.C.C.I	小	認-小-1-1-1 覺知數量的訊息
					認-小-1-1-3 覺知生活環境中的數字符號
				中	認-中-1-1-1 認識數字符號
					認-中-1-1-3 覺知生活環境中的數字符號

內容	教具名稱	直接目的	間接目的	學習指標	
認識 1-10	5.紡錘棒與紡錘棒箱（0-9）	·加強 1-9 數量、數字和數名的概念 ·零的介紹與具體概念 ·瞭解空集合的概念 ·瞭解不連續量的概念	·培養邏輯數學的概念 ·書寫的預備 ·O.C.C.I	小	認-小-1-1-1 覺知數量的訊息
					認-小-1-1-3 覺知生活環境中的數字符號
				中	認-中-1-1-1 認識數字符號
					認-中-1-1-3 覺知生活環境中的數字符號
	6.數字與籌碼（奇數與偶數）	·加強 1-10 數量、數字和數名的概念 ·學習奇數、偶數的概念 ·瞭解不連續量的概念	·培養數學邏輯的概念 ·讀寫的預備 ·O.C.C.I	小	認-小-1-1-1 覺知數量的訊息
					認-小-1-1-3 覺知生活環境中的數字符號
				中	認-中-1-1-1 認識數字符號
					認-中-1-1-3 覺知生活環境中的數字符號
	7.記憶遊戲（零的遊戲）	·加強 0-10 數量、數字和數名	·培養數學邏輯的概念	小	認-小-1-1-1 覺知數量的訊息

內容	教具名稱	直接目的	間接目的	學習指標	
認識 1-10		·的概念 ·加強零的概念	·讀寫的預備 ·O.C.C.I		認-小-1-1-3 覺知生活環境中的數字符號
				中	認-中-1-1-1 認識數字符號
					認-中-1-1-3 覺知生活環境中的數字符號
認識連續數	1.塞根板Ⅰ（認識11-19）	·學習11-19數量、數字和數名的概念 ·連續數的認識 ·為塞根板Ⅱ做準備 ·為四則運算做準備	·培養數學邏輯的概念 ·讀寫的預備 ·O.C.C.I	中	認-中-1-1-1 認識數字符號
					認-中-1-1-3 覺知生活環境中的數字符號
				大	認-大-1-1-1 認識數字符號
					認-大-1-1-3 辨識生活環境中數字符號的意義
	2.塞根板Ⅱ（認識11-99）	·學習11-99數量、數字和數名的概念 ·為一百板做準備 ·為四則運算做準備	·培養數學邏輯的概念 ·讀寫的預備 ·O.C.C.I	大	認-大-1-1-1 認識數字符號
					認-大-1-1-3 辨識生活環境中數字符號的意義

內容	教具名稱	直接目的	間接目的	學習指標	
認識連續數	3.一百板（認識1-100）	・學習1-100數字和數名的概念 ・為四則運算做準備 ・為平方鍊、立方鍊做預備	・培養數學邏輯的概念 ・讀寫的預備 ・O.C.C.I	中	認-中-1-1-1 認識數字符號
					認-中-1-1-3 覺知生活環境中的數字符號
				大	認-大-1-1-1 認識數字符號
					認-大-1-1-3 辨識生活環境中數字符號的意義
	4.加法板	・加強加法的練習 ・為記憶加法的學習做預備 ・為抽象心算做預備	・培養數學邏輯的概念 ・讀寫的預備 ・O.C.C.I	大	認-大-1-1-1 認識數字符號
					認-大-1-1-3 辨識生活環境中數字符號的意義
					認-大-2-1-3 運用十以內的合成與分解整理數量訊息
					認-大-2-1-4 運用二十以內的合成與分解整理數量訊息

內容	教具名稱	直接目的	間接目的	學習指標	
記憶性四則運算	1.加法手指操作板	·學習抽象記憶的加法	·培養數學邏輯的概念 ·讀寫的預備 ·O.C.C.I	大	認-大-1-1-1 認識數字符號
					認-大-1-1-3 辨識生活環境中數字符號的意義
					認-大-2-1-3 運用十以內的合成與分解整理數量訊息
					認-大-2-1-4 運用二十以內的合成與分解整理數量訊息
	2.減法板	·學習減法的練習 ·學習記憶的加法 ·爲減法計算板做準備 ·爲抽象心算做預備	·培養數學邏輯的概念 ·讀寫的預備 ·O.C.C.I	大	認-大-1-1-1 認識數字符號
					認-大-1-1-3 辨識生活環境中數字符號的意義
					認-大-2-1-3 運用十以內的合成與分解整理數量訊息
					認-大-2-1-4 運用二十以內的合成與分解整理數量訊息

內容	教具名稱	直接目的	間接目的	學習指標	
記憶性四則運算	3.減法手指操作板	·學習抽象記憶的減法	·培養數學邏輯的概念 ·讀寫的預備 ·O.C.C.I	大	認-大-1-1-1 認識數字符號
					認-大-1-1-3 辨識生活環境中數字符號的意義
					認-大-2-1-3 運用十以內的合成與分解整理數量訊息
					認-大-2-1-4 運用二十以內的合成與分解整理數量訊息
	4.乘法板	·加強乘法的練習 ·學習記憶的乘法 ·為乘法計算板做準備 ·為抽象心算做準備	·培養數學邏輯的概念 ·讀寫的預備 ·O.C.C.I	大	認-大-1-1-1 認識數字符號
					認-大-1-1-3 辨識生活環境中數字符號的意義
	5.乘法手指操作板	·加強乘法的練習 ·學習記憶的乘法	·培養數學邏輯的概念 ·讀寫的預備 ·O.C.C.I	大	認-大-1-1-1 認識數字符號
					認-大-1-1-3 辨識生活環境中數字符號的意義

內容	教具名稱	直接目的	間接目的	學習指標	
記憶性四則運算	6.除法板	·加強除法的練習 ·學習記憶的除法 ·爲除法計算板做準備 ·爲抽象心算做準備	·培養數學邏輯的概念 ·讀寫的預備 ·O.C.C.I	大	認-大-1-1-1 認識數字符號 認-大-1-1-3 辨識生活環境中數字符號的意義
	7.除法手指操作板	·加強除法的練習 ·學習記憶的除法	·培養數學邏輯的概念 ·讀寫的預備 ·O.C.C.I	大	認-大-1-1-1 認識數字符號 認-大-1-1-3 辨識生活環境中數字符號的意義
	8.加法蛇遊戲	·學習連續加法 ·爲加法板做預備 ·爲心算做預備	·培養數學邏輯的概念 ·讀寫的預備 ·O.C.C.I	大	認-大-1-1-1 認識數字符號 認-大-1-1-3 辨識生活環境中數字符號的意義
	9.減法蛇遊戲	·學習連續加減法 ·加強減法和借位的練習 ·爲減法板做準備	·培養數學邏輯的概念 ·讀寫的預備 ·O.C.C.I	大	認-大-1-1-1 認識數字符號 認-大-1-1-3 辨識生活環境中數字符號的意義

內容	教具名稱	直接目的	間接目的	學習指標	
		・為抽象心算做預備			
認識十進制	1.1、10、100、1000數量的認識	・認識位數的概念 ・學習數量、數名的概念 ・十進位的準備	・培養解決問題的能力 ・培養數學邏輯的概念 ・讀寫的預備 ・O.C.C.I	中	認-中-1-1-1 認識數字符號
					認-中-1-1-3 覺知生活環境中的數字符號
				大	認-大-1-1-1 認識數字符號
					認-大-1-1-3 辨識生活環境中數字符號的意義
	2.1、10、100、1000符號的認識	・認識位數的符號概念 ・學習數字和數名的概念 ・為十進位及四則運算做準備	・培養解決問題的能力 ・培養數學邏輯的概念 ・讀寫的預備 ・O.C.C.I	中	認-中-1-1-1 認識數字符號
					認-中-1-1-3 覺知生活環境中的數字符號
				大	認-大-1-1-1 認識數字符號
					認-大-1-1-3 辨識生活環境中數字符號的意義
	3.1、10、100、1000數量與符號	・加強位數的概念 ・認識數量、數字	・培養解決問題的能力 ・培養數學	中	認-中-1-1-1 認識數字符號

內容	教具名稱	直接目的	間接目的	學習指標	
認識十進制	的認識	和數名的關係 ·為十進位及四則運算做準備	邏輯的概念 ·讀寫的預備 ·O.C.C.I		認 - 中 -1-1-3 覺知生活環境中的數字符號
				大	認 - 大 -1-1-1 認識數字符號
					認 - 大 -1-1-3 辨識生活環境中數字符號的意義
	4.9 的轉換	·加強十進位的概念 ·瞭解 1、10、100、1000 位數之間的轉換關係 ·為四則運算做預備	·培養解決問題的能力 ·培養數學邏輯的概念 ·讀寫的預備 ·O.C.C.I	中	認 - 中 -1-1-1 認識數字符號
					認 - 中 -1-1-3 覺知生活環境中的數字符號
				大	認 - 大 -1-1-1 認識數字符號
					認 - 大 -1-1-3 辨識生活環境中數字符號的意義
	5.四十五展示（數量、數字卡）	·加強位數的概念 ·認識十進位的概念 ·學習 1-9000 數	·培養解決問題的能力 ·培養數學邏輯的概念	中	認 - 中 -1-1-1 認識數字符號
					認 - 中 -1-1-3 覺知生活環境中的數字符號

內容	教具名稱	直接目的	間接目的	學習指標	
認識十進制		量、數字、數名的概念	·寫讀的預備 ·O.C.C.I	大	認-大-1-1-1 認識數字符號
					認-大-1-1-3 辨識生活環境中數字符號的意義
	6.銀行遊戲	·加法 (1)學習加法運算 (2)為抽象的四則運算做準備 ·減法 (1)學習減法運算 (2)為抽象的四則運算做準備 ·乘法 (1)學習乘法運算 (2)為抽象的四則運算做準備 ·除法	·加法 (1)培養數學邏輯的概念 (2)讀寫的預備 (3)O.C.C.I ·減法 (1)培養數學邏輯的概念 (2)讀寫的預備 (3)O.C.C.I ·乘法 (1)學習乘法運算 (2)為抽象的四則運算做準備 ·除法	中	認-中-1-1-1 認識數字符號
					認-中-1-1-3 覺知生活環境中的數字符號
				大	認-大-1-1-1 認識數字符號
					認-大-1-1-3 辨識生活環境中數字符號的意義
					認-大-1-1-4 運用數字符號記錄生活環境中的訊息

內容	教具名稱	直接目的	間接目的	學習指標	
認識十進制		(1)學習除法運算 (2)爲更抽象的四則運算做準備	(1)培養數學邏輯的概念 (2)讀寫的預備 (3)O.C.C.I		
	7.郵票遊戲	·加法 (1)加強加法運算 (2)爲抽象的四則運算做準備 ·減法 (1)加強學習減法運算 (2)爲更抽象的四則運算做準備 ·乘法 (1)加強學習乘法運算 (2)爲更抽象的四則運算做準備	·加法 (1)培養數學邏輯的概念 (2)讀寫的預備 (3)O.C.C.I ·減法 (1)培養數學邏輯的概念 (2)讀寫的預備 (3)O.C.C.I ·乘法 (1)培養數學邏輯的概念 (2)讀寫的預備 (3)O.C.C.I	中	認-中-1-1-1 認識數字符號 認-中-1-1-3 覺知生活環境中的數字符號
				大	認-大-1-1-1 認識數字符號 認-大-1-1-3 辨識生活環境中數字符號的意義

內容	教具名稱	直接目的	間接目的	學習指標	
認識十進制		·除法 (1)加強學習除法運算 (2)為更抽象的四則運算做準備	·除法 (1)培養數學邏輯的概念 (3)讀寫的預備 (3)O.C.C.I		

(六)語文教育

　　蒙特梭利語文教育包含預備活動、聽、說、寫與讀等五大內容，且依照每個教具的直接目的對應出合適的學習指標。有關各教具的延伸變化所對應的學習指標，則由讀者自行編列。

內容	活動名稱	直接目的	學習指標	
預備活動：視覺辨識	1.拼圖組（平面與立體拼圖）	透過視覺辨別，利用各式拼圖教具進行練習。	幼	身-幼-1-2-1 察覺器材操作的方式
				身-幼-2-2-1 平穩使用各種素材或器材
				身-幼-2-2-4 手肘支撐下練習抓、握的精細動作
				認-幼-1-1-5 探索物體的外形
			小	身-小-1-2-1 察覺器材操作的方式
				身-小-2-2-1 平穩使用各種素材或器材

內容	活動名稱	直接目的	學習指標	
預備活動：視覺辨識				身-小-2-2-4 操作與運用抓、握、扭轉的精細動作
			中	身-中-2-2-1 敏捷使用各種素材或器材
			大	身-大-2-2-1 敏捷使用各種素材或器材
				身-大-2-2-4 熟練手眼協調的精細動作
	2.配對活動 (1)實物與實物 (2)實物與圖卡 (3)圖卡與圖卡 (4)關聯性圖卡	透過視覺辨別，找出相同、相關組件進行配對練習。	幼	認-幼1-1-5 探索物體的外形
			小	認-小-1-3-1 觀察生活物件的特徵
				認-小1-1-5 辨識與命名物體的形狀
			中	認-中-1-3-1 觀察生活物件的特徵
				認-中1-1-5 辨識與命名物體的形狀
			大	認-大-1-3-1 觀察生活物件的特徵
	3.分類活動			無
	4.空間概念	空間位置概念，培養空間建構的能力。	幼	認-幼-1-1-6 探索兩個物體位置間的上下關係
			小	認-小1-1-6 覺知兩個物體位置間的上下關係

內容	活動名稱	直接目的	學習指標	
預備活動：視覺辨識			中	認-中-1-1-6 辨識兩個物體位置間上下、前後、裡外的關係
			大	認-大-1-1-6 以自己為定點，辨識物體與自己位置間的上下、前後、左右的關係
聽、說活動	1.團體討論活動	・在團討中能不打斷且專注地傾聽別人的談話。 ・在團討中能使用口語清楚地與別人一起分享自己的意見。	幼	語-幼-1-1-2 理解一對一互動情境中輪流說話的規則
				語-幼-2-2-3 在一對一的互動情境中開啟話題
			小	語-小-1-1-2 理解團體互動中輪流說話的規則
				語-小-2-2-3 在一對一的互動情境中開啟話題並延續對話
			中	語-中-1-1-2 理解團體互動中輪流說話的規則
				語-中-2-2-2 以清晰的口語表達想法
				語-中-2-2-3 在團體互動情境中開啟話題、依照輪次說話並延續對話

內容	活動名稱	直接目的	學習指標	
聽、說活動			大	語-大-1-1-2 理解團體互動中輪流說話的規則
				語-大-2-2-1 適當使用音量、聲調和肢體語言
				語-大-2-2-2 針對談話內容表達疑問或看法
				語-大-2-2-3 在團體互動情境中參與討論
				語-大-2-2-4 使用簡單的比喻
	2.概念討論	相似、相反、部分、全體概念的討論		無
	3.語詞接龍活動	幼兒語文教育從間接預備期進入正式的書寫期		無
寫、讀活動	1.金屬嵌圖板	利用描摹線條作書寫前的預備練習	大	身-大-2-2-4 熟練手眼協調的精細動作
	2.注音符號拓印	讓幼兒透過砂字注音板拓印的過程，再次經歷符號的形狀。	大	身-大-2-2-4 熟練手眼協調的精細動作

內容	活動名稱	直接目的		學習指標
寫、讀活動	3.木製注音符號描摹	是接續前一階段金屬嵌圖板描摹的延伸練習，孩子可透過該教具操作，具體來體驗書寫時肌肉所需的穩定性。	大	身-大-2-2-4熟練手眼協調的精細動作
	4.注音符號蓋印組	是幼兒正式進入書寫前的一個預備練習，孩子透過蓋印活動以提升學習趣味。	大	身-大-2-2-4熟練手眼協調的精細動作
	5.注音符號拼音盒	透過活動符號將正確的讀音拼讀出來	中	語-中-1-2-2知道語音可以組合
			大	語-大-1-2-2知道語音可以組合
	6.單位名稱練習	藉由教具（單位名稱）蓋印章，讓幼兒學習與認識。		無

內容	活動名稱	直接目的	學習指標	
寫、讀活動	7.看圖說故事	能利用圖卡或故事書清楚地與別人一起分享其中的內容	幼	語-幼-1-6-2 知道翻閱圖畫書的方向
				語-幼-2-4-2 描述圖片主要的人或物
			小	語-小-1-5-2 理解故事的角色
				語-小-1-6-1 辨別文字和圖像
				語-小-2-4-1 描述圖片的細節
			中	語-中-1-5-2 理解故事的角色與情節
				語-中-2-4-2 敘說一組圖片部分連貫的情結
			大	語-大-1-5-2 理解故事的角色、情節與主題
				語-大 2-4-1 看圖片或圖畫書敘說有主題的故事
	8.一到十、百、千雕刻板	讓幼兒學習國字一到十、百、千雕刻板練習	大	身-大-2-2-4 熟練手眼協調的精細動作

(七)文化教育

蒙特梭利文化教育包含動物、植物、天文、地質、地理與歷史等六大內容,且依照每個教具的直接目的對應出合適的學習指標,

有關各教具的延伸變化所對應的學習指標，則由讀者自行編列。

1. 文化教育 —— 動物教育

內容	教具名稱	直接目的	學習指標	
一般	1.生物／無生物	・對生物及無生物認識的發展 ・藉分辨生物及無生物發展出判斷能力的智慧條件	幼	認-幼-1-3-1 探索生活物件的特件與功能
				認-幼-2-2-1 依據動植物的特徵歸類
			小	認-小-1-3-1 觀察生活物件的特徵
				認-小-2-2-1 依據動植物的特徵歸類
			中	認-中-1-3-1 觀察生活物件的特徵
				認-中-2-2-3 與他人討論動植物與生活的關係
			大	認-大-1-3-1 觀察生活物件的特徵
	2.植物／動物	・對植物及動物認識的發展 ・藉分辨植物及動物發展出判斷能力的智慧條件	幼	認-幼-1-2-1 觀察動植物的特徵
				認-幼-2-2-1 依據動植物的特徵歸類
			小	認-小-1-2-1 觀察動植物的生長變化
				認-小-1-2-2 觀察自然現象特徵的變化

內容	教具名稱	直接目的	學習指標	
				認 - 小 -1-3-1 觀察生活物件的特徵
				認 - 小 -2-2-1 依據動植物的特徵歸類
			中	認 - 中 -1-2-1 觀察動植物的生長變化
				認 - 中 -1-2-2 觀察自然現象特徵的變化
				認 - 中 -2-2-1 依據特徵為自然現象分類並命名
			大	認 - 大 -1-2-1 觀察動植物的生長變化
				認 - 大 -1-2-2 觀察自然現象特徵的變化
				認 - 大 -1-3-1 觀察生活物件的特徵
				認 - 大 -2-2-1 依據特徵為自然現象分類並命名
魚類	1.如何照顧	・對動物生命認識的發展 ・學習如何照顧魚類的基本需求	幼	社 - 幼 -3-4-1 關懷愛護動植物
			小	社 - 小 -3-4-1 關懷愛護動植物
			中	社 - 中 -3-4-1 樂於親近自然、愛護生命、節約資源
			大	社 - 大 -3-4-1 樂於親近自然、愛護生命、節約資源

內容	教具名稱	直接目的	學習指標	
魚類	2. 觀察	・對動物生命認識的發展 ・學習魚類基本部位的功能	幼	認 - 幼 -1-2-1 觀察動植物的特徵
				認 - 幼 -2-2-1 依據動植物的特徵歸類
			小	認 - 小 -1-2-1 觀察動植物的生長變化
				認 - 小 -1-2-3 以圖像記錄自然現象的訊息
				認 - 小 -2-2-1 依據動植物的特徵歸類
			中	認 - 中 -1-2-1 觀察動植物的生長變化
				認 - 中 -1-2-3 以圖像記錄自然現象的訊息
			大	社 - 大 -3-4-1 樂於親近自然、愛護生命、節約資源
	3. 魚類的部位拼圖	・對魚類認識的發展，讓小孩瞭解只有用圖像才可能毫無傷害的分離魚類的部位。 ・認識魚類各部位名稱	幼	認 - 幼 -1-2-1 觀察動植物的特徵
			小	認 - 小 -1-2-3 以圖像記錄自然現象的訊息
			中	認 - 中 -1-2-3 以圖像記錄自然現象的訊息

內容	教具名稱	直接目的	學習指標	
魚類	4.簡易命名	・對魚類認識的發展 ・認識魚類各部位名稱	幼	語-幼-1-1-1 理解簡單的手勢、表情與口語指示
			小	語-小-1-1-1 理解簡單的手勢、表情與口語指示
			中	認-中-2-2-1 依據特徵爲自然現象分類並命名
				語-中-2-2-2 以清晰的口語表達想法
			大	語-大-2-2-2 針對談話內容表達疑問或看法
				認-大-2-2-1 依據特徵爲自然現象分類並命名
植物	盆中的小物	・養成對植物的尊重 ・培養觀察能力、修正感覺 ・描述植物的術語	幼	認-幼-1-2-1 觀察動植物的特徵
				社-幼-3-4-1 關懷愛護動植物
			小	認-小-1-2-1 觀察動植物的生長變化
				社-小-3-4-1 關懷愛護動植物
			中	認-中-1-2-1 觀察動植物的生長變化
				社-中-3-4-1 樂於親近自然、愛護生命、節約資源
			大	認-大-1-2-1 觀察動植物的生長變化
				社-大-3-4-1 樂於親近自然、愛護生命、節約資源

內容	教具名稱	直接目的	學習指標	
恐龍類	1.簡易命名 2.肉食／草食	·觀察兩種不同的爬蟲類相似、相異處 ·學習恐龍名稱 ·對於已不存在之動物的認識 ·認識肉食性與草食性 ·瞭解動物各部位功能及認識的發展	幼	認-幼-1-2-1 觀察動植物的特徵
				認-幼-2-2-1 依據動植物的特徵歸類
				語-幼-1-7-1 覺察代表所屬群體的文字
			小	認-小-1-2-1 觀察動植物的生長變化
				認-小-1-2-2 觀察自然現象特徵的變化
				認-小-2-2-1 依據動植物的特徵歸類
				認-小-2-2-2 比較動植物特徵異同
			中	認-中-1-2-1 觀察動植物的生長變化
				認-中-1-2-2 觀察自然現象特徵的變化
				認-中-2-2-1 依據特徵為自然現象分類並命名
				語-中-1-7-1 認出標示所屬群體的文字
			大	認-大-1-2-1 觀察動植物的生長變化
				認-大-1-2-2 觀察自然現象特徵的變化
				認-大-2-2-1 依據特徵為自然現象分類並命名

內容	教具名稱	直接目的	學習指標	
哺乳類	1.如何照顧	對動物生命認識的發展	幼	社-幼-3-4-1 關懷愛護動植物
				認-幼-1-2-1 觀察動植物的特徵
			小	社-小-3-4-1 關懷愛護動植物
				認-小-1-2-1 觀察動植物的生長變化
				認-小-3-1-1 探索解決問題的可能方法
			中	社-中-3-4-1 樂於親近自然、愛護生命、節約資源
				認-中-1-2-1 觀察動植物的生長變化
				認-中-3-1-1 參與討論解決問題的可能方法並實際執行
			大	社-大-3-4-1 樂於親近自然、愛護生命、節約資源
				認-大-1-2-1 觀察動植物的生長變化
				認-大-3-1-1 與同伴討論解決問題的方法,並與他人合作實際執行
	2.觀察	對動物生命認識的發展	幼	社-幼-3-4-1 關懷愛護動植物

內容	教具名稱	直接目的	學習指標	
哺乳類				認-幼-1-2-1 觀察動植物的特徵
			小	社-小-3-4-1 關懷愛護動植物
				認-小-1-2-1 觀察動植物的生長變化
			中	社-中-3-4-1 樂於親近自然、愛護生命、節約資源
				認-中-1-2-1 觀察動植物的生長變化
			大	社-大-3-4-1 樂於親近自然、愛護生命、節約資源
				認-大-1-2-1 觀察動植物的生長變化
	3.部位拼圖	對馬類認識的發展，瞭解只有馬的圖像才可以讓我們毫無傷害地分割馬的部位。	幼	認-幼-1-2-1 觀察動植物的特徵
			小	認-小-3-1-1 探索解決問題的可能方法
			中	語-中-2-2-2 以清晰的口語表達想法
				認-中-3-1-1 參與討論解決問題的可能方法並實際執行
			大	認-大-3-1-1 與同伴討論解決問題的方法，並與他人合作實際執行
				語-大-2-2-2 針對談話內容表達疑問或看法

內容	教具名稱	直接目的	學習指標	
哺乳類	4.簡易命名	對馬類認識的發展	幼	認-幼-1-2-1 觀察動植物的特徵
				語-幼-1-1-1 理解簡單的手勢、表情和口語指示
			小	認-小-1-2-1 觀察動植物的生長變化
				語-小-1-1-1 理解簡單的手勢、表情和口語指示
			中	認-中-1-2-1 觀察動植物的生長變化
				語-中-2-2-2 以清晰的口語表達想法
			大	認-大-1-2-1 觀察動植物的生長變化
				語-大-2-2-2 針對談話內容表達疑問或看法
人類	1.簡易命名	對於人類各部位可以很快認識	幼	認-幼-1-2-1 觀察動植物的特徵
				語-幼-1-1-1 理解簡單的手勢、表情和口語指示
			小	認-小-1-2-1 觀察動植物的生長變化
				語-小-1-1-1 理解簡單的手勢、表情和口語指示
			中	認-中-1-2-1 觀察動植物的生長變化

內容	教具名稱	直接目的	學習指標	
人類			大	語-中-2-2-2 以清晰的口語表達想法
				認-大-1-2-1 觀察動植物的生長變化
				語-大-2-2-2 針對談話內容表達疑問或看法
	2.骨骼系統	瞭解人體的骨骼系統	幼	語-幼-1-1-1 理解簡單的手勢、表情和口語指示
				身-幼-1-1-1 認識身體部位或身體基本動作的名稱
			小	語-小-1-1-1 理解簡單的手勢、表情和口語指示
				身-小-1-1-1 認識身體部位或身體基本動作的名稱
			中	語-中-2-2-2 以清晰的口語表達想法
			大	語-大-2-2-2 針對談話內容表達疑問或看法
	3.身體的結構	認識人類身體的結構	幼	身-幼-1-1-1 認識身體部位或身體基本動作的名稱
			小	身-小-1-1-1 認識身體部位或身體基本動作的名稱
			中	語-中-2-2-2 以清晰的口語表達想法
			大	語-大-2-2-2 針對談話內容表達疑問或看法

內容	教具名稱	直接目的	學習指標	
人類	4.五覺介紹	認識人類的五種感覺	幼	語 - 幼 -2-3-2 簡單描述自己的觀察
			中	語 - 中 -2-2-2 以清晰的口語表達想法
			大	語 - 大 -2-2-4 使用簡單的比喻
脊椎動物／無脊椎動物	1.脊椎動物	認識脊椎動物的特徵	幼	認 - 幼 -1-3-1 探索生活物件的特性與功能
				認 - 幼 -2-2-1 依據動植物的特徵歸類
			小	認 - 小 -1-3-1 觀察生活物件的特徵
				認 - 小 -2-2-1 依據動植物的特徵歸類
			中	認 - 中 -1-3-1 觀察生活物件的特徵
				認 - 中 -2-2-3 與他人討論動植物與人類的關係
			大	認 - 大 -1-3-1 觀察生活物件的特徵
	2.無脊椎動物	認識無脊椎動物的特徵	幼	認 - 幼 -1-2-1 觀察動植物的特徵
				認 - 幼 -2-2-1 依據動植物的特徵歸類
			小	認 - 小 -1-3-1 觀察生活物件的特徵

內容	教具名稱	直接目的		學習指標
脊椎動物／無脊椎動物			小	認 - 小 -2-2-1 依據動植物的特徵歸類
			中	認 - 中 -1-3-1 觀察生活物件的特徵
				認 - 中 -2-2-3 與他人討論動植物與生活的關係
			大	認 - 大 -1-3-1 觀察生活物件的特徵
青蛙	1. 認識兩棲類的生活環境	對動物生命認識的發展	幼	社 - 幼 -3-4-1 關懷愛護動植物
			小	社 - 小 -3-4-1 關懷愛護動植物
			中	社 - 中 -3-4-1 樂於親近自然、愛護生命、節約資源
			大	社 - 大 -3-4-1 樂於親近自然、愛護生命、節約資源
	2. 觀察	・對動物生命認識的發展 ・學習青蛙基本部位的功能	幼	認 - 幼 -1-2-1 觀察動植物的特徵
				認 - 幼 -2-2-1 依據動植物的特徵歸類
			小	認 - 小 -1-2-1 觀察動植物的生長變化
				認 - 小 -1-2-3 以圖像記錄自然現象的訊息
				認 - 小 -2-2-1 依據動植物的特徵歸類

內容	教具名稱	直接目的		學習指標
青蛙			中	認-中-1-2-1 觀察動植物的生長變化
				認-中-1-2-3 以圖像記錄自然現象的訊息
			大	社-大-3-4-1 樂於親近自然、愛護生命、節約資源
	3.青蛙的部位拼圖	配合模型認識青蛙各部位名稱	幼	認-幼-1-2-1 觀察動植物的特徵
			小	認-小-1-2-3 以圖像記錄自然現象的訊息
			中	認-中-1-2-3 以圖像記錄自然現象的訊息
	4.簡易命名	・對青蛙認識的發展 ・認識青蛙各部位名稱	幼	語-幼-1-1-1 理解簡單的手勢、表情與口語指示
			小	語-小-1-1-1 理解簡單的手勢、表情與口語指示
			中	認-中-2-2-1 依據特徵為自然現象分類並命名
				語-中-2-2-2 以清晰的口語表達想法
			大	語-大-2-2-2 針對談話內容表達疑問或看法
				認-大-2-2-1 依據特徵為自然現象分類並命名

內容	教具名稱	直接目的		學習指標
烏龜	1.如何照顧	・對動物生命認識的發展 ・學習如何照顧烏龜的基本需求	幼	社-幼-3-4-1 關懷愛護動植物
			小	社-小-3-4-1 關懷愛護動植物
			中	社-中-3-4-1 樂於親近自然、愛護生命、節約資源
			大	社-大-3-4-1 樂於親近自然、愛護生命、節約資源
	2.觀察	・對動物生命認識的發展 ・學習烏龜基本部位的功能	幼	認-幼-1-2-1 觀察動植物的特徵
				認-幼-2-2-1 依據動植物的特徵歸類
			小	認-小-1-2-1 觀察動植物的生長變化
				認-小-1-2-3 以圖像記錄自然現象的訊息
				認-小-2-2-1 依據動植物的特徵歸類
			中	認-中-1-2-1 觀察動植物的生長變化
				認-中-1-2-3 以圖像記錄自然現象的訊息
			大	社-大-3-4-1 樂於親近自然、愛護生命、節約資源

內容	教具名稱	直接目的		學習指標
烏龜	3.烏龜的部位拼圖	配合模型認識烏龜各部位名稱	幼	認-幼-1-2-1 觀察動植物的特徵
			小	認-小-1-2-3 以圖像記錄自然現象的訊息
			中	認-中-1-2-3 以圖像記錄自然現象的訊息
	4.簡易命名	·對烏龜認識的發展 ·認識烏龜各部位名稱	幼	語-幼-1-1-1 理解簡單的手勢、表情與口語指示
			小	語-小-1-1-1 理解簡單的手勢、表情與口語指示
			中	認-中-2-2-1 依據特徵為自然現象分類並命名
				語-中-2-2-2 以清晰的口語表達想法
			大	語-大-2-2-2 針對談話內容表達疑問或看法
				認-大-2-2-1 依據特徵為自然現象分類並命名

2.文化教育——植物教育

活動名稱	直接目的		學習指標
植物的介紹	認識樹和花生長過程	幼	認-幼-1-2-1 觀察動植物的特徵
			社-幼-3-4-1 關懷愛護動植物
			美-幼 1-2-1 探索生活環境中事物的色彩、形體、質地的美

活動名稱	直接目的	學習指標	
植物的介紹		幼	認 - 幼 -1-2-1 觀察動植物的特徵
			社 - 幼 -3-6-1 關懷愛護動植物
		小	社 - 小 -3-6-1 關懷愛護動植物
			美 - 小 -1-2-1 探索生活環境中事物的色彩、形體、質地的美
			認 - 小 -1-2-1 觀察動植物的生長變化
		中	認 - 中 -1-2-1 觀察動植物的生長變化
			美 - 中 -1-2-1 探索生活環境中事物的色彩、形體、質地的美，感覺其中的差異
		大	認 - 大 -1-2-1 觀察動植物的生長變化
			美 - 大 -1-2-1 探索生活環境中事物的色彩、形體、質地的美，覺察其中的差異
植物的根與莖	知道植物的根與莖	幼	認 - 幼 -2-2-1 依據動植物的特徵歸類
		小	認 - 小 -2-2-1 依據動植物的特徵歸類
			認 - 小 -2-2-2 比較動植物特徵的異同

活動名稱	直接目的		學習指標
植物的根與莖		中	認-中-2-2-1 依據特徵為自然現象分類並命名
		大	認-大-2-2-1 依據特徵為自然現象分類並命名
植物的葉	學會植物的葉子構造	幼	認-幼-1-2-1 觀察動植物的特徵
			社-幼-3-4-1 關懷愛護動植物
			美-幼-1-2-1 探索生活環境中事物的色彩、形體、質地的美
		小	認-小-1-2-1 觀察動植物的生長變化
			社-小-3-4-1 關懷愛護動植物
			美-小-1-2-1 探索生活環境中事物的色彩、形體、質地的美
		中	認-中-1-2-1 觀察動植物的生長變化
			社-中-3-4-1 樂於親近自然、愛護生命、節約資源
			美-中-1-2-1 探索生活環境中事物的色彩、形體、質地的美，覺察其中的差異
		大	認-大-1-2-1 觀察動植物的生長變化

活動名稱	直接目的		學習指標
植物的葉			美-大-1-2-1 探索生活環境中事物的色彩、形體、質地的美，覺察其中的差異
植物的花	學會花的各部位名稱	幼	認-幼-1-2-1 觀察動植物的特徵
			社-幼-3-4-1 關懷愛護動植物
			美-幼-1-2-1 探索生活環境中事物的色彩、形體、質地的美
		小	認-小-1-2-1 觀察動植物的生長變化
			社-小-3-4-1 關懷愛護動植物
			美-小-1-2-1 探索生活環境中事物的色彩、形體、質地的美
		中	認-中-1-2-1 觀察動植物的生長變化
			社-中-3-4-1 樂於親近自然、愛護生命、節約資源
			美-中-1-2-1 探索生活環境中事物的色彩、形體、質地的美，覺察其中的差異
		大	認-大-1-2-1 觀察動植物的生長變化
			美-大-1-2-1 探索生活環境中事物的色彩、形體、質地的美，覺察其中的差異

活動名稱	直接目的	學習指標	
果實介紹	認識果實內部的組成及名稱	幼	認 - 幼 -1-2-1 觀察動植物的特徵
			美 - 幼 -1-2-1 探索生活環境中事物的色彩、形體、質地的美
		小	認 - 小 -1-2-1 觀察動植物的生長變化
			美 - 小 -1-2-1 探索生活環境中事物的色彩、形體、質地的美
		中	認 - 中 -1-2-1 觀察動植物的生長變化
			美 - 中 -1-2-1 探索生活環境中事物的色彩、形體、質地的美，覺察其中的差異
		大	認 - 大 -1-2-1 觀察動植物的生長變化
			美 - 大 -1-2-1 探索生活環境中事物的色彩、形體、質地的美，覺察其中的差異

3. 文化教育──天文教育

活動名稱	直接目的	學習指標	
星象	·利用真實的恆星展示來激發孩子的想	幼	美 - 幼 -1-1-1 探索生活環境中事物的美，體驗各種美感經驗

活動名稱	直接目的	學習指標		
星象	像力 ·紙上作業排出星星的點排列及星座人物、動物的關係 ·認識各種星象的名稱及故事 ·蒐集書籍認識太空、宇宙、星象	小	認 - 小 -1-2-2 觀察自然現象特徵的變化	
			認 - 小 -1-2-3 以圖像記錄自然現象的訊息	
			美 - 小 -1-1-1 探索生活環境中事物的美，體驗各種美感經驗	
		中	認 - 中 -1-2-2 觀察自然現象特徵的變化	
			認 - 中 -1-2-3 以圖像記錄自然現象的訊息	
			美 - 中 -1-1-1 探索生活環境中事物的美，體驗各種美感經驗	
		大	認 - 大 -1-2-2 觀察自然現象特徵的變化	
			認 - 大 -1-2-3 以符號記錄自然現象的訊息	
			美 - 大 -1-1-1 探索生活環境中事物的美，體驗各種美感經驗	
我們的宇宙	·建立銀河系以及我們所在位置的概念 ·說明太陽、太陽系與地球的關係	小	認 - 小 -1-2-2 觀察自然現象特徵的變化	
		中	認 - 中 -1-2-2 觀察自然現象特徵的變化	
		大	認 - 大 -1-2-2 觀察自然現象特徵的變化	

活動名稱	直接目的	學習指標	
太陽系	認識宇宙的太陽系	小	認 - 小 -1-2-2 觀察自然現象特徵的變化
			認 - 小 -1-2-3 以圖像記錄自然現象的訊息
			美 - 小 -3-2-1 欣賞視覺藝術創作，描述作品的內容
		中	認 - 中 -1-2-2 觀察自然現象特徵的變化
			認 - 中 -1-2-3 以圖像記錄自然現象的訊息
			美 - 中 -3-2-1 欣賞視覺藝術創作，描述作品的內容
		大	認 - 大 -1-2-2 觀察自然現象特徵的變化
			美 - 大 -3-2-1 欣賞視覺藝術創作，依個人偏好說明作品的內容與特色
行星的研究	1.瞭解太陽系中的行星 2.認識太陽系中八大行星的關係	幼	身 - 幼 -1-2-1 覺察器材操作的方式
			語 - 幼 -2-2-2 以簡單的口語表達需求及好惡
		小	身 - 小 -1-2-1 覺察器材操作的方式
			語 - 小 -2-2-2 以口語建構想像的情境

活動名稱	直接目的		學習指標
行星的研究		中	身-中-1-2-1 覺察各種用具的安全操作技能
			語-中-2-2-2 以清晰的口語表達想法
			認-中-2-2-2 與他人討論自然現象特徵間的關係
		大	身-大-1-2-1 覺察各種用具的安全操作技能
			語-大-2-2-2 針對談話內容表達疑問或看法
			認-大-2-2-2 與他人討論自然現象特徵間的關係
			認-大-2-2-3 與他人討論自然現象變化與生活的關係
八大行星	認識八大行星的名稱	幼	身-幼-1-2-1 覺察器材操作的方式
		小	身-小-1-2-1 覺察器材操作的方式
		中	身-中-1-2-1 覺察各種用具的安全操作技能
		大	身-大-1-2-1 覺察各種用具的安全操作技能

4. 文化教育──地質教育

內容	活動名稱	直接目的	學習指標	
準備工作	日常生活 1.倒石頭 2.洗石頭 3.擦石頭 4.篩的工作（沙＋小石頭） 5.撈石頭 6.觀察石頭 7.排列石頭 8.數石頭 9.夾石頭（鑷子） 10.美勞（黏貼石頭） 11.抓石頭	·培養秩序性、專注力、動作協調、獨立	幼	身-幼-2-2-4手肘支撐下練習抓、握的精細動作
				認-幼-1-3-1探索生活物件的特性與功能
			小	身-小-2-2-4操作與運用抓、握、扭轉的精細動作
				身-小-2-2-1平穩使用各種素材或器材
				認-小-1-3-1觀察生活物件的特徵
				社-小-2-1-3根據自己的想法做選擇
			中	身-中-2-2-1敏捷使用各種素材或器材
				認-中-1-3-1觀察生活物件的特徵
				社-中-2-1-3調整自己的想法去行動
				身-中-2-2-4綜合運用抓、握、扭轉、揉、捏的精細動作

內容	活動名稱	直接目的	學習指標	
準備工作			大	身 - 大 -1-1-1 覺察身體在穩定性及移動性動作表現上的協調性
				身 - 大 -2-2-1 敏捷使用各種素材或器材
				認 - 大 -1-3-1 觀察生活物件的特徵
	感官教育分類	・認識大、中、小之分類 ・石頭紋路的判斷力	幼	認 - 幼 -1-1-5 探索物體的外形
			小	認 - 小 -1-1-5 辨識與命名物體的形狀
			中	認 - 中 -1-1-5 辨識與命名物體的形狀
			大	認 - 大 -1-1-5 覺知物體的形狀會因觀察角度的不同而不同
	石頭形狀分類	・顏色和形狀之辨識能力 ・半寶石的種類欣賞	幼	認 - 幼 -1-3-1 探索生活物件的特性與功能歸類
			小	認 - 小 -1-3-1 觀察生活物件的特徵
			中	認 - 中 -1-3-1 觀察生活物件的特徵
			大	認 - 大 -1-3-1 觀察生活物件的特徵

內容	活動名稱	直接目的	學習指標	
準備工作	半寶石	・培養序列概念 ・可想像各種排列方式	幼	認 - 幼 -1-3-1 探索生活物件的特性與功能
			小	認 - 小 -1-3-1 觀察生活物件的特徵
			中	認 - 中 -1-3-1 觀察生活物件的特徵
			大	認 - 大 -1-3-1 觀察生活物件的特徵
	礦石介紹	・認識礦物的種類 ・觀察思考力培養	幼	認 - 幼 -1-3-1 探索生活物件的特性與功能
			小	認 - 小 -1-3-1 觀察生活物件的特徵
			中	認 - 中 -1-3-1 觀察生活物件的特徵
			大	認 - 大 -1-3-1 觀察生活物件的特徵
	礦石三段卡	・認識礦物的種類	無	
	半礦石介紹	・認識半寶石種類	幼	認 - 幼 -1-3-1 探索生活物件的特性與功能
			小	認 - 小 -1-3-1 觀察生活物件的特徵
			中	認 - 中 -1-3-1 觀察生活物件的特徵
			大	認 - 大 -1-3-1 觀察生活物件的特徵

內容	活動名稱	直接目的		學習指標
	神祕袋（半寶石）	・培養視覺判斷能力		無
礦石（物）	寶石	・認識寶石的種類	幼	認-幼-1-3-1 探索生活物件的特性與功能
			小	認-小-1-3-1 觀察生活物件的特徵
			中	認-中-1-3-1 觀察生活物件的特徵
			大	認-大-1-3-1 觀察生活物件的特徵
地球的層面	模型	・認識地球內部結構 ・探求事實之欲望	幼	認-幼-1-1-5 探索物體的外形
			小	認-小-1-1-5 辨識與命名物體的形狀
			中	認-中-1-1-5 辨識與命名物體的形狀
			大	認-大-1-1-5 覺知物體的形狀會因觀察角度的不同而不同
	製作地球	・更瞭解地球內部構造的形成 ・學會製作地球	小	美-小-2-2-1 把玩各種視覺藝術的素材與工具，進行創作
			中	美-中-2-2-1 運用各種視覺藝術素材與工具，進行創作

內容	活動名稱	直接目的		學習指標
地球的層面	地球的層面定義		大	美 - 大 -2-2-1 運用各種視覺藝術素材與工具的特性，進行創作
		・認識地球內球構造之抽象概念 ・能說出構造名稱	幼	語 - 幼 -1-4-1 覺察生活環境中常見的圖像與符號
			小	語 - 小 -1-4-1 覺察生活環境中常見的圖像與符號
			中	語 - 中 -1-4-1 理解符號中的具象物件內容
			大	語 - 大 -1-4-1 以生活環境中的線索詮釋符號的意義
岩石	火成岩 火山的實驗 火山定義	・認識火成岩 ・知道火山爆發的情形 ・認識火山爆發後的產物	幼	認 - 幼 -1-1-5 探索物體的外形
			小	認 - 小 -1-1-5 辨識與命名物體的形狀
				認 - 小 -1-2-2 觀察自然現象特徵的變化
				認 - 小 -1-2-3 以圖像記錄自然現象的訊息
			中	認 - 中 -1-1-5 辨識與命名物體的形狀
				認 - 中 -1-2-2 觀察自然現象特徵的變化

內容	活動名稱	直接目的	學習指標	
岩石			大	認-中-1-2-3 以圖像記錄自然現象的訊息
				認-大-1-1-5 覺知物體的形狀會因觀察角度的不同而不同
				認-大-1-2-2 觀察自然現象特徵的變化
				認-大-1-2-3 以符號記錄自然現象的訊息
				認-大-2-2-3 與他人討論自然現象的變化與生活的關係
沉積岩	沉積岩的形成和介紹 三種沉積岩之實驗	·認識沉積岩的形成因素 ·認識三種不同之沉積岩	無	
變質岩	變質岩的介紹	·認識變質岩之種類	無	

5. 文化教育──地理教育

內容	活動名稱	直接目的	學習指標	
方向、位置的介紹	上、下、左、右介紹	·讓孩子認識上、下、左、右的概念 ·能說出且指出方向	幼	認-幼-1-1-6 探索兩個物體位置間的上下關係
			小	認-小-1-1-6 覺知兩個物體位置間的上下關係

內容	活動名稱	直接目的		學習指標
方向、位置的介紹			中	認-中-1-1-6 辨識兩個物體位置間上下、前後、裡外的關係
			大	認-大1-1-6 以自己為定點，辨識物體與自己位置間的上下、前後、左右的關係
	方向概念	‧讓孩子認識上、下、左、右的概念 ‧能辨別左、右	幼	認-幼-1-1-6 探索兩個物體位置間的上下關係
			小	認-小-1-1-6 覺知兩個物體位置間的上下關係
			中	認-中-1-1-6 辨識兩個物體位置間上下、前後、裡外的關係
			大	認-大1-1-6 以自己為定點，辨識物體與自己位置間的上下、前後、左右的關係
構造	地球三元素	‧認識土地、空氣、水三元素 ‧知道三元素之特性	小	認-小-1-2-2 觀察自然現象特徵的變化
			中	認-中-1-2-2 觀察自然現象特徵的變化
				認-中-2-2-1 依據特徵為自然現象分類並命名
				認-中-2-2-2 與他人討論自然現象特徵間的關係

內容	活動名稱	直接目的		學習指標
構造			大	認-大-1-2-2 觀察自然現象特徵的變化
				認-大-2-2-1 依據特徵為自然現象分類並命名
				認-大-2-2-2 與他人討論自然現象特徵間的關係
				認-大-2-2-3 與他人討論自然現象的變化與生活的關係
	水陸地球儀	·讓孩子認識土地、空氣、水在地球分布情形 ·訓練孩子觸感、心智成長	幼	無指標對應
			小	認-小-1-2-3 以圖像記錄自然現象的訊息
			中	認-中-1-2-3 以圖像記錄自然現象的訊息
				認-中-2-2-1 依據特徵為自然現象分類並命名
				認-中-2-2-2 與他人討論自然現象特徵間的關係
			大	認-大-1-2-3 以符號記錄自然現象的訊息
				認-大-2-2-1 依據特徵為自然現象分類並命名
				認-大-2-2-2 與他人討論自然現象特徵間的關係

內容	活動名稱	直接目的	學習指標	
構造	水陸地球儀拓印遊戲	·認識水陸地球儀 ·學會拓印	中	認-中-2-2-1 依據特徵爲自然現象分類並命名
				認-中-2-2-2 與他人討論自然現象特徵間的關係
			大	認-大-2-2-1 依據特徵爲自然現象分類並命名
				認-大-2-2-2 與他人討論自然現象特徵間的關係
				認-大-2-2-3 與他人討論自然現象的變化與生活的關係
	地形介紹 各種地球介紹 地形三部卡 三十二種地形介紹	·認識湖泊、陸地、島嶼、海洋之不同地形 ·認識地形的形成 ·感受各種地形之不同 ·認識各種地形之名稱 ·認識三十二種地形的名稱與差異	中	認-中-2-2-1 依據特徵爲自然現象分類並命名
				認-中-2-2-2 與他人討論自然現象特徵間的關係
			大	認-大-2-2-1 依據特徵爲自然現象分類並命名
				認-大-2-2-2 與他人討論自然現象特徵間的關係
				認-大-2-2-3 與他人討論自然現象的變化與生活關係

內容	活動名稱	直接目的		學習指標
地理區分配	彩色地球儀介紹	・認識七大洲		無
	平面地球儀介紹	・知道平面的概念 ・能規律地放置		無
	平面地球儀剪貼	・認識各洲名稱 ・學會剪貼		無
	黏土＋平面地球儀	・能捏出各洲地形	小	美-小-2-2-1 把玩各種視覺藝術的素材與工具，進行創作
			中	美-中-2-2-1 運用各種視覺藝術素材與工具，進行創作
			大	美-大-2-2-1 運用各種視覺藝術素材與工具的特性，進行創作
	畫平面地球儀	・學會描繪各洲形狀 ・知道各洲之特徵	幼	無指標對應
			小	美-小-2-2-1 把玩各種視覺藝術的素材與工具，進行創作
			中	美-中-2-2-1 運用各種視覺藝術素材與工具，進行創作
			大	美-大-2-2-1 運用各種視覺藝術素材與工具的特性，進行創作

內容	活動名稱	直接目的		學習指標
地理區分配	各洲拼圖介紹	・培養手、眼協調 ・辨認各種土地之不同	小	身-小-2-2-2 操作與運用抓、握、扭轉的精細動作
	各種風景圖片介紹	・認識四季中各洲的風俗、風景	幼	語-幼-1-4-1 覺察生活環境中常見的圖像與符號
			小	語-小-1-4-1 覺察生活環境中常見的圖像與符號
			中	語-中-1-4-1 理解符號中的具象物件內容
			大	語-大-1-4-1 以生活環境中的線索詮釋符號的意義
	各洲文物欣賞	・能欣賞世界各地的文物風俗	幼	認-幼-2-3-1 依據生活物件的特性與功能歸類
			小	認-小-2-3-1 依據生活物件的特性與功能歸類
				認-小-2-3-2 比較生活物件特徵間的異同
			中	認-中-2-3-1 依據特徵為生活物件分類並命名
				認-中-2-3-2 與他人討論生活物件特徵間的關係

內容	活動名稱	直接目的		學習指標
地理區分配			大	認-大-2-3-1 依據特徵為生活物件分類並命名
				認-大-2-3-2 與他人討論生活物件特徵間的關係
亞洲介紹	·亞洲拼圖介紹 ·亞洲國家介紹 ·亞洲國旗介紹 ·世界國旗工作 ·國旗各部分名稱介紹	·認識亞洲人種的特色 ·瞭解亞洲各國風土民情 ·廣泛的世界概念 ·認識各國國旗之不同 ·瞭解其國旗來源 ·學習依樣畫圖之能力 ·認識國旗各部分名稱	幼	認-幼-1-1-5 探索物體的外形
				語-幼-1-4-2 認出代表自己或所屬群體的符號
			小	認-小-1-1-5 辨識與命名物體的形狀
				語-小-1-4-2 認出代表自己或所屬群體的符號
				美-小-2-2-1 把玩各種視覺藝術的素材與工具,進行創作
				美-小-2-2-2 運用線條、形狀或色彩表現想法,並命名或賦予意義
			中	認-中-1-1-5 辨識與命名物體的形狀
				語-中-1-4-2 知道能使用圖像記錄與說明
				美-中-2-2-1 運用各種視覺藝術素材與工具,進行創作

內容	活動名稱	直接目的	學習指標	
亞洲介紹			大	美-中-2-2-2運用線條、形狀或色彩，進行創作
				認-大-1-1-5覺知物體的形狀會因觀察角度的不同而不同
				語-大-1-4-2知道能使用圖像記錄與說明
				美-大-2-2-2運用線條、形狀或色彩，進行創作
				美-大-2-2-1運用各種視覺藝術與素材與工具的特性，進行創作
文化史	個人基本需求 個人精神需求	・認識各國人種的基本需求相同，但內容有異 ・認識人類的各種精神需求	幼	語-幼-1-3-1覺察除了自己使用的語言，還有其他語言
			小	語-小-1-3-1知道生活環境中有各種不同的語言
			小	社-小-1-2-1覺察他人的想法
			中	語-中-1-3-1知道生活環境中有各種不同的語言
			中	社-中-1-2-1覺察自己和他人有不同的想法、感受、需求

內容	活動名稱	直接目的		學習指標
文化史			大	社 - 中 -1-6-2 知道自己與他人相同或不相同的生活方式
				社 - 大 -1-6-2 認識生活環境中不同族群的文化特色
				社 - 大 -3-3-1 尊重與欣賞各種族群的語言、生活習俗與慶典活動
				語 - 大 -1-3-1 知道本土語言和外語是不同的語言

6. 文化教育──歷史教育

內容	教具名稱	直接目的		學習指標
時間的改變──曆的認識	今天星期幾	1.認識數字 2.數序的認識 3.文字的認識:西元、民國、年、月、日、天氣、季節 4.認識星期的順序 5.月分、天數的認識 6.會敘述完整日期的方法	中	語 - 中 -2-2-2 以清晰的口語表達想法
				認 - 中 2-1-1 依據序列整理自然現象或文化產物的數學訊息
			大	認 - 大 2-1-1 依據序列整理自然現象或文化產物的數學訊息
				語 - 大 -2-2-2 針對談話內容表達疑問或看法

內容	教具名稱	直接目的	學習指標	
時間的改變──曆的認識	每星期回顧	1.抓住生活的重點 2.記錄生活中的重要事件（用圖畫寫日記） 3.看到日子的累積	無	
	生日調查表「你的生日」	1.確認月分和日期的關係 2.數量的比較（瞭解、比較哪一月分生日的人最多，哪一天生日的人最多） 3.促使孩子瞭解其他孩子	幼	社-幼-1-5-1知道生活環境中常接觸的人事物
			小	社-小-1-5-1認出生活環境中常接觸的人事物
				認-小-1-1-1覺知數量的訊息
			中	認-中-1-1-2運用點數蒐集生活環境中的訊息
				認-中2-1-1依據序列整理自然現象或文化產物的數學訊息
			大	認-大-1-1-2運用點數蒐集生活環境中的訊息
				認-大2-1-1依據序列整理自然現象或文化產物的數學訊息
	月分配對	1.以兒歌的方式找出各月分的特色	中	認-中2-1-1依據序列整理自然現象或文化產物的數學訊息

內容	教具名稱	直接目的		學習指標
時間表		2.認識並熟悉時間的次序（1-12月） 3.語言訓練	大	認-大2-1-1依據序列整理自然現象或文化產物的數學訊息
	兒童時間表	·瞭解人的成長過程 ·認識年齡的定義—每經過一年，即滿1歲。	小	認-小-1-2-1觀察動植物的生長變化
				認-小-1-2-3以圖像記錄自然現象的訊息
			中	認-中-1-2-1觀察動植物的生長變化
				認-中-1-2-2觀察自然現象特徵的變化
			大	認-大-1-2-1觀察動植物的生長變化
	家庭成員時間表	·瞭解年齡，部分的意義。 ·認識家人的生長時間，有長短不同。 ·家庭時間線的認識	小	認-小-2-3-2比較生活物件特徵間的異同
			中	認-中-2-3-2與他人討論生活物件特徵間的關係
			大	認-大-2-3-3與他人討論生活物件與生活的關係

內容	教具名稱	直接目的	學習指標	
時間的改變——季節的變化	綠豆發芽了	1. 讓孩子感受到大自然的環境（時間變化） 2. 學會做記錄 3. 知道綠豆的成長過程	幼	認-幼-1-2-1 觀察動植物的特徵
				社-幼-3-4-1 關懷愛護動植物
			小	認-小-1-2-1 觀察動植物的生長變化
				認-小-1-2-2 觀察自然現象特徵的變化
				社-小-3-4-1 關懷愛護動植物
			中	認-中-1-2-1 觀察動植物的生長變化
				認-中-1-2-2 觀察自然現象特徵的變化
				認-中-2-2-3 與他人討論動植物與生活的關係
				社-中-3-4-1 樂於親近自然、愛護生命、節約資源
			大	認-大-1-2-1 觀察動植物的生長變化
				認-大-1-2-3 以符號記錄自然現象的訊息
				認-大-2-2-3 與他人討論自然現象的變化與生活的關係
				社-大-3-4-1 樂於親近自然、愛護生命、節約資源

內容	教具名稱	直接目的		學習指標
時間的改變——季節的變化	季節的名稱介紹	1.瞭解四季的名稱 2.用顏色幫助季節名稱作認識 3.感受季節的變化	幼	美-幼-1-1-1 探索生活環境中事物的美，體驗各種美感經驗
			小	認-小-1-2-2 觀察自然現象特徵的變化
				認-小-1-2-3 以圖像記錄自然現象的訊息
				美-小-1-1-1 探索生活環境中事物的美，體驗各種美感經驗
			中	認-中-1-2-2 觀察自然現象特徵的變化
				認-中-1-2-3 以圖像記錄自然現象的訊息
			大	認-大-1-2-2 觀察自然現象特徵的變化
				認-大-1-2-3 以符號記錄自然現象的訊息
				社-大-3-4-1 樂於親近自然、愛護生命、節約資源
	年表	1.瞭解年是怎麼構成的 2.知道季節、月分的順序 3.與實際生活做連結	小	認-小-1-2-3 以圖像記錄自然現象的訊息
			中	認-中-2-1-1 依據序列整理自然現象或文化產物的數學訊息

內容	教具名稱	直接目的	學習指標	
時間的改變——季節的變化			大	認 - 大 -2-1-1 依據序列整理自然現象或文化產物的數學訊息
				社 - 大 -3-4-1 樂於親近自然、愛護生命、節約資源
	過去、現在、未來	1.深刻知道時間的組成 2.認識時間單位的名稱關係	無	
	我的歷史	1.深刻的體會自我成長變化及過程 2.歷史的意義（時間的意義） 3.觀察周遭人事物的變化	幼	社 - 幼 -1-1-1 覺察自己的身體特徵
				社 - 幼 -1-1-2 探索自己喜歡做的事
			小	社 - 小 -1-1-1 覺察自己的身體特徵
				社 - 小 -1-1-2 探索自己喜歡做的事
			中	社 - 中 -1-1-1 覺察自己的外型和性別
				社 - 中 -1-1-2 探索自己的興趣與長處
			大	社 - 大 -1-1-1 辨認自己與他人在身體特徵與性別的異同
				社 - 大 -1-1-2 探索自己的興趣與長處

內容	教具名稱	直接目的		學習指標
時間的改變──季節的變化	慶祝生日	1.建立時間累進的過程 2.強調生日的意義──誕生的喜悅 3.增進孩子之間融洽氣氛與瞭解 4.懂得分享與讚美	幼	社-幼-1-4-1 感受家人對自己的照顧與關愛
			小	社-小-1-6-1 參與節慶活動
				社-小-1-4-1 感受家人對自己的照顧與關愛
			中	社-中-1-6-1 參與節慶活動
				社-中-1-4-1 覺察自己及與家人間的相互照顧關係
			大	社-大-1-6-1 參與節慶活動，體會節慶的意義
				社-大-3-2-1 主動關懷並樂於與他人分享
				社-大-1-4-1 覺察自己及與家人間的相互照顧關係
	認識時間	認識時鐘上的數字與關係	中	認-中-1-1-1 認識數字符號
			大	認-大-1-1-1 認識數字符號
	不同的測量方法	認識沙漏、時鐘		無

(八)蒙特梭利教師教學檢核表

幼兒園名稱：私立熊熊森林幼兒園		班級：									
教保服務人員姓名：		檢核日期：									
領域	課程目標	3-6歲學習指標	蒙特梭利教育（學習區）					文化課程		全園性活動	例行性活動
			日常生活教育	感官教育	數學教育	語文教育	文化教育	一封信的旅行	春天的小花草		
身體動作與健康	身-1-1模仿身體操控活動	身-小-1-1-1認識身體部位或身體基本動作的名稱									
		身-小-1-1-2模仿身體的靜態平衡動作									
		身-中大-1-1-1覺察身體在穩定性及移動性動作表現上的協調性									

身體動作與健康		身-中大-1-1-2 模仿身體的動態平衡動作								
	身-1-2 模仿操作各種器材的動作	身-小-1-2-1 覺察器材操作的方式								
		身-小-1-2-2 模仿抓、握、扭轉的精細動作								
		身-中大-1-2-1 覺察各種用具的安全操作技能								
		身-中-1-2-2 模仿抓、握、扭轉、揉、捏的精細動作								
		身-大-1-2-2 覺察手眼協調的精細動作								

身體動作與健康	身-1-3 覺察與模仿健康行為及安全的動作	身-小-1-3-1 模仿日常生活的健康行為								
		身-小-1-3-2 模仿良好的飲食行為								
		身-中大-1-3-1 覺察與模仿日常生活的健康行為								
		身-中大-1-3-2 辨識食物的安全，並選擇均衡營養的飲食								
		身-小中大-1-3-3 覺察身體活動安全的距離								
		身-中-1-3-4 覺察與辨別危險，保護自己的安全								

身體動作與健康	身-2-1 安全應用身體操控活動，滿足自由及與他人合作的需求	身-大-1-3-4 覺察與辨別危險，保護自己及他人的安全								
		身-小-2-1-1 在穩定性及移動性動作中練習平衡與協調								
		身-中大-2-1-1 在合作遊戲的情境中練習動作的協調與敏捷								
		身-小-2-1-2 遵守安全活動的原則								
		身-中大-2-1-2 在團體活動中，應用身體基本動作安全地完成任務								

身體動作與健康	身-2-2 熟練各種用具的操作	身-小-2-2-1 平穩使用各種素材、工具或器材								
		身-中大-2-2-1 敏捷使用各種素材、工具或器材								
		身-小-2-2-2 操作與運用抓、握、扭轉的精細動作								
		身-中-2-2-2 綜合運用抓、握、扭轉、揉、捏的精細動作								
		身-大-2-2-2 熟練手眼協調的精細動作								

身體動作與健康	身-2-3 熟練並養成健康生活習慣	身-小-2-3-1 正確使用餐具								
		身-中-2-3-1 清潔自己的餐具與整理用餐環境								
		身-大-2-3-1 使用清潔工具清理環境								
		身-小-2-3-2 參與日常生活的健康行為								
		身-中大-2-3-2 熟練並維持日常生活的健康行為								
	身-3-1 應用組合及變化各種動作,享受肢體遊戲的樂趣	身-小中-3-1-1 在創意想像的情境展現個人肢體動作的組合與變化								

身體動作與健康	身-3-2 樂於善用各種素材及器材進行創造活動	用材進性材料進性造動	身-大-3-1-1 與他人合作展現各種創意姿勢與動作的組合							
			身-中-3-2-1 把玩操作各種素材或器材，發展各種創新玩法							
			身-大-3-2-1 與他人合作運用各種素材或器材，共同發展創新玩法							

參考文獻

一 中文部分

王素偵（2011）。**兒童情緒教育在蒙特梭利教學中的面貌**（未出版之碩士論文）。國立臺東大學，臺東。

王淑清（1991）。**蒙特梭利實驗教學法與單元設計教學法對幼兒身體動作發展影響之比較研究**（未出版之碩士論文）。國立臺灣師範大學，臺東。

王國亨（2005）。**國小一年級新生數學能力表現之研究**（未出版之碩士論文）。國立屏東師範學院，屏東。

天下雜誌（2018 年 3 月）。**2017 實驗學校招生中**。取自 https://www.parenting.com.tw/magazine/1363-2017%E5%AF%A6%E9%A9%97%E5%AD%B8%E6%A0%A1%E6%8B%9B%E7%94%9F%E4%B8%AD/

中華民國蒙特梭利教師協會（2018）。**蒙特梭利園所**。取自 https://docs.google.com/spreadsheets/d/1r-pV-RFV7Qu10jSN8dSuS2rXm0_hWDnfoSsGwcPfH50/edit?hl=zh_TW&hl=zh_TW#gid=0

中華民國蒙特梭利啟蒙研究基金會（2006）。**蒙特梭利教師訓練課程**。取自 http://www.cfmontessori.program.com.tw

方金雅（2001）。**多向度詞彙評量與教學之研究**（未出版之碩士論文）。國立高雄師範大學，高雄。

石佳容（2009）。**資訊科技融入蒙特梭利文化教育之參與式行動研究——以彰化市一家蒙特梭利托兒所為例**（未出版之碩士論文）。朝陽科技大學，臺中。

丘愛鈴（2013）。成就每一個學生：差異化教學之理念與教學策略。**教育研究月刊，231**，18-33。

呂煦屏、蕭月穗（2014 年 12 月 15 日）。自然與生活科技文化回應教學初探：以一所布農族國小植物單元為例。**網路社會學通訊期刊，87**。取自 http://society.nhu.edu.tw/e-j/87/A16.htm

李亦園、歐用生（1992）。**我國山胞教育之方向定位與課程內容設計研究**。臺北：教育部教研會。

李奇憲（2004）。**提升國小原住民學生國語科學業成就之行動研究**（未出版之碩士

論文）。國立花蓮師範學院，花蓮。

李泳泰（2007）。**實作教學對原住民學生科學學習影響之研究──以「竹槍製作」單元為例**（未出版之碩士論文）。國立高雄師範大學，高雄。

李佩嬅、黃毅志（2011）。原漢族群、家庭背景與高中職入學考試基測成績、教育分流：以臺東縣為例。**教育科學研究期刊，56**（1），193-226。

李俊仁（1999）。聲韻處理能力和閱讀能力的關係（未出版之碩士論文）。國立中正大學，嘉義。

李連珠（2006）。**全語言教育**。臺北：心理。

李連珠譯（1998）。Ken Goodman（著）。**全語言的「全」，全在哪裡**？臺北：信誼。

李婷（2015）。**蒙特梭利教育取向嬰幼兒托育環境品質指標之建構研究**（未出版之碩士論文）。國立臺東大學，臺東。

李敦仁（2007）。人力資本、財務資本、社會資本與教育成就關聯性之研究：Coleman 家庭資源理論模式之驗證。**教育與心理研究，30**（3），111-141。

李敦仁、余民寧（2005）。社經地位、手足數目、家庭教育資源與教育成就結構關係模式之驗證：以 TEPS 資料庫資料為例。**臺灣教育社會學研究，52**，1-47。

李鴻章（2006）。臺東縣不同族群學童數學學業成就影響模式之探討。**臺灣教育社會學研究，6**（2），1-41。

巫有鎰（1999）。影響國小學生學業成就的因果機制──以臺北市和臺東縣作比較。**教育研究集刊，43**，213-242。

巫有鎰、黃毅志（2009）。山地原住民的成績比平地原住民差嗎？可能影響臺東縣原住民各族與漢人國小學生學業成績差異的因素機制。**臺灣教育社會學研究，9**（1），41-89。

何函儒（2006）。學前經驗與小一新生社會適應關聯之研究（未出版之碩士論文）。朝陽科技大學，臺中。

何映虹（2008）。**阿美族野菜文化融入幼稚園植物教學之研究**（未出版之碩士論文）。國立臺東大學，臺東。

何蘊琪（2004）。**文化回應語文教學對國小學童識讀能力與教師文化識能之影響：臺灣東部地區一個多族群班級之研究**。行政院國家科學委員會專題研究計畫（編號 NSC92-2413-H-320-001），未出版。

何縕琪（2008）。原住民國中閱讀教學之行動研究。**中等教育，59**（1），56-71。

何緼琪、林喜慈（2006）。文化回應教學之實踐與省思：一個多族群班級的行動研究。**慈濟大學教育研究學刊，2**，33-66。

何緼琪、許木柱、江瑞珍（2008）。原住民文學閱讀教學對學生族群意向發展之效應：以花蓮縣一個國三班級為例。**當代教育研究，16**（2），1-44。

沈妙玲（2004 年 8 月）。0-3 歲蒙特梭利教育之實施現況——以臺灣今日幼稚園研究室為例。**「兩岸學術論壇」發表之論文**，北京。

杜雪淇（2011）。**苗栗縣弱勢與非弱勢家庭對其大班幼兒數學能力之研究**（未出版之碩士論文）。國立臺中教育大學，臺中。

吳旭昌、吳如玉主編（1996）。**蒙台梭利教育理論與實踐——算數教育**（原作者：石井昭子、岩田陽子）。臺北：新民。

吳怡儒、蔡文榮、李林滄（2012）。彰化縣偏遠地區國中學生數學學習態度及其影響因素之研究。**教育科學期刊，11**（1），25-57。

吳英長（1998）。國民小學國語故事體課文摘寫大意的教學過程之分析，**臺東師院學報，9**，149-184。

吳春滿（2008）。**蒙特梭利幼稚園初任教師之工作困境與因應策略**（未出版之碩士論文）。國立臺灣師範大學，臺北。

周新富（2008）。社會階級對子女學業成就的影響：以家庭資源為分析架構。**臺灣教育社會學研究，8**（1），1-43。

周梅雀（2010）。**原住民幼兒師資生的培力探究：五個「原女孩」的生命成長故事**。高雄：復文。

何佳玲（2010）。蒙特梭利的讀寫教育——自發性書寫和閱讀。**蒙特梭利雙月刊，87**，18-22。

林宛蓉、劉正（2014）。家庭社會資本與升學機會。**教育與多元文化研究，10**，1-35。

林妙徽、顏瓊芬、李暉（2008）。原住民族科學教育之困境與未來展望。**臺灣人文生態研究，10**（1），89-112。

林明芳（2001）。**泰雅族學童國語及數學學習式態之探究——以翡翠國小為例**（未出版之碩士論文）。國立花蓮師範學院，花蓮。

林秀慧（1996）。**蒙特梭利教學法實施之探討——以兩所臺北市幼稚園為例**（未出版之碩士論文）。國立臺灣師範大學，臺北。

林佳瑩（2009）。從文化資本累積提升國小四年級學生國語文閱讀理解能力策略

研究。2011 年 12 月 9 日取自教育部閱讀理解策略教學開發與推廣計畫成果報告。http://140.115.107.17:8080/RST/menu/index.php?account=admin&logo=1

林佩蓉（譯）（1999）。**快樂的學習 —— 全語言幼稚園的一天**（原作者：B.Fisher）。臺北：光佑。

林美慧（2003）。**文化回應教學模式之行動研究——以一個泰雅族小學五年級社會科教室為例**（未出版之碩士論文）。國立花蓮師範學院，花蓮。

林美珍（1996）。**兒童認知發展**。臺北：心理。

林俊瑩、吳裕益（2007）。家庭因素、學校因素對學生學業成就的影響——階層線性模式的分析。**教育研究集刊，53**（4），107-144。

林俊瑩、謝亞恆、陳成宏（2014）。暑期學習對族群學習差距的影響：潛在成長曲線模型分析。**教育政策論壇，17**（4），103-134。

林淑敏（2000）。**南投縣信義鄉國小五年級原住民學童國語文能力之研究**（未出版之碩士論文）。國立臺中師範學院，臺中。

林意清（1997）。**蒙特梭利感覺教育理論之研究**（未出版之碩士論文）。國立臺灣師範大學，臺北。

邱文彬（2001）。創造力發展模型與教學觀：從全人生發生認識論與建構論取向。**嶺東學報，4**，151-180。

邱淑雅（2006）。**認識蒙特梭利教育**。臺北：蒙特梭利文化公司。

幸曼玲、林玟伶、陳錦蓮、陳欣希、張純、曾秋華、黃冠達、陳盈伶、蘇子涵（2009）。**國小三年級學童閱讀推理理解策略之成效研究**。「教育研究與教育政策之對話」國際學術研討會發表之論文，臺北。

岩田陽子（1987）。**蒙台梭利教育理論與實踐：感覺教育**。臺北：新民。

洪淑敏（2010）。一雙穩定的手——手的書寫動作。**蒙特梭利雙月刊，87**，23-25。

施玉芬（2005）。**蒙特梭利生活及感官教育研究**（未出版之碩士論文）。國立臺灣師範大學，臺北。

施淑娟（1994）。**美國 AMS 3-6 歲蒙特梭利師資培訓手冊**。美國：美國蒙特梭利學會。

施淑娟（1998）。蒙特梭利孩子。**幼教資訊，88**，25-27。

施淑娟（2001）。一間轉型的蒙特梭利幼兒園。**蒙特梭利雙月刊，38**，38-41。

施淑娟（2004）。品格教育：從小培養。**幼教資訊，166**，2-4。

施淑娟（2011）。The study on developmentally appropriate practice and teaching beliefs of Montessori teachers under the English learning program。**慈濟大學人文社會科學學刊，12**，35-70。

施淑娟（2012）。輔導計畫中公立托兒所課程轉型之研究。**幼兒教育，306**，31-51。

施淑娟（2014）。蒙特梭利教學法對原住民幼兒語文能力表現之影響。**慈濟大學教育研究學刊，11**，209-245。

施淑娟（2019）。蒙特梭利語文教育對部落與非部落原住民幼兒語文能力影響之研究。**臺北市立大學學報，50**（1），25-43。

施淑娟（2020）。迎頭趕上 ?! 蒙特梭利數學教育對偏鄉原住民幼兒數概念能力之影響。**臺北市立大學學報，51**（2），63-92。

施淑娟、曹湘玲（2013）。全語文概念融入蒙特梭利教學之初探。**臺北市立大學學報，44**（2），57-84。

施淑娟、薛慧平（2006）。**兒童內在生命的發展——蒙特梭利感覺教育**。臺北：心理。

施蘊珊、林佩蓉（2009）。幼教課程與幼兒語言發展之關係——以方案課程與蒙特梭利課程為例。**愛彌兒「探索」期刊，24**，33-43。

洪秀華（2017）。**蒙特梭利教師教學引導策略對幼兒五大領域均衡學習與情緒影響之探究**（未出版之碩士論文）。國立臺北教育大學，臺北。

夏書琴（2017）。**初任蒙特梭利教師之專業成長**（未出版之碩士論文）。國立臺東大學，臺東。

段慧瑩（2007）。臺灣人口結構變遷之幼兒教育政策及其興革。**教育資料與研究雙月刊，74**，57-72。

柯華葳（2006）。**教出閱讀力**。臺北，天下雜誌。

柯華葳（2007）。**PIRLS 2006 說了什麼**。2007 年 12 月 13 日國際閱讀教育論壇。取自 http://lrn.ncu.edu.tw/pirls/files/ 論壇資料 /PIRLS%202006 說了什麼 .ppt。

柯華葳（2008）。**閱讀策略教學說明**。取自 http://140.115.107.17:8080/RST/menu/index.php?account=asmin&logo=1。

柯華葳、詹益綾、張建妤、游婷雅（2008）。**臺灣四年級學生閱讀素養：PIRLS 報告**。2010 年 10 月 19 日取自 http://lun.ncu.edu.tw/pirls/PIRLS%202006%20Report.html。

孫嫚薇、王淑英（2004）。我不會 ABC，但我會教孩子：全美語幼兒園中的幼兒

教師圖像。**國立臺北師範學院學報，17**（2），261-286。

高昱昕（2014）。**一所原住民幼兒園幼兒數學教學歷程探究──以三位幼兒為例**（未出版之碩士論文）。國立東華大學，花蓮。

高義展（2004）。蒙特梭利教育思潮對幼兒教育的啟示。**教育學苑，8**，37-52。

徐巧蘭、陳淑芳、金瑞芝（1999年6月）。**蒙特梭利教學法中幼兒創造性活動研究**。「1999行動研究國際學術研討會」發表之論文，臺東。

徐偉民、楊雅竹（2009）。影響原住民學生數學學習的因素：從屏東縣部落小學的教學行動來看。**臺中教育大學學報：教育類，23**（1），129-152。

徐瑞仙（譯）（1996）。**細論蒙特梭利教育**（原作者：Elizabeth G. Hainstock）。臺北：及幼。（原著出版年：1986）

徐曉玲（2008）。**幼稚園教師在蒙特梭利教學的角色踐行**（未出版之碩士論文）。國立嘉義大學，嘉義。

袁媛（2001）。新竹地區學齡前幼兒數概念研究。**明新學報，27**，207-216。

翁麗芳（1998）。**幼兒教育史**。臺北：心理。

曹雅玲（2004）。數學教育對幼兒思維發展的意義。**國教新知，17**，33-39。

曹湘玲、施淑娟（2018）。當蒙特梭利教育與全語文概念相遇。**清華教育學報，34**（2），45-94。

許育菁（2006）。**國小學童聽覺理解能力與閱讀理解能力之縱貫研究**（未出版之碩士論文）。國立臺中教育大學，臺中。

許惠欣（1979）。**蒙特梭利與幼兒教育**。臺南：光華女中。

許惠欣（1989）。**幼兒「該」如何學習數概念？──統合模式**。臺南：光華女中。

許惠欣（1995）。我國傳統與蒙特梭利教育之幼兒數學能力比較之研究。**臺南師院學報，28**，533-568。

許惠欣（1996）。**四歲與五歲幼兒數學能力比較之研究**。「八十五學年度師範學院教育學術論文研討會」發表之論文，臺東市。

許興仁（1983）。**新幼兒教育入門**。臺南：光華女中。

常婷雲（2005）。**幼兒數概念之研究──以三名大班幼兒為例**（未出版之碩士論文）。國立屏東師範學院，屏東。

陳文德（1996）。**點亮孩子的智慧明燈**。臺北：遠流。

陳文齡（2006）。**蒙特梭利語文教育特色**。載於邱埱雅等著，認識蒙特梭利教育（318-327頁）。臺北：蒙特梭利文化公司。

陳必卿、鄒宜庭（2012）。原漢家長對幼兒數學學習觀點之探究。**南台人文社會學報，7**，53-81。

陳玉枝（2008）。**蒙特梭利幼兒園老師之教育觀**（未出版之碩士論文）。國立臺北教育大學，臺北。

陳玉娟（1997）。**不同背景幼兒教師的蒙特梭利幼兒教育觀之研究**（未出版之碩士論文）。國立臺灣師範大學，臺北。

陳昇飛（2010）。蒙特梭利教學法與主題探究教學之比較。**研習資訊，27**（3），47-52。

陳貞旬（2008）。蒙特梭利讀寫活動 VS. 全語言觀點。**蒙特梭利雙月刊，78**，10-12。

陳明彥（2002）。**國小學童語言能力、閱讀理解能力與寫作表現關係之研究**（未出版之碩士論文）。國立臺中師範學院，臺中。

陳俞君、陳英娥、楊筱明、曹純瓊（2003）。**幼兒數能力之探索研究**。「第十九屆國科學教育學術研究研討會」發表之論文，臺北。

陳淑芳（1991）。**幼稚園課程研究──蒙特梭利教學模式和一般單元教學模式之證實比較**（未出版之碩士論文）。國立臺灣師範大學，臺北。

陳淑琴（2000）。**幼兒語文教材教法：全語言教學觀**。臺北：光佑。

陳淑娟（1995）。**「指導─合作學習」教學策略增進國小學童閱讀理解能力之實徵研究**（未出版之碩士論文）。國立臺灣師範大學，臺北。

陳淑婉（1997）。**一位幼兒教師教學方法轉型歷程之研究──由單元教學法轉型為蒙特梭利教學法**（未出版之碩士論文）。國立臺灣師範大學，臺北。

陳淑麗、曾世杰、洪儷瑜（2006）。原住民國語文低成就學童文化與經驗本位補救教學成效之研究。**師大學報：教育類，51**（2），147-171。

陳雯琪（2006a）。**幼兒書寫能力的預備**。載於邱垛雅等著，認識蒙特梭利教育（328-334 頁）。臺北：蒙特梭利文化公司。

陳雯琪（2006b）。**蒙特梭利數學教育特色**。載於邱垛雅等著，認識蒙特梭利教育（286-297 頁）。臺北：蒙特梭利文化公司。

陳揚盛（2000.7.20）。全國兒童閱讀運動 9 月開跑。**臺灣立報**。取自 http://www.lihpao.com/?action-viewnews-itemid-50484

陸莉、劉鴻香（1998）。**修訂畢保德圖畫詞彙測驗──指導手冊**。臺北：心理。

教育部（2016）。**幼兒園教保活動課程暫行大綱**。臺北：教育部。

教育部（2014）。**高級中等以下教育階段非學校型態實驗教育實施條例**。

單偉儒（1988）。**蒙特梭利教學理論與方法簡介**。臺北：蒙特梭利文化公司。

單偉儒（1995）。臺灣蒙特梭利師資培訓課程。**蒙特梭利雙月刊**，**1**，13-14。

辜玉旻（2009）。**作筆記策略的教學對於提升國小學童閱讀理解之成效**。取自教育部閱讀理解策略教學開發與推廣計畫成果報告。http://140.115.107.17:8080/RST/menu/index.php?account=admin&logo=1

郭玉婷（2001）。**泰雅族青少年學習式態之質的研究**（未出版之碩士論文）。國立臺灣師範大學，臺北。

郭李宗文（2013）。具體化在地化數學操作活動對原住民小一學童數學學習之影響。**屏東教育大學學報——教育類**，**40**，183-214。

郭明堂、劉明宗（2009）。**摘摘樂——閱讀理解策略開發**。取自教育部閱讀理解策略教學開發與推廣計畫成果報告。http://140.115.107.17:8080/RST/menu/index.php?account=admin&logo=

郭富祥（2009）。**布農族小米祭典模組教學對學生族群文化認同與科學學習之影響**（未出版之碩士論文）。國立臺南大學，臺南。

曾世杰（1999）。國語文低成就學童之工作記憶、聲韻處理能力與唸名速度之研究。載於柯華葳（編），**學童閱讀困難鑑定與診斷**（pp. 5-28）。嘉義：國立中正大學心理系。

曾志朗（1991）。**華語文的心理學研究：本土化的沉思**，載於高尚仁、楊中芳（主編），中國人——發展與教學篇（頁 539-582）。臺北：遠流。

張善楠、洪天來、張麟偉、張建盛、劉大瑋（1997）。社區、族群、家庭因素與國小學童學業成就的關係——臺東縣四所國小的比較分析。**臺東師院學報**，**8**，27-52。

張筱瑩（2007）。**蒙特梭利語文教育與全語文教育對幼兒閱讀能力影響之探究**（未出版之碩士論文）。國立政治大學，臺北。

張鈿富、林松柏、周文菁（2012）。臺灣高中生學習投入影響因素之研究。**教育資料集刊**，**54**，23-58。

張慧芝（2004）。**人類發展——兒童心理學**。臺北：桂冠。

張麗芬（2015）。幼兒數與運算能力測驗編製報告。**兒童與教育研究**，**10**，87-122。

黃芳銘（2003）。**結構方程模式理論與應用**。臺北：五南。

黃淑君（2003）。**國小學童聽覺理解能力與閱讀理解能力之相關研究**（未出版之碩士論文）。臺中師範學院，臺中。

黃惠禪（2003）。**國小一年級學童數學能力之研究**（未出版之碩士論文）。國立臺灣師範大學，臺中。

黃意舒（2003）。**幼稚園課程與幼兒基本學習能力**。臺北：臺北市立師範學院兒童發展研究中心。

黃瑞琴（1991）。**質的教育研究方法**。臺北：心理。

楊瑞琴、許惠欣（2008）。蒙特梭利教育的另一種選擇──蒙特梭利教室的「鍬形蟲」主題活動。**兒童與教育研究，4**，87-128。

詹秀雯、張芳全（2013）。影響國中學習成就因素之研究。**臺中教育大學學報，28**（1），49-76。

傅麗玉（2004）。誰的科學教育？中小學科學教育的多元文化觀點。**課程與教學，7**（1），91-108。

賀宜慶（2008）。**國文科文化回應教學之行動研究：以東部一個太魯閣族國中班級為例**（未出版之碩士論文）。慈濟大學，花蓮。

葉宛婷（2005）。**互動式繪本教學提升國小學童科學閱讀理解能力之研究**（未出版之碩士論文）。國立臺北師範學院，臺北。

楊怡婷（1995）。**幼兒閱讀行為發展之研究**（未出版之碩士論文）。國立臺灣師範大學，臺北。

楊荊生（1994）。蒙特梭利的生平與主要教育思想（上）。**國教之聲，3**，27，1-7。

趙悌行（譯）（1993）。**蒙台梭利教育的比較研究與實踐（上卷）**（原作者：市丸成人、松本靜子）。臺北：新民。

趙琲（2005）。**蒙特梭利教育──日常生活篇**。臺北：華騰。

齊若蘭、游常山、李雪莉（2003）。**閱讀──新一代知識革命**。臺北：天下雜誌。

熊桂芬（2002）。**親子數學 DIY**。臺北：蒙特梭利文化公司。

鄭小慧（2006）。**培養五大數學基本能力**。載於邱埱雅等著，認識蒙特梭利教育（306-315 頁）。臺北：蒙特梭利文化公司。

鄭青青（1992）。**蒙特梭利實驗教學法與單元設計教學法對幼兒創造力發展影響之比較研究**（未出版之碩士論文）。國立臺灣師範大學，臺北。

鄭毓霖（2004）。**國小高年級學童閱讀理解能力與批判思考表現之關係**（未出版之碩士論文）。國立嘉義大學，嘉義。

劉美慧（2000）。建構文化回應教學模式：一個多族群班級的教學實驗。**花蓮師院學報**，**11**，115-142。

劉美慧（2003）。**文化差異與兒童學習：文化回應教學之俗民誌研究（1）**。行政院國家科學委員會專題研究計畫（編號：NSC91-2413-H-026-009），未出版。

劉美慧（2005）。**文化差異與兒童學習：文化回應教學之俗民誌研究（2）**。行政院國家科學委員會專題研究計畫（編號：NSC91-2413-H-026-009），未出版。

劉美慧（2006）。**文化差異與兒童學習：文化回應教學之俗民誌研究（3）**。行政院國家科學委員會專題研究計畫（編號：NSC91-2413-H-026-009），未出版。

歐嬌慧（2005）。**文化教學在國小英語課程的實踐研究**（未出版之碩士論文）。國立高雄師範大學，高雄。

蔡淑惠（2007）。**三至六歲蒙特梭利教師之證照培訓**（未出版之碩士論文）。國立嘉義大學，嘉義。

蔡葉偉、朱芳美、桂亞珍（1998）。幼兒數概念的教學。**北縣國教輔導**，**5**，46-50。

蔡馨儀（2008）。**原住民幼兒數概念之研究——以屏東縣為例**（未出版之碩士論文）。國立臺東大學，臺東。

盧素碧（1994）。**幼兒教育課程理論與單元活動設計（第二版）**。臺北：文景。

鍾佩娟、歐嬌慧、葉川榮（2008）。原住民地區教師的教育實踐——以雲海國小為例。**中等教育**，**59**（1），8-21。

鍾淑惠（2004）。**幼兒圖畫故事書在蒙特梭利教學中之應用——以一所托兒所為例**（未出版之碩士論文）。屏東師範學院，屏東。

賴苑玲、呂佳勳、唐洪正（2009）。**國小高年級以 SQ3R 為基礎輔以「數位閱讀教學策略」的開發與實驗**。取自教育部閱讀理解策略教學開發與推廣計畫成果報告。http://140.115.107.17:8080/RST/menu/index.php?account=admin&logo=1

謝百亮（2014）。原住民幼兒家庭社經地位、家庭社會資本、家長教養態度與其學習表現之關係——結構方程之分析模式。**慈濟大學教育研究學刊**，**10**，129-167。

簡成熙（2000）。多元文化教育的論證、爭議與實踐：從自由主義與社群主義論起。載於但昭偉、蘇永明（主編），**文化、多元文化與教育**（頁81-132）。臺北：五南。

簡淑真（1998a）。文化與數學學習關係初探：以蘭嶼雅美族為例。**臺東師院學報**，

9，283-306。

簡淑真（1998b）。蒙特梭利教學法與單元教學法對幼兒發展影響之比較研究。**家政教育學報，1**，59-88。

簡楚瑛（1993）。幼兒數學知識結構及其發展趨勢之文獻探討。**新竹師院學報，7**，17-57。

簡馨瑩、宋曜廷、張國恩（2009）。變與不變：兩位國小教師學習自詢策略教學之歷程分析。**教育心理學報，40**（4），619-640。

魏美惠（1994）。創造力的認識與培養。**臺中師範學院幼兒教育年刊，7**，117-129。

魏培容、郭李宗文、高志誠、高傳正（2011）。新住民與非新住民家庭之幼兒數學能力與語言能力的比較研究。**幼兒教育年刊，22**，153-171。

魏靜雯（2004）。心智繪圖與摘要教學對國小五年級學生閱讀理解與摘要能力之影響（未出版之碩士論文）。國立臺灣師範大學，臺北。

蕭麗滿（2007）。原住民兒童生物特性與生長之文化取向科學圖畫書教學實驗研究（未出版之碩士論文）。國立屏東科技大學，屏東。

譚光鼎（1997）。阿美族的教育及其問題探討，**原住民教育季刊，8**，1-27。

譚光鼎、林明芳（2002）。原住民學童學習式態的特質──花蓮縣秀林鄉泰雅族學童之探討。**教育研究集刊，48**（2），233-261。

譚光鼎、劉美慧、游美惠（2001）。**多元文化教育**。臺北：高等教育。

蘇船利（2009）。原住民學生的學業成績：文獻回顧與評論。**慈濟大學人文社會科學學刊，8**，1-26。

蘇復興、黃俐絲（2009）。**培養策略型及反思型的中文閱讀者**。載於教育部主編2009年教育部閱讀教學策略開發與推廣計畫成果發表會手冊彙編（頁50-61）。臺北：教育部。

羅淑玲（2011）。**蒙特梭利教育之幼兒的創造力表現**（未出版之碩士論文）。國立臺南大學，臺南。

二 英文部分

Abbott, K. P. (2012). *The influence of the family on adolescent academic achievement.* (Unpublished master's thesis). Iowa state university, Iowa, U.S.A.

Adams, D. K. (1988). Extending the educational planning discourse: Conceptual and paradigmatic explorations. *Comparative Education Review, 32*, 400-415.

Association Montessori Internationale. *Teacher's training course*. Retrieved May 30, 2006, from http://www.montessori-ami.org/

Barnes, G. M., Reifman, A. S., Farrell, M. P., & Dintcheff, B. A. (2000). The effects of parenting on the development of adolescent alcohol misuse: A six-wave latent growth model. *Journal of Marriage and the Family, 62*(1), 175-186.

Boehnlein, M. M. (1990). *Research and evaluation summary of Montessori programs*. Cleveland, OH: North American Montessori Teachers' Association.

Bowman, F. L. (2013). *The influence of Montessori-Based literacy instruction and methods on reading achievement of students in grades 3, 4, 5, 6, and 7*. Unpublished doctoral dissertation, Seton Hall University, New Jersey.

Byun, S. Y., & Park, H. (2012). The academic success of East Asian American youth: The role of shadow education. *Sociology of Education, 85*, 40-60.

Catts, H. W., Fey, M. E., Tomblin, J. B., & Zhang, Z. (2002). A longitudinal investigation of reading outcomes in children with language impairments. *Journal of Speech, Language, and Hearing Research, 45,* 1142-1157.

Catts, H. W., Fey, M. E., Zhang, X., & Tomblin, J. B. (2001). Estimating the risk of future reading difficulties in kindergarten children: A research-based model and its clinical implementation. *Language, Speech, and Hearing Services in Schools, 32,* 38-50.

Callins, T. (2004). *Culturally responsive literacy instruction*. Retrieved December,13, 2014, from http://www.nccreat.ort/Briefs/Literacy_final.pdf

Chang, S. Y. (1999). *Investigation of the development of the Montessori method in Taiwan and teacher the training system*. Paper presented at the Early Childhood Education Teacher Training Conference, Taipei, Taiwan.

Chattin-McNichols, J. (1992). *The Montessori controversy*. Albany, NY: Delmar.

Chi, L. J. (2002, May 10). The trend of English learning at early age. *ETtoday Newspaper.* Retrieved March 20, 2004, from http://gb.ettoday.com.tw/2002/06/07/545-1312433.htm

Conrad, N., Gong, Y., Sipp, L., Wright, L. (2004). Using text talk as a gateway to culturally responsive teaching. *Early Childhood Education Journal, 31*(3), 187-192.

Copley, J. V. (2000). *The young child and mathematics*. CA: National Association for the Education of Young Children.

Daoust, C. J. (2004). *An examination of implementation practices in Montessori early childhood education*. Unpublished doctoral dissertation, University of California, Berkeley.

Department for Children, Schools and Families (2007). *Make 2008 the year of the book*. Retrieved October 19, 2010, from http://www.dfes.gov.uk/pns/DisplayPN.cgi?pn_id=2007_0197

Dohrman, K. R. (2003). *Outcomes for students in a Montessori program*. Rochester, NY: Association Montessori Internaitonale.

Duncan, T. E., Duncan, S. C., & Stoolmiller, M. (1994). Modeling developmental processes using latent growth structural equation methodology. *Applied Psychological Measurement, 18*, 343-354.

Edwards, C. (2002). Three approaches from Europe: Waldorf, Montessori, and Reggio Emilia. *Early Childhood Research and Practice, 4*(1). Retrieved March 8, 2005, from http://ecrp.uiuc.edu/v4n1/edwards.html.

Egalite, A. J. (2016). How family background influence student achievement. *Education Next, 16*(1), 2-14.

Fero, J. R. (1997). *A comparison of academic achievement of students taught by the Montessori method and by traditional methods of instruction in the elementary grades*. Unpublished doctoral dissertation, Montana State University, Bozeman.

Furlong, M., & Quirk, M. (2011). The relative effects of chronological age on Hispanic students' school readiness and grade 2 academic achievement. *Contemporary School Psychology, 15*, 81-92.

Gay, G. (2000). *Culturally responsive teaching: Theory, research, and practice*. New York: Teachers College Press.

Gay, G. (2002). Culturally responsive teaching in special education for ethnically diverse students: Setting the stage. *Qualitative studies in education, 15*(6), 613-629.

Gustafsson, C. (1997). *Montessori research in Sweden*. Retrieved March 8, 2012, from Montessori Congress Web site: http://www.ilu.uu.se/ilu/Montessori/MMontess.htm

Hainstock, E. (1997). *Teaching Montessori in the home: The pre-school years*. New York:

Penguin Putnam Inc.

Hammond, L. (1997). Teaching and learning through Mein culture: A case study in community-school relations. In G. D. Spindler (Ed.). *Education and process* 3rd ed. (pp. 215-245). Prospect Heights, IL: Waveland Press.

International Bible Society (1999). *Holy Bible: New international version.* Taipei, Taiwan: International Bible Society.

Irvine, J. J. (2001). The critical elements of culturally responsive pedagogy: A synthesis of the research. In J. J. Irvine & B. N. Armento (Eds.). *Culturally responsive teaching: Lesson planning for elementary and middle grades* (pp. 2-17). New York: McGraw Hill

Jones, B. J., & Miller, L. B. (1979). *Four preschool programs : Their lasting effects.* (ERIC Document Reproduction Service No. ED 171 415)

Jones, S. J. (2007). Culturally responsive instruction. *Leadership, 37*(2), 14-36.

Kamii, C. (1982). *Number in preschool and kindergarten.* Washington, DC: National Association for the Education of Young Children.

Kramer, R. (1988). *Maria Montessori: A biography.* Reading, MA: Addison Wesley.

Karnes, M. B., Schwedel, A. M., & Williams, M. B. (1983). A comparison of five approaches for educating young children from low-income homes. In *As the twig is bent: Lasting effects of preschool programs* (pp. 133-170). Hillsdale, NJ: Erlbaum. ED 253 299.

Kuan, P. Y. (2011). Effects of cram schooling on mathematics performance: Evidence from junior high students in Taiwan. *Comparative Education Review, 55*, 342-369.

Kuo, J. H. (1993). An integrated look at two significant childhood approaches-Montessori and Piagetian and a comparison between the two approaches. *Journal of Early Childhood Education, 2*, 121-138.

Lau, K. L. (2006). Reading strategy use between Chinese good and poor readers: A think-aloud study. *Journal of Research in Reading, 29*(4), 383-399.

Lawrence, L. (1998). *Montessori read & write.* New York, NY: Three Rivers Press.

Lee, C. D. (2001). Is October brown Chinese? A cultural modeling activity system for underachieving students. *American Educational Research Journal, 38,* 97-141.

Lien, P. (2002). Comparison of math concepts between Montessori five to six year olds and non-Montessori kindergartners. *Chungtai Journal of Health Sciences and Technology, 7*, 43-57.

Lillard, A. S. (2005). *Montessori: The science behind the genius*. New York: Oxford University Press.

Lillard, A. S., & Else-Quest, N. (2006). Evaluation Montessori. *Science, 313*, 1893-1894.

Lillard, P. P. (1972). *Montessori: A modern approach*. New York: Schocken.

Lillard, P. P. (1997). *Montessori in the classroom*. New York: Schocken.

Liu, J. (2012). Does cram schooling matter? Who goes to cram schools? Evidence from Taiwan. *International Journal of Educational Development, 32*, 46-52.

Lopata, C., Wallace, V. N., & Finn, V. K. (2005). Comparison of academic achievement between Montessori and traditional education programs. *Journal of Research in Childhood Education, 20*(1), 1-9.

Lu, S., Jian T., Su, I., Liu, Y., Han, J., Lin, Y., Wu, Y., Chang, J., Lin, S., Zheng, X., & Xin, M. (1999). *The model of early childhood curriculum*. Taipei, Taiwan: Psychological Publishing.

Mandler, J. M., & Johnson, N. S. (1977). Remembrance of things parsed: Story structure and recall. *Cognitive Psychology, 9*, 111-151.

Manner, J. C. (1999). *A comparison of academic achievement between Montessori and non-Montessori students in a public school setting*. Unpublished doctoral dissertation, Florida International University, Miami.

Moll, L., Amanti, C., Neff, D., & Gonzalez, N. (1992). Funds of knowledge: Using qualitative approach to connect homes and classrooms. *Theory Into Practice, 31*(2), 132-141.

Montessori, M. (1914). *Dr. Montessori's own handbook*. New York: Frederick A. Stokes Company Publishers.

Montessori, M. (1964). *The Montessori method*. New York: Schocken.

Montessori, M. (1966). *The secret of childhood*. New York: Ballantine.

Montessori, M. (1967a). *The absorbent mind*. New York: Dell.

Montessori, M. (1967b). *The discovery of the child*. Notre Dame, Ind., Fides Publishers, Inc.

Montessori, M. (1970). *The child in the family*. VA: H. Regnery Co.

Moses, R., Kamii, P. M., Swap, S. M., & Howard, J. (1989). The algebra project: Organizing in the spirit of Ella. *Harvard Educational Review, 59*(4), 423-443.

National Council of Teachers of Mathematics (2000). *The principles and standards for school mathematics*. Reswton. VA: Author.

Ogbu, J. U. (1991). Immigrant and involuntary minorities in comparative perspective. In M. A. Gibon & J. U. Ogbu (Eds.). *Minority status and schooling: A comparative study of immigrant and involuntary minorities*. New York: Garland.

Orr, A. J. (2003). Black-white differences in achievement: The importance of wealth. *Sociology of Education, 76*(4), 281-304.

Phuntsog, N. (2001). Culturally responsive teaching: What do selected United States elementary school teachers think? *Intercultural Education, 12*(1), 51-64.

Piaget, J. (1965). *The child's concept of number*. New York: W. W. Norton.

Rindskophf, K. (2003). *A longitudinal study of the experience in the Milwaukee Public Schools*. Retrieved July 27, 2005, from Association Montessori International Web site: http://www.montessori-ami.org/research/research.htm

Playful Chaos Mom（2017 年 10 月 12 日）。**蒙特梭利的中文教學**。取自 https://playfulchaos.com/2017/10/montessori-chinese-language-learning.html

Rojas-LeBouef, A., & Slate, J. R. (2011). The achievement gap between white and non-white students: A conceptual analysis. *International Journal of Education Leadership Preparation, 6*(4), 1-33.

Roopnarine, J. L., & Johnson, J. E. (Eds.). (2005). *Approaches to early childhood education*. Upper Saddle River, NJ: Pearson Education.

Rowley, R., & Wright, D. W. (2011). No "White" child left behind: The academic achievement gap between black and white students. *The Journal of Negro Education, 80*, 93-107.

Samuelstuen, M. S., & Braten, I. (2005). Decoding, knowledge, and strategies in comprehension of expository text. *Scandinavian Journal of Psychology, 46*(2), 107-117.

Sammons, P. (2002). *Investigating the impact of Montessori schools on children's educational outcomes: A pilot study between the institute of education and the Montessori St. Nicholas Charity*. Retrieved June 27, 2010, from Englefield Green

Montessori School Web site: http://www.egmos.com/FAQ2.htm

Scarborough, H. S. (1990). Very early language deficits in dyslexic children. *Child Development, 61*, 1728-1743.

Schapiro, D., & Hellen, B. (2003). *Montessori community resource.* Minneapolis, MN: Jola.

Scott, J. (2004). Family, Gender, and Educational Attainment in Britain: A Longitudinal Study. *Journal of Comparative Family Studies, 35*(4), 565-589.

Shih, S. C. (2001). A transformed of Montessori kindergarten. *Journal of Montessori Education, 38,* 112-126.

Shih, S. C. (2005). The Montessori school was rooted in Taiwan. *The Informational of Early Childhood Education, 175,* 31-33.

Shih, S. C. (2006). *The effect of the toward English language learning on developmentally appropriate practice and beliefs of Montessori teachers in Taiwan* (Unpublished doctoral dissertation). Argosy University –Orange Country, CA.

Smitherman, G. (2000). African American student writers in the NASEP, 1969-1988/89 and "the blacker the berry, the sweeter the justice." In G. Smitherman (Ed.). *Talk that talk: Language, culture and education in African America* (pp. 136-194). New York: Routledge.

Soundy, C. S. (2003). Portraits of exemplary Montessori practice for all literacy teachers. *Early Childhood Education Journal, 31*(2), 127-131.

Sørensen, A. (2006). Welfare states, family inequality, and equality of opportunity. *Research in Social Stratification and Mobility, 24*, 367-375.

Standing, E. (1984). *Maria Montessori: Her life and work.* New York: Plume Books.

Su, K. L. (2002). *Comparison of Montessori and skill-based language arts instruction with kindergarten children in a Title I school.* Unpublished master's thesis, Saint Mary's College of California, Oakland.

Templeton, N. R. (2011). Understanding social justice: Improving the academic achievement of African American students. *International Journal of Educational Leadership Preparation, 6*(2), 8.

The Edit Department of Journal of Hsinyi Early Childhood Education (1990, November). What do you know about Montessori schools? *Journal of Hsinyi Early Childhood*

Education, 12-18.

The New Zealand's Education Review Office (2002). *Provision of early childhood education in Montessori preschools.* Retrieved August 12, 2010, from http://www.ero. govt.nz/Publications/pubs2002/Montessori.htm

The Organization for Economic Co-operation and Development OECD (2011). *Programme for International Student Assessment.* Retrieved December 12, 2011, from http://www.oecd.org/edu/preschoolandschool/programmeforinternationalstudent assessmentpisa/

Wang, S. Q., & Chien, S. C. (1997). A study of influence of children's body movement development between Montessori and unit teaching programs. *Journal of Home Economics Education, 13*(4), 35-43.

Wang, S. W. (1992). Montessori Education: Its system and its effect. *Journal of Early Childhood Education, 1,* 155-174.

Whitley, J., Rawana, E., & Brownlee, K. (2014). A comparison of aboriginal and non-aboriginal students on the inter-related dimensions of self-concept, strengths and achievement. *Brock Education: A Journal of Educational Research and Practice, 23* (2), 24-46.

Xiang, C. P. (1986). Montessori in Taiwan: Knowing the method of early childhood education. *Journal of Family,* 118-129.

Zadeh, Z. Y., Farnia, F., & Ungerleider, C. (2010). How home enrichment mediates the relationship between maternal education and children's achievement in reading and math. *Early Education and Development, 21*(4) , 568-594.

Zahedani, Z. Z., Rezaee, R., Yazdani, Z., Bagheri, S., & Nabeiei, P. (2016). The influence of parenting style on academic achievement and career path. *Journal of Advances in Medical Education and Professionalism, 4*(3), 130-134.

國家圖書館出版品預行編目資料

蒙特梭利教育理論與實踐／施淑娟著. -- 初
版. -- 臺北市：五南圖書出版股份有限公司，
2022.12
　　面；　公分
　　ISBN 978-626-343-379-3（平裝）

1.CST: 學前教育理論
2.CST: 蒙特梭利教學法

523.2　　　　　　　　　　111014720

115R

蒙特梭利教育理論與實踐

作　　者 ─ 施淑娟

發 行 人　楊榮川

總 經 理 ─ 楊士清

總 編 輯 ─ 楊秀麗

副總編輯 ─ 黃文瓊

責任編輯 ─ 陳俐君、李敏華

封面設計 ─ 王麗娟

出 版 者 ─ 五南圖書出版股份有限公司

地　　址：106臺北市大安區和平東路二段339號4樓

電　　話：(02)2705-5066　　傳　　真：(02)2706-6100

網　　址：https://www.wunan.com.tw

電子郵件：wunan@wunan.com.tw

劃撥帳號：01068953

戶　　名：五南圖書出版股份有限公司

法律顧問　林勝安律師事務所　林勝安律師

出版日期　2022年12月初版一刷

定　　價　新臺幣480元

五南
WU-NAN

全新官方臉書

五南讀書趣

WUNAN
Books
since1966

Facebook 按讚

👍 1 秒變文青

五南讀書趣 Wunan Books

★ 專業實用有趣
★ 搶先書籍開箱
★ 獨家優惠好康

不定期舉辦抽獎
贈書活動喔！！！

經典永恆・名著常在

五十週年的獻禮——經典名著文庫

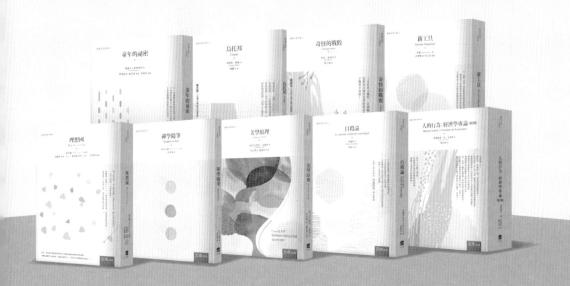

五南，五十年了，半個世紀，人生旅程的一大半，走過來了。
思索著，邁向百年的未來歷程，能為知識界、文化學術界作些什麼？
在速食文化的生態下，有什麼值得讓人雋永品味的？

歷代經典・當今名著，經過時間的洗禮，千錘百鍊，流傳至今，光芒耀人；
不僅使我們能領悟前人的智慧，同時也增深加廣我們思考的深度與視野。
我們決心投入巨資，有計畫的系統梳選，成立「經典名著文庫」，
希望收入古今中外思想性的、充滿睿智與獨見的經典、名著。
這是一項理想性的、永續性的巨大出版工程。
不在意讀者的眾寡，只考慮它的學術價值，力求完整展現先哲思想的軌跡；
為知識界開啟一片智慧之窗，營造一座百花綻放的世界文明公園，
任君遨遊、取菁吸蜜、嘉惠學子！